Kohlhammer
Urban-
Taschenbücher

Band 209

Hans R. Guggisberg

Geschichte der USA

I Entstehung und nationale Konsolidierung

Verlag W. Kohlhammer
Stuttgart Berlin Köln Mainz

Stuttgart Berlin Köln Mainz
Verlagsort: Stuttgart
Umschlag: hace
Gesamtherstellung: W. Kohlhammer GmbH
Grafischer Großbetrieb Stuttgart
Printed in Germany
ISBN 3-17-002233-4

Inhalt

Vorwort

Das vorliegende Werk verdankt seine Entstehung einer Anregung des Verlags. Es möchte eine Einführung in die Geschichte der USA bieten und wendet sich vor allem an Studierende der Geschichte und der angrenzenden geistes- und sozialwissenschaftlichen Disziplinen, daneben aber auch an allgemein-historisch interessierte Leser, die eine erste und knappe Orientierung zu erhalten wünschen.
Die Schwerpunkte der Umrißskizze liegen auf den politischen und wirtschaftlich-sozialen Entwicklungen. Sowohl innerhalb als auch außerhalb dieser Bereiche mußte vieles weggelassen werden, und immer wieder ergab sich die Notwendigkeit, Erörterungen einzelner Probleme, Zusammenhänge und Begriffe so kurz zu fassen wie es irgend ging. Dabei wurde stets versucht, das Grundsätzliche hervortreten zu lassen und den langfristig wirksamen Ereignissen und Entwicklungstendenzen das ihnen gebührende Gewicht zu geben. Ihrer Zweckbestimmung gemäß enthält die Darstellung trotzdem im wesentlichen »selektive Ereignisgeschichte«, und es dürfte wie bei allen derartigen Überblicksversuchen verhältnismäßig leichtfallen, die getroffene Selektion und Gewichtsverteilung zu kritisieren. Das Wagnis der zusammenfassenden Überschau gehört aber nach wie vor zu den Aufgaben der Geschichtswissenschaft, und sie kann sich von dieser Verpflichtung angesichts der unaufhaltsam fortschreitenden Intensivierung und Spezialisierung der Einzelforschung immer weniger dispensieren. Daß der heutige Stand und die Interpretationstendenzen dieser Forschung auch in einer Kurzdarstellung wie der unseren berücksichtigt und gelegentlich referiert werden müssen, erscheint selbstverständlich.

Der Text entstand auf der Grundlage einer Reihe von Vorlesungen, die ich in den letzten Jahren an der Universität Basel gehalten habe. Zur Gestaltung des Stoffes habe ich im Laufe der Zeit von zahlreichen amerikanischen und europäischen Fachkollegen wertvolle Anregungen empfangen. Für besonders fruchtbare Ratschläge bin ich vor allem Erich Angermann und Hermann Wellenreuther von der Universität Köln zu Dank verpflichtet. Die anglo-amerikanische Abteilung des dortigen Historischen Seminars erwies sich immer wieder als zuverlässige Auskunftsstelle und auch als inspirierende Arbeitsstätte. Fräulein Helge Riedel, die stets hilfsbereite Bibliothekarin dieses Instituts, hat mir manche bibliographischen und dokumentarischen Schwierigkeiten aus dem Wege geräumt und damit zur Vermeidung unliebsamer Verzögerungen beigetragen. Bei der Zusammenstellung der Tabellen hat mich Rolf Zaugg, Assistent am Historischen Seminar der Universität Basel, als unentbehrlicher Mitarbeiter tatkräftig unterstützt. Die Durchsicht des Manuskripts erfolgte während eines Studienaufenthalts am »Institute for Advanced Study« in Princeton. Nützliche Hinweise und Hilfeleistungen habe ich hier vor allem von Mary M. und Richard S. Dunn, Nancy Weiss, Philip J. Greven und Felix Gilbert empfangen dürfen. Durch alle Stadien der Arbeit hat mich meine Frau mit fruchtbarer Kritik, Anteilnahme und Verständnis begleitet. Ihr gilt mein größter Dank.

Princeton, N. J., im Februar 1975 *H. R. G.*

Erster Teil: Vorgeschichte und Entstehung der USA

1. Die kolonialen Anfänge

Den europäischen Entdeckern präsentierte sich der nordamerikanische Kontinent zunächst als ein unwirtliches Land. Fast alle Küstengebiete waren von unwegsamen Wäldern bedeckt; sie wurden von Eingeborenen bevölkert, die in steinzeitlicher Primitivität lebten und sich gegenüber den Eindringlingen aus der Alten Welt fast überall feindselig verhielten. Das Klima war alles andere als angenehm: Im Norden machten die bitterkalten Winter mit ihren heftigen Schneefällen und schweren Stürmen das Leben beschwerlich, im Süden (und bis weit in die nördlichen Gebiete hinein) gab es aus der feuchten Hitze der Sommerzeit kein Entrinnen.

So erschienen die Voraussetzungen für die Entstehung permanenter europäischer Niederlassungen schlecht, und tatsächlich scheiterten zahlreiche Unternehmungen jeweils schon nach wenigen Monaten. Mit der Zeit aber wurden die Vorteile des Landes und seiner natürlichen Gegebenheiten erkannt und den kolonisatorischen Bemühungen dienstbar gemacht. Dies galt besonders für den mittleren Teil des Kontinents, für die Gebiete zwischen dem 22. und dem 55. Breitengrad. Hier konnten sich die Europäer ohne allzu große Anpassungsschwierigkeiten niederlassen. Sie konnten ihre mitgebrachten Getreidesorten anbauen: Weizen, Roggen, Gerste und Hafer. Auch Zwiebeln und Rüben gediehen. Dazu entdeckten die Siedler zwei neue wertvolle Nahrungsmittel, nämlich Mais und Kartoffeln. In den Wäldern gab es Wild in Fülle, die Küstengewässer und Flußläufe waren reich an Fischen, und mit der Zeit erkannte man, daß der mittlere Teil Nordamerikas Bodenschätze von ungeahnten Ausmaßen enthielt.

Die Entdeckung und Eroberung des Kontinents erfolgte mit Ausnahme der Besiedlung Californias und Oregons grundsätzlich von Osten nach Westen. Die »Frontier«, d.h. die Grenzlinie zwischen dem für die Landwirtschaft gewonnenen Land und der Wildnis, verschob sich in dieser Richtung, und zwar von allem Anfang an bis zum Ende des 19. Jahrhunderts, als sie zu existieren aufhörte.

Die Frage nach der Herkunft der *Ureinwohner* Nordamerikas ist bis heute nicht restlos geklärt. Möglicherweise wanderten sie vor dem Ende der letzten Eiszeit aus Asien über die Beringstraße nach Alaska

(ca. 40000 – 25000 v. Chr.) und verbreiteten sich dann im Laufe der Jahrtausende von dort aus über die ganze Hemisphäre. Während die Indianervölker Mittel- und Südamerikas teilweise hochstehende Kulturen entwickelten, blieben diejenigen im Gebiet der heutigen USA und Kanadas auf viel tieferer Stufe stehen. Zur Zeit der ersten Konfrontation mit den europäischen Kolonisten führten viele Stämme noch das Leben von Jägern und Sammlern; andere betrieben einfachen Ackerbau, waren aber meist nur zu schwacher Verwurzelung gelangt. In einigen Gegenden des Südostens und des Nordostens gab es Ansätze zu politischer Organisation in Stammeskonföderationen (z. B. diejenige der »Fünf Nationen« der Iroquois im heutigen Staate New York), meist aber lebten die einzelnen Stämme mehr oder weniger unabhängig unter der Führung ihrer Häuptlinge und Medizinmänner. Sie waren zahlenmäßig klein und wurden durch Kriege und innere Zwiste immer wieder geschwächt.
Als die Kolonisation begann, betrug die Gesamtzahl der Ureinwohner in den Gebieten nördlich der heutigen Republik Mexiko schätzungsweise kaum mehr als 1 Million. Für die Siedler war dies ein glücklicher Umstand. Auch dort, wo sich die Indianer zur Bewahrung ihrer Jagdgründe mit verzweifelter Energie zur Wehr setzten, konnten sie den Vormarsch der weißen Eindringlinge auf die Dauer nicht blockieren und mußten sich früher oder später doch immer weiter ins Landesinnere zurückziehen.
Die ersten europäischen Kundschafter auf dem nordamerikanischen Kontinent waren *wikingische Seefahrer* aus Island gewesen. Unter ihrem Anführer Leif Erikson hatten sie zu Beginn des 11. Jahrhunderts eine reich bewaldete Küstengegend entdeckt und ihr wegen des dort in Fülle wachsenden wilden Weines den Namen »Vinland« gegeben. Der Ort der Landung ist nicht bekannt, aber er muß in Neuengland oder Nova Scotia gelegen haben. Zu permanenter Niederlassung ist es jedoch damals und auch später nicht gekommen, und so ist diese Episode für die Geschichte der Erschließung Nordamerikas irrelevant geblieben.
Auch im *»Zeitalter der Entdeckungen«* dauerte es verhältnismäßig lange, bis das Gebiet der heutigen USA wirklich ins Blickfeld der Europäer gelangte. Columbus, der den Seeweg nach Indien suchte, hat die Küsten Nordamerikas nie gesehen. Fischer aus der Normandie und aus den südenglischen Hafenstädten mochten sie im Laufe des 15. Jahrhunderts schon kennengelernt haben, aber kein Chronist beschrieb ihre Fahrten für die Nachwelt. Der erste Seefahrer, der über das neue Land berichtete, war der Venezianer Giovanni Caboto (John Cabot): Er war um 1497 im Dienste Heinrichs VII. von England erstmals nach Westen gesegelt. Um 1524 erteilte König

Franz I. von Frankreich dem aus Florenz stammenden Navigator Giovanni da Verrazano den Auftrag, der nordamerikanischen Küste entlangzufahren und die Möglichkeit einer Durchfahrt zum Pazifik zu erkunden. Er brachte wichtige geographische Informationen zurück, hatte aber sein Hauptziel nicht erreicht. Zehn Jahre später überquerte Jacques Cartier mit ähnlicher Mission den Atlantik. Er sollte nicht nur den Weg nach Indien finden, sondern Länder und Inseln erkunden, die Gold und »andere Reichtümer« bargen. Cartier unternahm insgesamt drei Fahrten in das Mündungsgebiet des Sankt-Lorenz-Stromes (1534–1541). Als sich jedoch herausstellte, daß dort weder Edelmetalle noch Diamanten zu finden waren und daß die Kälte des Winters eine Niederlassung erschwerte, wurde die weitere Erschließung der »Nouvelle France« fürs erste aufgegeben.
Die ersten Weißen, die sich in Nordamerika definitiv festsetzten, waren die Spanier. Ein Sieg über französische Kolonisten, die im Norden Floridas ein Hugenottenrefugium errichten wollten, führte um 1565 zur Entstehung des Stützpunktes St. Augustine und ermöglichte den Beginn der Indianermission durch die Societas Jesu.
Am Ende des 16. Jahrhundert sah es aus, als würde der nordamerikanische Kontinent gleich wie Mittel- und Südamerika schließlich dem spanischen Weltreich einverleibt werden. Tatsächlich gestaltete sich der europäische Zugriff dann aber so, daß die Briten (gefolgt von Holländern und Schweden) in die mittleren Regionen eindrangen, während die Franzosen auf dem nördlichen und die Spanier auf dem südlichen Flügel vorstießen. Die »Flankenaktionen« waren zunächst sehr viel spektakulärer als diejenigen im Zentrum. Die von Spanien beanspruchten Gebiete erstreckten sich bald weit nach Westen bis in die heutigen Staaten Texas, Oklahoma und New Mexiko. Die pazifischen Küstengebiete sollten bis zur Mitte des 18. Jahrhunderts fast ganz unter die Kontrolle Spaniens kommen. Nach 1600 nahmen die Franzosen die systematische Erkundung des Sankt-Lorenz-Gebietes wieder auf und stießen von dort zu den großen Seen und ins Mississippibecken vor. Sie folgten dem Fluß bis zu seiner Mündung, erhoben Anspruch auf die Gesamtheit der Gebiete von »Louisiana«, errichteten zahlreiche Stützpunkte und gründeten um 1718 die Siedlung Nouvelle Orléans.
Gegenüber den spanischen und französischen Unternehmungen besaßen die *britischen Niederlassungen* an der Ostküste Nordamerikas von Anfang an viel eindeutiger den Charakter von Siedlungskolonien. Ihre territoriale Ausdehnung war relativ bescheiden, und es war keineswegs vorauszusehen, daß sie einmal das Fundament eines kontinentalen Kolonialreichs oder gar den Kern einer kontinentalen Nation bilden würden.

Die Anfänge der überseeischen Expansion Englands lagen im Zeitalter Elisabeths I. Ihre wichtigsten Voraussetzungen bestanden einerseits in der durch das ganze 16. Jahrhundert hindurch fortschreitenden politischen und territorialen Konsolidierung des Tudor-Königreichs und andererseits in dem dadurch möglich gewordenen generellen Aufschwung von Handel und Gewerbe. Die ersten englischen Vorstöße über den Atlantik wurden von der Entwicklung des Verhältnisses zu Spanien unmittelbar beeinflußt. Dieses Verhältnis war seinerseits durch eine Vielzahl wirtschaftspolitischer, strategischer und religiöser Konfliktsprobleme belastet, die hier nicht im einzelnen erörtert werden können. Im ersten Jahrzehnt der Regierung Elisabeths I. waren die englisch-spanischen Beziehungen noch verhältnismäßig ungestört. Gegen Ende der 1560er Jahre ging England dann allmählich dazu über, den Schiffsverkehr zwischen Spanien und den spanischen Kolonien in Westindien zu stören. Gleichzeitig wurden erste kolonialpolitische Intentionen und Zielsetzungen sichtbar. Englische Schiffe befuhren bereits den Pazifischen Ozean, Francis Drake umsegelte die Welt (1577–1580), und die Suche nach der »Northwest Passage« wurde mit zunehmender Intensität vorangetrieben. Von 1585 an war das Verhalten Englands gegenüber Spanien durch den offenen Seekrieg charakterisiert, der seinen Höhepunkt drei Jahre später im Sieg über die Armada finden sollte. Langsam aber zielbewußt und beharrlich entwickelte England seine eigene Methode kolonialen Vorgehens. Als um 1604 der Friede mit Spanien geschlossen wurde, bestand bereits eine englische Handelsgesellschaft für Indien und den Fernen Osten (»East India Company«). Die entsprechenden Organisationen für die koloniale Expansion sollten bald ins Leben gerufen werden.

Die Fahrten der elisabethanischen »Sea dogs« waren oft nichts anderes als private Raubzüge. Indessen wurden viele dieser abenteuerlichen Unternehmungen aber auch vom Wunsche inspiriert, mit weit entfernten Weltgegenden den Handelsverkehr aufzunehmen und neue geographische Kenntnisse und Erfahrungen zu sammeln. Die Errichtung von Handelsstützpunkten in Übersee war schon zur Zeit des John Cabot geplant gewesen; die Gründung von *Siedlungskolonien* wurde erstmals von Sir Humphrey Gilbert erwogen. Obwohl die Erkundungsreisen dieses Seefahrers (1578–1583) keine Erfolge zeitigten, hinterließ er doch eine Gruppe von begeisterten Anhängern seiner Kolonialideen. Vor allem sein jüngerer Halbbruder Walter Raleigh setzte die Planung permanenter Niederlassungen mit großem Eifer fort. Er konnte das Kolonialpatent übernehmen, das die Königin Gilbert verliehen hatte, und er erhielt dadurch die Erlaubnis, »jedes ferne heidnische Barbarenland« in Besitz zu nehmen,

das noch keiner anderen christlichen Nation gehörte. Seine Bemühungen, auf der Insel *Roanoke* vor der Küste des heutigen Staates North Carolina eine Kolonie zu errichten (1585,1587), wurden von Anfang an durch Nachschubschwierigkeiten behindert. Als nach langer Unterbrechung um 1591 wiederum englische Schiffe auf der Insel landeten, war die kleine Siedlung nicht mehr vorhanden. Das Geheimnis ihres Verschwindens ist bis heute nicht gelüftet worden. Obwohl die Unternehmungen Raleighs auch mißlangen, ergaben sie doch viele wertvolle Informationen über das kontinentale Hinterland der Insel Roanoke, das von da an mit der Erlaubnis der Königin den Namen »Virginia« trug.
Trotz dieser Mißerfolge blieb das Interesse an der Neuen Welt in England bestehen. Es wurde durch zahlreiche Reiseberichte und »Promotion Tracts« wachgehalten, die den Lesern die Zukunftsaussichten englischen Kolonialbesitzes anschaulich und farbenreich schilderten.
Um 1603 – ein Jahr vor dem Friedensschluß mit Spanien – hatte Jakob I. aus dem Hause Stuart die Nachfolge Elisabeths I. angetreten. Wenn während seiner Regierungszeit (und derjenigen seines Sohnes Karl I.) Tausende von Engländern auch aus den unteren Volksschichten in die Wildnis Nordamerikas auswanderten, so war dies keineswegs nur einer durch literarische Impulse geweckten Abenteuerlust zuzuschreiben. Auch die religiöse Verfolgung, auf die noch einzugehen sein wird, genügt als Erklärung nicht. Der im frühen 17. Jahrhundert mächtig einsetzende *Emigrationsstrom* wurde ebenso entscheidend durch zahlreiche Mißstände mitbedingt, die sich aus den revolutionären Veränderungen der englischen Wirtschaft ergeben hatten. Die steigende Nachfrage nach Wolle und Wollstoffen hatte schon vor 1550 der Schafzucht zu starkem Aufschwung verholfen. Die notwendige Vermehrung des Weidelandes ging auf Kosten von Landparzellen, die vorher dem Ackerbau gedient hatten oder als Allmenden benutzt worden waren. Dadurch wurden viele Kleinbauern, Pächter und Landarbeiter um ihren Lebensunterhalt gebracht. Ganze Dörfer verschwanden, weite Landstriche entvölkerten sich. Die gesetzlichen Gegenmaßnahmen der Krone waren wenig wirkungsvoll und vermochten die *Verarmung* großer Teile der Landbevölkerung nicht aufzuhalten. Dies war die Kehrseite des Aufschwungs von Handel und Industrie. Als zur fortschreitenden Intensivierung der Weidewirtschaft noch Rezessionen im Textilexportgeschäft hinzukamen, verbreitete sich die *Arbeitslosigkeit* auch in den Städten. Die Folge war eine weithin spürbare Zunahme des Landstreichertums und des Bettels. Diese Situation wurde durch die in ganz Europa grassierende *Inflation* noch ver-

schärft und veranlaßte viele Angehörige der ländlichen Unterschichten, aber auch des Handwerkerstandes und selbst des niederen Adels (»Gentry«), ihre Hoffnungen auf ein besseres Los in die Neue Welt zu setzen.

Die ersten Jahrzehnte des 17. Jahrhunderts waren eine Periode der kolonialen Experimente im Gebiet von Virginia, aber auch in Neuengland, in Neufundland, auf mehreren Inseln Westindiens und sogar auf dem Festland Südamerikas. Mit dem Jahre 1620 war der Zeitpunkt erreicht, von dem an die Realisierbarkeit lebensfähiger kolonialer Niederlassungen nicht mehr zu bezweifeln war. Im dritten und vierten Jahrzehnt erreichte der Auswanderungsstrom seinen ersten Höhepunkt. Bis 1640 verließen ca. 70000 Menschen England, um sich in der Neuen Welt niederzulassen. Von diesen zogen ca. 12000 nach Virginia und auf die Bermudas, ca. 18000 nach Neuengland und ca. 37000 nach Westindien.

Fast alle englischen Kolonialunternehmungen dieser Zeit wurden von den Handelsgesellschaften durchgeführt, die als *»Joint-stock companies«* organisiert waren, d. h. als Aktionärsvereinigungen, deren Teilhaber Gewinne und Verluste gemeinsam trugen. Königliche Patente *(»Charters«)* umschrieben ihre Rechte und ermächtigten sie, in den erschlossenen und besiedelten Gebieten Verwaltungsbehörden einzusetzen und Gesetze zu erlassen.

Im Frühjahr 1606 erhielt eine solche Gesellschaft, die »London Company of Virginia«, von König Jakob I. das Recht, den nordamerikanischen Kontinent zwischen dem 34. und dem 41. Breitengrad zu erschließen. Die Hoffnungen der Aktionäre und Kolonisten richteten sich immer noch in erster Linie auf Gold und andere Bodenschätze, auf raschen Reichtum und auf die Entdeckung einer möglichst kurzen Verbindung zum Pazifik. Ende Mai 1607 wurde in der Chesapeake-Bucht die Siedlung *Jamestown* gegründet. Schon bald stellten sich jedoch auch hier die ersten Schwierigkeiten ein. Bodenschätze waren nicht zu finden, die Eingeborenen verhielten sich feindselig, das feuchte Klima erwies sich als äußerst ungesund, und die meisten Expeditionsteilnehmer waren weder willens noch in der Lage, die schwere Arbeit der Rodung und Bebauung des Bodens auf sich zu nehmen. Die Sterblichkeit war groß, und die Nahrungsmittel gingen zur Neige. Wenn das Unternehmen schließlich doch nicht zusammenbrach, war dies in erster Linie der Energie und den Führerqualitäten des Kapitäns John Smith zuzuschreiben.

Das war der Anfang der Kolonie *Virginia*. Obwohl sie in den ersten Jahren kaum Gewinne abwarf, erhielt sie 1609 eine neue »Charter«, die die Rechte der Gesellschaft erweiterte, die Nord- und Südgrenze neu festsetzte und den Gebietsanspruch bis zum Pazifik ausdrücklich bestätigte. Die Notzeit (»Starving time«) der Kolonie dauerte aber weiterhin an. Thomas Dale, einer der ersten Gouverneure, erließ überaus harte Gesetze zur Wahrung der inneren Ordnung und Disziplin (»Dale's Laws«). Sie bewirkten ein Nachlassen der inneren Streitigkeiten, lösten aber die Existenzprobleme der Siedlung nicht. Die »London Company« geriet allmählich in finanzielle Schwierigkeiten. Eine dritte königliche »Charter« (1612) erlaubte ihr, die Kolonisationstätigkeit auch auf die Bermudas auszudehnen. Gleichzeitig begann der Anbau von *Tabak*, der sich als rettendes Exportprodukt erwies.

Entscheidende Veränderungen brachte das Jahr 1619. Gemäß den Instruktionen der »London Company« wurde der *private Landbesitz* eingeführt (mindestens 100 Acres für jeden freien Siedler). Der Bevölkerungszuwachs wurde einerseits durch die Ankunft von 90 heiratsfähigen jungen Frauen charakterisiert, andererseits durch den erstmaligen Ankauf von *Negersklaven*, die von einem holländischen Schiff nach Jamestown gebracht worden waren. Von besonderer Bedeutung war schließlich auch das erstmalige Zusammentreten einer kolonialen Legislativbehörde, der sogenannten *»General Assembly«*. Viele Probleme blieben jedoch weiterhin bestehen. Die Abhängigkeit von den fluktuierenden Tabakpreisen verhinderte die wirtschaftliche Stabilisierung der Kolonie. Ein Indianerangriff, dem über 300 Siedler zum Opfer fielen, wirkte sich im Jahre 1623 als katastrophaler Schlag aus. Die Ausbeutung finanzschwacher Kolonisten nahm so extreme Formen an, daß Jakob I. eine offizielle Untersuchung anordnete. Ihr Ergebnis bestand in einem Gerichtsurteil, das die »London Company« auflöste und Virginia zur *Kronkolonie* machte (1624). Diese Maßnahme erwies sich im ganzen als segensreich. Die »General Assembly« verschwand nicht, aber sie erhielt ihre offizielle Sanktionierung erst um 1639 durch ein Dekret Karls I. Zu Beginn der 1640er Jahre war die Zahl der Siedlerbevölkerung auf ca. 10000 angestiegen, und in der Umgebung von Jamestown waren zahlreiche neue Niederlassungen entstanden. Zur Zeit des englischen Bürgerkriegs stand Virginia dezidiert auf der Seite des Königs.

Die Bezeichnung »New England« war von John Smith geprägt worden, der die Küste dieses Gebietes im Jahre 1614 erkundet und erstmals beschrieben hatte. Hier entwickelte sich wenige Jahre später ein neuer Typus englischer Kolonisation, dessen grundlegende Motive und Zielsetzungen im religiösen Bewußtsein wurzelten. Die gemeinsame Triebkraft der wichtigsten unter diesen Gründungen war der *Puritanismus*, d. h. die Oppositionsbewegung gegen das anglikanische Staatskirchen-Establishment der Stuart-Monarchie. Sehr viele englische Kolonisten, die sich in der ersten Hälfte des 17.

Jahrhunderts in Neuengland niederließen, waren radikale oder gemäßigte Puritaner, die vom Wunsche beseelt waren, in der Neuen Welt die wahre Gemeinde Christi zu begründen und damit das Werk der in England auf halbem Wege stehengebliebenen Reformation zu vollenden. Das Ziel bestand in der Errichtung eines neuen Jerusalem, einer »City upon a Hill«. Die Puritaner Neuenglands verstanden sich als ausgewählte Werkzeuge Gottes und hielten sich daher für verpflichtet, ihr »Holy Commonwealth« der ganzen Welt als leuchtendes Beispiel vor Augen zu führen. Das erstrebte Ideal ließ sich zwar nie völlig verwirklichen, aber es bildete doch den Nährboden zahlreicher institutioneller und weltanschaulicher Traditionen, die die gesamte spätere Entwicklung der amerikanischen Nation mitbestimmen und mitgestalten sollten.[1]

Die erste Puritanerkolonie war diejenige von *Plymouth*. Sie war das Werk der sogenannten »Pilgerväter«, die im Herbst 1620 auf der »Mayflower« den Atlantik überquerten. Die »Pilgrims« waren Separatisten, d.h. Puritaner des radikalen Flügels, die sich offen und bewußt von der anglikanischen Staatskirche losgesagt hatten und eine kongregationalistische Kirchenform befürworteten. Ihre Gemeinde war in den ersten Regierungsjahren Jakobs I. in der Nähe von York entstanden. Um 1608 waren sie nach Holland ausgewandert und hatten sich in Leiden niedergelassen. Hier waren sie geduldet worden, hatten aber unter gewissen wirtschaftlichen Einschränkungen zu leiden gehabt. Dies und die wachsende Sorge um die Bewahrung der englischen Sprache und Lebensart bei den jüngeren Gemeindegliedern hatte mit der Zeit den Entschluß zur weiteren Auswanderung heranreifen lassen. Britisch-Nordamerika erschien als sinnvolles Ziel, weil man dort den englischen Gesetzen unterstand, aber wegen der großen Entfernung keine religiöse Verfolgung zu befürchten brauchte.

Da die Leidener Exilgemeinde zu arm war, um die Siedlungsgründung selber zu finanzieren, mußte sie sich mit einigen Londoner Kaufleuten zu einer »Joint-stock company« vereinigen, die allerdings kein besonderes königliches Kolonisationspatent erhielt. Die Gesamtheit der ca. 100 Auswanderer bestand aus zwei Gruppen: Die aus Leiden gekommenen »Saints« führten das Unternehmen an und gaben ihm seinen besonderen Charakter. Ihnen hatten sich in England eine Anzahl von »Strangers« angeschlossen, die an der Expedition nicht in erster Linie aus religiösen Gründen teilnahmen,

1 Über die Geschichte und den heutigen Stand der Erforschung des amerikanischen Puritanismus orientiert die Arbeit von Ursula Brumm: Puritanismus und Literatur in Amerika, Darmstadt 1973, (= Erträge der Forschung, Bd. 20).

sondern auf materiellen Erfolg hofften. Die Überfahrt sollte ins Gebiet von Virginia führen, aber die »Mayflower« landete in Cape Cod. Da Neuengland außerhalb des bereits bestehenden britischen Jurisdiktionsgebietes lag, schufen die Pilgerväter im »Mayflower Compact« die Grundlage für eine eigene koloniale Staatsorganisation, allerdings mit der ausdrücklichen Betonung ihrer Loyalität gegenüber der englischen Krone. Dieses Dokument ist in der späteren amerikanischen Geschichtsschreibung als Symbol des Willens zur Selbstregierung und als Ausgangspunkt der Entwicklung demokratischer Grundprinzipien gelegentlich überbewertet worden. Im Grunde wollte es nichts anderes sein als eine provisorische Grundordnung, die so lange in Kraft bleiben sollte, bis die Kolonie eine gültige »Charter« erhielt. Im Jahre 1621 wurde William Bradford zum Gouverneur erkoren, ein ehemaliger Kaufmann mit gelehrten Neigungen und außergewöhnlichen theologischen Kenntnissen. Er versah das Amt fast ununterbrochen bis zu seinem Tode (1657). Unter seiner Führung überwand die Kolonie die schweren Krisen der ersten Jahre, und es gelang ihm auch, sie schließlich aus ihrer Verschuldung gegenüber den englischen Geldgebern herauszulösen. Mit seiner Chronik *»Of Plymouth Plantation«* überließ er der Nachwelt eine der anschaulichsten und inhaltsreichsten Darstellungen der frühen Kolonisation Neuenglands.[2]

Plymouth blieb stets eine kleine Niederlassung. Sie hatte den Weg nach Neuengland gewiesen, lockte aber selbst nur wenige neue Einwanderer an. Der große Puritaner-Exodus begann erst am Ende der 1620er Jahre; er führte zur Entstehung der *Massachusetts Bay-Kolonie.* Um 1628 hatte John Endecott die Siedlung Salem gegründet. Hinter diesem Unternehmen stand die hauptsächlich von puritanisch gesinnten Teilhabern getragene »New England Company«. Diese erhielt 1629 ein königliches Kolonisationspatent und nannte sich fortan »Massachusetts Bay Company«. Im folgenden Jahre brachte der Gouverneur John Winthrop nicht nur mehrere hundert Kolonisten, sondern auch die königliche »Charter« über den Atlantik. Damit war erstmals auch der Sitz einer Kolonialgesellschaft nach Amerika verlegt worden. Die Bay-Kolonie erlangte auf diese Weise von Anfang an mehr Unabhängigkeit vom Mutterland als alle früheren Unternehmungen. Innerhalb eines Jahres entstanden ein halbes Dutzend Niederlassungen, darunter Boston und Newtown (Cambridge). Bis 1643 vermehrten sie sich nach allen Richtungen, und die Zahl der Siedler überschritt 15000. Die sogenannte »Great Migra-

2 Als beste und handlichste Ausgabe dieses Werkes gilt William Bradford: Of Plymouth Plantation 1620–1647, A New Edition … by Samuel Eliot Morison, New York 1952 u.ö.

tion« fiel fast genau in die Zeit, da Karl I. ohne Parlament regierte. Die Puritaner der Massachusetts Bay-Kolonie bekannten sich nicht so eindeutig zum Separatismus wie diejenigen von Plymouth. Sie glaubten im Gegenteil an die Möglichkeit, daß die »Church of England« schließlich doch noch von innen her im Sinne des Gotteswortes reformiert werden könne. Viele von ihnen hatten sich deshalb nur mit Mühe zur Auswanderung entschließen können und dies erst getan, als die Unterdrückung ihrer Opposition gegen die Staatskirche und Bischofshierarchie immer offener und schärfer wurde. Um so eifriger strebten sie nach dem Auszug aus der Heimat danach, ihr Ideal der wahren Gemeinde Christi in der Neuen Welt zu realisieren und damit direkt oder indirekt auch zur Vollendung der Reformation in England beizutragen.

Kurz nach der Entstehung der ersten Niederlassungen wurde die »Massachusetts Bay Company« zu einem »Commonwealth« umgeformt. Dies geschah, als die Teilhaber der Gesellschaft um 1631 hundert erwachsene Männer als stimmberechtigte »Freemen« in den *»General Court«* aufnahmen. Der Begriff *»Freeman«* bezeichnete im England des 17. Jahrhunderts das stimmberechtigte Mitglied einer Handelsgesellschaft oder einer Stadtgemeinde. In den amerikanischen Kolonien war der »Freeman« zunächst ein Siedler, der seine Überfahrt selbst bezahlt hatte und an der Siedlungsgründung finanziell beteiligt war (im Gegensatz zum *»Indentured Servant«*, der die Reisekosten durch Dienerarbeit abgelten mußte, bevor er »frei« wurde). Der koloniale »Freeman« besaß stets Grund und Boden und hatte das Recht, die Repräsentanten in der »Assembly« seiner Kolonie zu wählen oder sich selber wählen zu lassen. Durch die Vermehrung der »Freemen« wurde der puritanische Charakter der Kolonie Massachusetts nicht verändert, aber der »General Court« beschloß im gleichen Jahre 1631, daß nur Mitglieder der kongregationalistischen Kirche, wie sie in den einzelnen Siedlungen bestand, den Status von »Freemen« erlangen konnten. Damit zeichnete sich bereits wieder der Ansatz zu politischer Oligarchie und zu staatskirchlicher Ordnung ab. Im Jahre 1634 sicherten sich die »Freemen« gegenüber dem Gouverneur und seinem »Council of Assistants« die Kompetenz der Gesetzgebung, der Landverteilung und der Steuereintreibung. Gleichzeitig wurde für den »General Court« das Repräsentationsprinzip eingeführt. Der Gouverneur, sein Stellvertreter, die 18 »Assistants«, aber auch alle Deputierten der einzelnen Siedlungen mußten jedes Jahr neu gewählt werden. Dies war die Grundstruktur des »Self-governing Commonwealth« von Massachusetts. Sie wies manche Ähnlichkeit mit derjenigen Virginias auf und sollte für die meisten anderen Kolonien zum Vorbild werden.

Das Leben der frühen Bewohner von Massachusetts war durch Frömmigkeit und großen Fleiß in landwirtschaftlicher und handwerklicher Arbeit charakterisiert. Daneben zeichneten sich die Leute durch einen beträchtlichen Bildungseifer aus. Um 1635 entstand in Boston die erste öffentliche Lateinschule, ein Jahr danach wurde in Cambridge das Harvard College gegründet. Ein 1647 erlassenes Gesetz veranlaßte die generelle Einrichtung von Grund- und Mittelschulen in allen Ortschaften mit mehr als 50 bzw. 100 Familien.

Die oligarchischen Charakterzüge des Regierungssystems von Massachusetts wurden vor allem durch die puritanische Geistlichkeit gestärkt. Zu ihren Anführern gehörten Männer wie John Cotton, Increase Mather und Cotton Mather, allesamt unermüdliche Befürworter und Verteidiger des »Holy Commonwealth«. Sie bekleideten zwar keine politischen Ämter, aber ihre Kirche war mit der weltlichen Ordnung völlig identifiziert, da das politische Leben allein durch die Kirchenmitglieder getragen wurde.

Das auf der theologischen Doktrin vom »Covenant« (d.h. dem Bund Gottes mit seinem auserwählten Volk) beruhende puritanische System war indessen von Anfang an einer Vielzahl innerer und äußerer Widerstände ausgesetzt. Von besonderer Bedeutung waren einige religiöse Oppositionsbewegungen, die teilweise zur Entstehung neuer Kolonien führten. Am bekanntesten ist das Beispiel des Roger Williams, der als Prediger des radikalen Separatismus und als Kritiker des generellen kolonialen Landanspruchs um 1636 aus Massachusetts verbannt wurde. Er zog nach Süden zu den Naragansett-Indianern, kaufte von ihnen eine Landparzelle und errichtete darauf die Siedlung Providence. Diese zog bald viele andere Gegner und Opfer der Oligarchie von Massachusetts an, wie z.B. die Spiritualistin Anne Hutchinson mit ihren Anhängern. So entstand die Kolonie *Rhode Island*, die sich ebenfalls weitgehende Selbstverwaltungsrechte sichern konnte und zum ersten Gemeinwesen Amerikas wurde, in dem das Prinzip der Trennung von Kirche und Staat und damit die uneingeschränkte Glaubensfreiheit zur Verwirklichung gelangte. Ein zweiter Exodus aus Massachusetts begründete (ebenfalls im Jahre 1636) die Kolonie *Connecticut*. Die Hauptmotive lagen hier sowohl in der Ablehnung der oligarchischen Ordnung der Bay-Kolonie als auch im Wunsche nach besserem Land. Als Connecticut um 1662 von König Karl II. eine offizielle »Charter« erhielt, schloß diese auch die bereits 1638 entstandene kleine Puritanersiedlung *New Haven* ein.

Eine Hauptgefahr, gegen die sich die Apologeten des puritanischen Systems in Massachusetts von Anfang an zur Wehr setzen mußten, war die Tendenz zur »Verweltlichung« innerhalb der Kolonie. Immer größer wurde im Laufe des 17. Jahrhunderts die Zahl der Siedler, die in erster Linie an materiellem Gewinn interessiert waren. Landwirtschaft und Handwerk konnten diesen nicht allein erbringen. Viele Einwanderer betätigten sich daher als Fischer, Pelzhändler und Schiffsbauer. Das wirtschaftliche Leben gestaltete sich viel komplexer als in Virginia. Wer daran erfolgreich teilnahm, strebte begreiflicherweise nach politischer und sozialer Gleichberechtigung, war aber nicht unbedingt bereit oder in der Lage, die hierfür notwendigen religiösen Qualifikationen aufzubringen. Die führenden Kreise wollten und konnten die wachsende Prosperität der Kolonie nicht aufs Spiel setzen und waren daher zu Kompromissen genötigt, die die scharfen Grenzen zwischen den Kirchenmitgliedern und den übrigen Kolonisten verwischten. Die endgültige Abschaffung der religiösen Voraussetzungen für die politische Gleichberechtigung sollte jedoch erst um 1691 erfolgen, ein Jahr vor der berüchtigten Hexenjagd von Salem, die die Glaubwürdigkeit und den Autoritätsanspruch des bereits schwer erschütterten puritanischen Systems endgültig zusammenbrechen ließ.

Seit 1650 hatte Massachusetts eigene territoriale Expansionspläne entwickelt, die in nördlicher Richtung wiesen. Während die formelle Annexion des weiten Grenzlandes von Maine gelang, war New Hampshire dem Zugriff der Bay-Kolonie jedoch entzogen, als Karl II. dieses Gebiet um 1679 zur Kronkolonie erklärte.

Neben den transatlantischen Niederlassungen, die von englischen Handelsgesellschaften gegründet wurden, gab es seit dem frühen 17. Jahrhundert auch *Eigentümerkolonien*. Die erste Unternehmung dieser Art war *Maryland*. Sie verdankte ihre Entstehung einem Patent, das Karl I. um 1632 ausstellte und das ein weites Gebiet im Norden Virginias an der Chesapeake Bay zur Kolonisation freigab. Der Empfänger der »Charter« war Cecil Calvert Lord Baltimore. Dieser katholische Edelmann wollte in der Neuen Welt ein Refugium für englische Katholiken schaffen. Trotz lauter Proteste der Siedler Virginias führte er sein wohlvorbereitetes Vorhaben von 1634 an mit beträchtlichem Erfolg durch. Er hatte das Land als königliches Lehen mit vollen Herrschaftsrechten zugesprochen erhalten und war befugt, es in einzelne Grundherrschaften (»Manors«) aufzuteilen und an weitere Lehensträger zu verleihen. So entstand in der amerikanischen Wildnis ein kleiner Feudalstaat, dessen Name sinnvollerweise an die katholische Gemahlin Karls I., Henriette Marie, erinnerte. Zu den ersten Einwanderern gehörten tatsächlich eine Anzahl katholischer Adeliger. Als Dienstleute, Handwerker, Pächter und Kleinbauern wurden aber von Anfang an auch Protestanten zugelassen. Sie erreichten bald das zahlenmäßige Übergewicht, beförderten die fortlaufende Zunahme landwirtschaftlicher Kleinbetriebe und erzwangen auch die Einführung einer auf dem Repräsentationssystem beruhenden Verwaltungsorganisation. Im Jahre 1649 gewährte ihnen Calvert durch ein offizielles *Toleranzedikt* die volle Glaubensfreiheit. Die soziale Entwicklung der Kolonie entsprach zwar seinen ursprünglichen Intentionen nur zum Teil, aber bis zur Jahrhundertmitte hatte sie sich im ganzen gesehen doch als Erfolg erwiesen. Maryland zählte um diese Zeit bereits ca. 8000 Einwohner.

Als der Bürgerkrieg in England den Puritanern wenigstens vorübergehend neue Macht verlieh, hörte ihre Auswanderung nach Amerika allmählich auf. Dafür erschienen nun in zunehmender Zahl Anhänger der unterlegenen Partei des Königs, nicht hohe Adelige, sondern vielmehr Angehörige der »Gentry«. Sie wandten sich vor allem nach Virginia und trugen dazu bei, daß diese Kolonie ihre soziale Struktur allmählich veränderte.

Nach der Restauration der Stuart-Monarchie erhielt die englische Kolonisation Amerikas zahlreiche neue Impulse. Um 1663 sanktionierte Karl II. die Gründung einer neuen Kolonie südlich von Virginia, die nach ihm selbst *Carolina* genannt wurde. Sie war das Eigentum einer Gruppe hoher Adeliger, der u. a. auch Anthony Ashley Cooper, der spätere Earl of Shaftesbury, angehörte. Die Besiedlung lief nur langsam an, und erst um 1680 wurde die Niederlassung Charleston gegründet. Eine von John Locke und Cooper ausgearbeitete Verfassung sollte auch hier eine feudalistische Ordnung errichten, aber sie erwies sich als unpraktikabel, da sie die tatsächlichen sozialen Verhältnisse in der Kolonie nicht berücksichtigte. Neben dem Anbau von Tabak und Getreide wurde auch Viehzucht betrieben. Dauerhafte Prosperität begann sich jedoch erst einzustellen, als in den Küstengebieten der Massenanbau von Reis begonnen hatte. Gegen Ende des 17. Jahrhunderts führten französische Hugenotten die Seidenindustrie ein. Innere Streitigkeiten führten um dieselbe Zeit zu einer starken Einengung der Rechte der »Proprietors«, zur Entstehung von Selbstverwaltungsinstitutionen und schließlich zur Aufteilung des Gebietes in die beiden Kronkolonien North Carolina und South Carolina (1729).

Der zweite Anstoß zur Vergrößerung des nordamerikanischen Kolonialgebietes, der von Karl II. ausging, führte zur Eroberung der seit 1624 bestehenden holländischen Kolonie *Nieuw Nederland*, die sich zwischen die Regionen Virginia und Neuengland eingeschoben hatte und in deren Zentrum das fruchtbare Tal des Hudson lag. Die Aktion wurde dadurch eingeleitet, daß der Herzog von York (der

Bruder Karls II. und spätere König Jakob II.) im März 1664 ein Patent für das ganze Gebiet zwischen Connecticut und dem Delaware River sowie weitere Landstriche im Nordosten erhielt. Er organisierte den Auszug einer Seestreitmacht, die sich im gleichen Jahre des gesamten holländischen Territoriums ohne Blutvergießen bemächtigte, und zwar einschließlich der ehemals schwedischen Kolonie am Delaware, die die Holländer selbst erst wenige Jahre zuvor erobert hatten. Die Hauptsiedlung Nieuw Amsterdam erhielt den Namen *New York*, der bald auch für die ganze Kolonie gebräuchlich wurde. Im Gegensatz zu anderen Kolonialeigentümern widersetzte sich Jakob Stuart zunächst der Bildung einer »General Assembly« und bewilligte diese erst, nachdem er mit den Siedlern in schwere Steuerkonflikte geraten war. Bald erkannte er überdies, daß das Gebiet für eine einheitliche Verwaltung zu groß war. Er verlieh die westlichen und südwestlichen Teile an andere adelige »Proprietors«, die sich aber bald schon zu weiteren Transaktionen entschlossen. Der hieraus entstandene Wirrwarr der Rechtsansprüche und Besitzverhältnisse zog sich durch mehrere Jahrzehnte hin, bis das Territorium zwischen Hudson und Delaware um 1702 zur Kronkolonie *New Jersey* vereinigt wurde.

Auch die Kolonie *Pennsylvania* verdankte ihre Entstehung einem Willensakt Karls II. Der Quäker William Penn, Sohn eines bekannten und am Hofe einflußreichen Admirals, vermochte sich im Jahre 1681 eine »Charter« zu verschaffen, die ihm die Erschließung und Besiedlung eines weiten Landstrichs im Südwesten von New York erlaubte. Es war ein fruchtbares Land mit verhältnismäßig angenehmem Klima und enthielt in seinen östlichen Teilen bereits einige verstreute Niederlassungen schwedischer und holländischer Siedler. Um der Kolonie einen Zugang zum Meer zu verschaffen, wurde ihr am Westufer der Delaware-Bucht noch ein schmaler Landstreifen angehängt; dies war das Gebiet der späteren Kolonie *Delaware.*

In Pennsylvania sollten die Quäker, die wegen ihrer spiritualistischen und pazifistischen Anschauungen sowohl in England als auch in den puritanischen Kolonien (mit Ausnahme von Rhode Island) verfolgt wurden, einen ungefährdeten Wohnplatz finden. Aber auch andere Einwanderer waren willkommen; weder die Religion noch die Sprache sollte dem friedlichen Zusammenleben ein Hindernis bieten. Penn vereinigte hohes ethisches Verantwortungsbewußtsein mit praktischer Geschäftstüchtigkeit. Im Gegensatz zu den Puritanern glaubte er an das Gute im Menschen; dieser Glaube bestimmte auch seine politischen und sozialen Ideen, die er erstmals im *Frame of Government* von 1682 niederlegte. Hier entwickelte er seine Vorstellungen von der Glaubensfreiheit und von der Gleichheit der

Menschen vor Gott. Die Regierung, die er für seine Kolonie schuf, behielt jedoch manche elitären und oligarchischen Züge.
Angezogen durch die Aussicht auf fruchtbares Land, individuelle Freiheit und religiöse Toleranz, strömten von Anfang an viele Quäker aus England, Wales, Holland und Deutschland nach Pennsylvania. Dazu kamen Hugenotten, Mennoniten und andere Angehörige unterdrückter religiöser Minoritäten. Iro-schottische Presbyterianer ließen sich vor allem im Westen nieder. Ganz allgemein zog die gut organisierte Kolonie europäische Arbeitskräfte und europäisches Kapital stärker an als ihre älteren Vorgängerinnen. Zwei Jahre nach der Gründung der Stadt, d.h. um 1683, standen in Philadelphia bereits über 300 Häuser; zu gleicher Zeit gründeten deutsche Einwanderer an ihrem Nordrand die Siedlung Germantown.
Die jüngste der dreizehn kolonialen Niederlassungen, die den Kern der künftigen amerikanischen Nation bilden sollten, entstand erst im 18. Jahrhundert. Es war die nach dem zweiten Hannoveraner-König benannte Kolonie *Georgia*. Ihre Entstehung wurde sowohl von humanitären als auch von strategischen Intentionen her befördert. James Edward Oglethorpe, ein Offizier und philanthropisch gesinnter Unterhausabgeordneter der Tory-Partei, wollte jenseits des Atlantiks eine Siedlung schaffen, in welcher sich Schuldgefangene rehabilitieren konnten. Im Jahre 1732 erhielt er ein Patent für das bisher noch kaum erschlossene Gebiet südlich der Carolinas. Die Regierung war daran interessiert, an der Grenze zu den spanischen Territorien eine Art koloniale Pufferzone einzurichten. Der von Oglethorpe gegründete Verwaltungsrat (»Board of Trustees«) organisierte Finanzierung und Propaganda, und bald stellten sich zusätzliche Siedler aus England, Schottland, Deutschland sowie aus Neuengland ein. Die »Trustees« praktizierten eine sozial gerechte Landverteilung und setzten sich vor allem für die Bewahrung der Kolonie vor moralischer und sittlicher Gefährdung ein. Zu diesem Zweck verboten sie die Sklaverei und die Einfuhr von Rum. Die gute Absicht verfehlte aber ihren Zweck, und die Niederlassung gelangte unter dem strengen Regime der »Trustees« nicht zu der erhofften Prosperität. Diese stellte sich erst ein, als das Unternehmen um 1752 von der Krone direkt übernommen wurde. (Die Sklaverei- und Rumverbote waren schon einige Jahre zuvor aufgehoben worden.)

2. *Hauptaspekte der Kolonialperiode*

Seit den 1730er Jahren wehte die Flagge Englands an der Ostküste Nordamerikas vom französischen Kanada bis zum spanischen Flo-

rida. Im Westen waren die britischen Kolonien immer noch durch das Appalachengebirge begrenzt. Innerhalb ihres gesamten Gebietes hatten sich *drei Regionen* sichtbar voneinander abzuheben begonnen: Neuengland, die mittleren Kolonien und der Süden.
Neuengland besaß die homogenste Bevölkerung. Die »Yankees« waren in ihrer überwiegenden Mehrheit englischer Abstammung und wiesen in Sprache, Lebensart und Weltanschauung von einer Kolonie zur andern kaum Unterschiede auf. Eine Ausnahme bildete einzig Rhode Island, wo zahlreiche Angehörige sektiererischer Religionsgemeinschaften Aufnahme gefunden hatten und wo auch im politischen Denken radikalere Meinungen vorherrschten als anderswo. Bauern und Fischer konnten sich in vielen Teilen Neuenglands schon vor 1700 eines bequemen Wohlstandes erfreuen, manchen Reedern, Kaufleuten und Gewerbetreibenden war bereits die Anhäufung beträchtlichen Reichtums gelungen. Besonders in den Küstensiedlungen gab es neben den Schiffswerften und Sägewerken zahlreiche andere gewerbliche Unternehmungen wie Gerbereien, Wollspinnereien und Rumbrennereien. In den Jahren unmittelbar vor dem Ausbruch der Revolution waren in Boston allein ca. 600 Schiffe beheimatet, die der Fischerei und dem Handel dienten. Im Landesinnern versorgten sich die meisten Farmhaushalte selbst und produzierten neben allen Nahrungsmitteln auch ihre eigenen Kleider, Schuhe, Möbel und Werkzeuge.
In den *mittleren Kolonien* (New York, New Jersey und Pennsylvania) war die Bevölkerung vielfältiger als in Neuengland, im ganzen weltoffener und toleranter. Die Landwirtschaft herrschte stärker vor, der Boden war ertragreicher, und nirgends in Amerika gab es wohlhabendere Farmer als im Lande William Penns und im Tal des Hudson River. New York und Philadelphia waren wie Boston bedeutende Handelsplätze und Zentren des Gewerbes. Besonders New York gab sich schon im frühen 18. Jahrhundert ausgesprochen kosmopolitisch. Der Grundstock der Bevölkerung war holländischer und englischer Abstammung, wurde aber durch Einwanderer aus vielen anderen Ländern, namentlich aus Schweden, Schottland und Deutschland, ergänzt. Jüdische Familien waren schon vor der englischen Eroberung ansässig geworden. Gegen Ende des 17. Jahrhunderts fanden auch französische Hugenotten Zuflucht. Der Reichtum wurde hier hemmungsloser und offener zur Schau gestellt als in Neuengland. In der Residenz des königlichen Gouverneurs ging es zu wie am Hofe eines kleinen europäischen Fürsten. Die Freude an Festlichkeiten war weitverbreitet, Bälle, Konzerte und Theateraufführungen gab es in großer Zahl. Den gelegentlichen Besuchern aus Neuengland gefiel diese lebenslustige Atmosphäre

nicht. New York war für sie ein Ort der Unmoral und des neureichen Protzentums.

Die *südlichen Kolonien* besaßen eine durch und durch ländliche Lebensart und eine hierarchisch strukturierte Gesellschaft. Wenn man schon im Norden und in der Mittelregion nur wenige bedeutende Städte zählte, so gab es im Süden bloß eine einzige, die sich mit diesen vergleichen konnte, nämlich Charleston in South Carolina. In den Küstengebieten und an den Flußläufen waren aus den Farmen der Frühzeit gegen Ende des 17. Jahrhunderts die charakteristischen Plantagen-Großbetriebe entstanden, deren Besitzer mit ihren Familien einem aufwendigen und kultivierten Lebensstil huldigten, während die Feldarbeit von Negersklaven geleistet wurde. Dieser Entwicklung hatte Virginia den Weg gewiesen; diese Kolonie blieb auch später die führende und politisch einflußreichste Vertreterin ihrer Region. An Prosperität wurde sie nur von South Carolina eingeholt. Die landwirtschaftliche Produktion der südlichen Kolonien war stets viel einseitiger und daher krisenanfälliger als diejenige der Mittelregion und des Nordens. Oft stand der mit großer Gebärde zur Schau gestellte Reichtum der Plantagenbesitzer auf tönernen Füßen. Preisschwankungen auf dem internationalen Markt, leichtsinnig gemachte Schulden und unvorsichtige Spekulationen bewirkten immer wieder, daß hinter der Fassade des sorglosen aristokratischen Landlebens Unsicherheit und Zukunftsangst herrschten und die politische Aktivität bestimmten. Axiomatische Gültigkeit besaß die allgemein verbreitete Überzeugung, daß die Plantagenwirtschaft – und dies betraf in erster Linie den Tabakanbau – nur rentabel sein könne, wenn sie mit Sklaven betrieben werde. Viele reiche Gutsherren stammten aus der landbesitzenden Schicht Englands. Über die Angehörigen der Plantagengemeinschaft – Familienmitglieder, Angestellte und Sklaven – herrschten sie mit patriarchalischer Autorität. Zwischen ihnen und den Sklaven standen in der sozialen Hierarchie die Schichten der kleinen Farmer, Kaufleute und städtischen Handwerker sowie die große Menge der »Armen Weißen«, die als Kleinbauern auf schlechtem Land oder als vagabundierende Gelegenheitsarbeiter ein elendes Leben führten und sogar von den Negern verachtet wurden. Die Pflanzeraristokratie gab in allen südlichen Kolonien den Ton an. Sie bestimmte den Lauf des öffentlichen Lebens und verteidigte das konservative Gesellschaftssystem im unerschütterlichen Glauben an seine Richtigkeit. Daß aus dieser Schicht gelegentlich auch überaus bedeutende und weitblickende Staatsmänner hervorgingen, ändert nichts am allgemeinen Sachverhalt.

Der Überblick über die wirtschaftlich-soziale Lage der britischen

Kolonien muß schließlich noch auf einen *vierten Bezirk* weisen, der als bedeutsamer Bestandteil aller drei anderen zu erkennen ist: das *Grenz-* und *Hinterland.* Es erstreckte sich dem Ostabhang der Appalachen entlang und gelegentlich weit in die davor gelegenen Hügelzonen hinein. Hier lebten die Pioniere der kolonialen »Frontier«, die Jäger und Holzfäller, die die ersten Lichtungen in die Wildnis schlugen und als »Squatters« ohne Rücksicht auf Eigentumsverhältnisse und fiktive Rechtsansprüche ihre primitiven Hütten bauten und den ersten Weizen anpflanzten. Unter ihnen gab es Abenteurer, Flüchtlinge, Außenseiter aller Art, die lange nicht immer seßhaft blieben, sondern oft weit nach Westen vorstießen, bis auf die Gebirgskämme und in Einzelfällen wohl auch bis ins Mississippibekken. Sie standen im täglichen Kampf mit der Natur und sehr oft auch mit den Eingeborenen. Immer wieder gerieten sie in Konflikt mit den Siedlern des Ostens und mit den kolonialen Behörden, die für ihre Probleme kein Verständnis aufbrachten. In Pennsylvania befehdeten iro-schottische Grenzer mehrfach die deutschen Kolonisten, in den Carolinas mußten sich die Kleinfarmer des Hinterlandes gegen die einengenden Verordnungen der »Proprietors« zur Wehr setzen, und in Virginia kam es 1676 sogar zu einem regelrechten Bürgerkrieg (»Bacon's Rebellion«), wobei die Uneinigkeit über die Behandlung der Indianer eine auslösende Rolle spielte.

Die Auseinandersetzung mit den *Eingeborenen* gehörte ebenfalls in die »Hinterlandsproblematik« jeder Kolonie. Angriffe der Indianer auf die Siedlungen kamen immer wieder vor und lösten oftmals brutale Vergeltungsmaßnahmen aus. Eigentliche Indianerkriege gab es in der früheren Kolonialperiode nur zweimal; sie wurden beide Male in Neuengland ausgefochten und führten zu schwerer Dezimierung einzelner Stämme (»Pequot War«, 1636–1637; »King Philip's War«, 1675–1676). Im 18. Jahrhundert wurde das Verhältnis der britischen Kolonien zu den Eingeborenen in zunehmendem Maße auch von strategischen Überlegungen beeinflußt, die sich aus der kriegerischen Konfrontation mit dem französischen Kolonialreich ergaben.

Der *geistig-kulturelle* Aspekt des Lebens in den britischen Kolonien war von Anfang an stark von *kirchlich-religiösen* Fragen her bestimmt. Die Auffassungen hierüber waren in den einzelnen Regionen ebenso verschieden wie die religiöse Praxis. In Neuengland herrschte der »staatskirchliche« *Kongregationalismus* vor, und zwar in einer äußerst strengen und disziplinierten Form. Um die Wende zum 18. Jahrhundert verbreiteten sich allmählich liberale und tolerante Ideen, was u.a. zur Folge hatte, daß sich die *anglikanische Kirche* rasch ausbreiten konnte. In den mittleren Kolonien spielten Kirchenleben, Gottesdienstordnung und Einhaltung des Sabbats eine wesentlich geringere Rolle. Die Kirchengemeinden waren meist kleiner als in Neuengland, die Prediger besaßen weniger gesellschaftlichen Einfluß, und die Gottesdienste waren anspruchsloser. Wie in Pennsylvania faßten auch in New York und New Jersey viele verschiedene konfessionelle Gemeinschaften Fuß. Obgleich die anglikanische Kirche in den beiden letzteren Kolonien von behördlicher Seite Förderung erfuhr, hatte sie doch weniger Anhänger als die *Presbyterianer* und die *Holländisch-Reformierten*. Die einzige Kirche, die benachteiligt wurde, war die katholische; ihre Diskriminierung verschwand jedoch nach der Eroberung der »Nouvelle France«. Im Süden war der Anglikanismus ursprünglich die dominierende Denomination; er erreichte bis ins 18. Jahrhundert hinein überall staatskirchlichen Status. Da es der »Church of England« aber stets an profilierten Führerpersönlichkeiten fehlte, konnten sich die Presbyterianer und *Baptisten* besonders in den mittleren und unteren Gesellschaftsschichten erfolgreich durchsetzen. Um 1770 übten sie in den Carolinas und im ganzen Hinterland Virginias den stärksten Einfluß aus. Ihre Prediger eigneten sich, wie später auch diejenigen der *Methodistenkirche*, am besten für den vierten Landesteil, das in seiner Ausdehnung stets anwachsende Grenzgebiet.

In den ersten Jahrzehnten des 18. Jahrhunderts mehrten sich innerhalb der amerikanischen Kirchen ganz allgemein die theologischen und weltanschaulichen Spannungen. Ansätze zu aufklärerischem Rationalismus provozierten einerseits formalistisch-orthodoxe Gegenbewegungen und andererseits den Aufbruch zu neuen Manifestationen des religiösen Individualismus. Parallel zu ähnlichen Strömungen in Europa erhob sich aus dieser Situation der Zersplitterung das sogenannte *»Great Awakening«*, eine Erweckungs- und Erneuerungsbewegung, die in den 1740er und 1750er Jahren praktisch das ganze Gebiet der Kolonien erfaßte. Sie wurde durch den enthusiastischen Wanderprediger George Whitefield ausgelöst, fand aber dann in Jonathan Edwards aus Northampton (Massachusetts) ihren bedeutendsten theologischen Vertreter, der die Auswüchse zügelte und den Grund zu fruchtbarer Nachwirkung legte.

Die *Institutionen höherer Bildung* verdankten ihre Entstehung fast durchweg der Initiative der Kirchen. Die Puritaner von Massachusetts waren hier vorangegangen. Das Harvard College erfreute sich schon früh eines allgemeinen Ansehens. Seine Aufgabe bestand in erster Linie darin, den künftigen Predigern eine solide Grundausbildung in den Humaniora zu vermitteln. Nach 1700 wandten sich seine Absolventen in wachsender Anzahl aber auch weltlichen Berufen zu. Als zweite höhere Bildungsanstalt der Kolonien wurde unter dem Protektorat der anglikanischen Kirche um 1693 das William and Mary College in Williamsburg (Virginia) errichtet. Bereits drei Jahre später folgte das Yale College in Connecticut, wiederum eine Schöpfung der Kongregationalisten. Unter mehr oder weniger direktem Einfluß des »Great Awakening« entstanden um die Mitte des 18. Jahrhunderts die Colleges, die heute unter den Namen Princeton, Brown, Rutgers und Dartmouth bekannt sind. Sie waren allesamt kirchliche Gründungen und unterstanden (in entsprechender Reihenfolge) presbyterianischen, baptistischen, holländisch-reformierten und kongregationalistischen Aufsichtsbehörden. Auch New York und Pennsylvania erhielten um dieselbe Zeit höhere Schulen. Ausgebaute Grundschulsysteme gab es jedoch nur in Neuengland. In den mittleren Kolonien bestanden Ansätze dazu, im Süden hingegen fehlte noch alles.

Der *Buchdruck* florierte seit 1639, als in Cambridge die erste Presse eingerichtet worden war. Um die Mitte des 18. Jahrhunderts gab es in allen Kolonien Druckereien, die Zeitungen, Zeitschriften, Pamphlete, Kalender usw. veröffentlichten und in vielen Fällen auch gelehrte Bücher produzierten. Zahlreiche literarische und wissenschaftliche Erzeugnisse amerikanischer Autoren erschienen aber noch in London, was für ihre Verbreitung in der Alten Welt natürlich stets ein Vorteil war.

Bereits gab es in den Kolonien eine Anzahl von *Gelehrten*, deren Werke in Europa Aufmerksamkeit erregten. Dies galt für Cotton Mather, den spätpuritanischen Theologen und Geschichtsschreiber, für manchen anderen Chronisten der Kolonialgeschichte, aber auch für Naturwissenschaftler wie etwa den Botaniker John Bartram und den Mathematiker Thomas Godfrey, der den Marinequadranten erfand. Der in Europa bekannteste und aufsehenerregendste Amerikaner seiner Zeit dürfte aber doch wohl Benjamin Franklin gewesen sein. Er gehörte ohne Zweifel zu den bemerkenswertesten Persönlichkeiten, die bis dahin aus den Kolonien hervorgegangen waren. Seine Schulbildung war gering, und fast alles, was er leistete, hatte er sich als Autodidakt erarbeitet. In den politischen Angelegenheiten Pennsylvanias und den anderen Kolonien erfahren, wirkte er in den Jahren vor der Revolution als eine Art amerikanischer Hochkommissar in England. Er war mit führenden Politikern und Gelehrten bekannt und wurde von den Universitäten St. Andrews und Oxford mit Ehrendoktoraten ausgezeichnet. Seine satirischen Aphorismen und politischen Essays fanden auch auf dem europäischen Kontinent begeisterte Leser, seine naturwissenschaftlichen Forschungen und Erfindungen erweckten allgemeine Bewunderung. In Philadelphia schuf er die städtische Feuerwehr und bemühte sich um die Verbesserung der Straßenbeleuchtung und -reinigung. Daneben gründete er eine öffentliche Bibliothek, die »American Philosophical Society« und eine Akademie, aus der später die »University of Pennsylvania« hervorging. Seine wohl bedeutendste Leistung aber vollbrachte er als Gesandter der neugegründeten amerikanischen Republik in Frankreich. Über seine diplomatische Tätigkeit wird jedoch weiter unten zu berichten sein. John Adams hatte gewiß recht, wenn er schrieb, der Charakter Franklins werde in Europa über alle Maßen geschätzt. Zum erstenmal war hier ein Amerikaner aufgetaucht, der mit den bedeutendsten Europäern seiner Zeit von gleich zu gleich verkehrte und von ihnen akzeptiert wurde.

Im Hinblick auf gewisse *politische Organisationsformen* und auf den *rechtlichen Status* bestanden unter den britischen Kolonien in Nordamerika manche Unterschiede. Andererseits wiesen sie aber auch sehr viele und wichtige Gemeinsamkeiten auf. Von erstrangiger Bedeutung war die Tatsache, daß sie alle von Engländern geplant und zum Funktionieren gebracht worden waren. Englische Institutionen und Rechtstraditionen hatten sich überall verbreitet, und die englische Sprache nahm mit Ausnahme weniger Gebiete eine dominierende Stellung ein. Die Grundstrukturen von Regierung und Verwaltung waren überall praktisch dieselben. Das monarchische Prinzip manifestierte sich im Gouverneur und seinem »Council«, das demokratische Element war in den gewählten Repräsentativversammlungen vorhanden. Diese mochten sich je nach ihrem Umfang und nach den Wählbarkeitsanforderungen, die an ihre Mitglieder gestellt wurden, voneinander unterscheiden; wichtig war, daß sie sich bis zum Ende der Kolonialperiode nicht nur überall die Kompetenz der Gesetzgebung, sondern auch die Aufsicht über den Finanzhaushalt erkämpft hatten.

Die *britische Krone* hatte anfänglich keine eigene kolonialpolitische Aktivität entwickelt. Alle Erkundungs- und Besiedlungsunternehmungen waren von privaten Gesellschaften oder von besonders aktiven Einzelpersonen ausgegangen. Bis 1640 hatte nur eine einzige Kolonie den Status einer königlichen Provinz erhalten, nämlich Virginia. Als das Parlament die volle Kontrolle über das englische Staatswesen übernahm, übernahm es damit natürlich auch die direkten und indirekten Aufsichtsrechte der Krone über die Kolonien. Gerade im puritanischen Neuengland jedoch wollte man dies nicht ohne weiteres anerkennen. Dies zeigte sich, als die »New England Confederation« von 1643 ohne vorherige Orientierung des Parlaments abgeschlossen wurde. Es handelte sich dabei der Sache nach um einen Allianzvertrag gegen die Indianer, aber doch immerhin um das erste föderalistische Experiment auf dem nordamerikanischen

Kontinent. Daß in Virginia und Maryland noch viel heftigere Widerstände gegen das Parlament und den Lord Protektor Cromwell spürbar wurden, ist nicht verwunderlich. Die wichtigste kolonialpolitische Maßnahme der »Commonwealth«-Regierung war die *Navigationsakte* (»Navigation Act«) von 1651. Sie bestimmte, daß der gesamte Handelsverkehr zwischen England und seinen Kolonien, zwischen England und den nichtenglischen Häfen sowie zwischen den anderen europäischen Nationen und Übersee nur noch durch englische Schiffe oder solche aus den Kolonien getätigt werden dürfe. Diese Vorschriften richteten sich in erster Linie gegen die Konkurrenz der Niederlande. Sie bildeten aber andererseits auch das erste Gesetz, das für alle Kolonien in gleicher Weise galt und das die merkantilistische Tendenz der damit aufgenommenen Kolonialpolitik in aller Deutlichkeit offenbarte.
Karl II. setzte diese Tendenz fort. Bei den von ihm sanktionierten Unternehmungen handelte es sich durchweg um Eigentümerkolonien. Die meisten dieser Eigentümer waren Angehörige der Aristokratie, die dem König nahestanden und damit rechneten, durch den Landerwerb in Amerika ihre standesgemäßen Einkünfte erhöhen zu können. Die kolonialpolitischen Berater des Königs beschäftigten sich jedoch nicht nur mit der Planung der Expansion, sondern vor allem mit der zentralisierenden Neuordnung des Verhältnisses zwischen den älteren Kolonien und der restaurierten Monarchie. Die hinter diesen Bemühungen stehende Intention manifestierte sich vor allem in der Tatsache, daß die Zahl der Kronkolonien allmählich zunahm. Die *Konsolidierung des entstehenden Kolonialreiches* wurde auch durch eine Reihe neuer Handelsgesetze befördert. Eine zweite Navigationsakte (1660) enthielt u. a. die Bestimmung, wonach verschiedene koloniale Produkte wie Zucker, Tabak und Baumwolle nur noch nach England und nach den anderen englischen Kolonien transportiert werden durften. So begann die Praxis, gewisse landwirtschaftlich besonders wichtige Rohstoffe nur innerhalb des Reiches selbst zirkulieren zu lassen, damit der erzielte Gewinn nicht ins Ausland abfließen konnte. Weitere Gesetze, die die kommerzielle Freizügigkeit der Kolonien einschränkten, schufen mit der Zeit ein ausgedehntes System wirtschaftspolitischer Regulationsmöglichkeiten. Durch sie wurde die Regierung in die Lage versetzt, nicht nur den eigenen Kolonialbesitz nach merkantilistischen Grundsätzen auszunützen, sondern auch der fremden Konkurrenz wirkungsvoll entgegenzutreten.
Dies führte allerdings wiederum zu Konflikten mit den Kolonien, und zwar diesmal in erster Linie mit Massachusetts. Die bereits sehr selbstbewußt gewordene Bay-Kolonie widersetzte sich den Han-

delsgesetzen mit energischer Entschlossenheit, bis Karl II. im Jahre 1684 die »Charter« von 1629 aufhob. Sein Nachfolger Jakob II. führte den nächsten Schlag, als er 1686/88 alle Neuengland-Kolonien zusammen mit New York und New Jersey zu einer einzigen Kronkolonie, dem »Dominion of New England«, vereinigte. Im Zuge dieser rigorosen Zentralisierungsmaßnahme wurden alle Selbstverwaltungsinstitutionen der einzelnen Kolonien aufgehoben. Nachdem die »Glorreiche Revolution« der Stuart-Monarchie ein Ende gesetzt hatte, fiel das »Dominion of New England« zwar bald wieder auseinander, aber die Reorganisation der britischen Kolonialverwaltung, die unter Wilhelm III. einsetzte, bezeugte doch das Fortleben der merkantilistischen Grundideen. Was nun erfolgte, war eine weitere Straffung und Verfeinerung des administrativen Apparates, allerdings ohne offene Provokation der Kolonien. Typisch war die Lösung, die für die Kolonie Massachusetts gefunden wurde: Sie erhielt 1691 ein neues Patent, das ihr den Status einer »Königlichen Provinz« verlieh. Die alten Institutionen des »Self-Government« wurden restauriert, aber der Gouverneur sollte fortan von der Krone ernannt werden und gegenüber dem »General Court« ein Vetorecht haben. Die gleiche »Charter« sprach der Bay-Kolonie nun auch das ganze Gebiet von Maine offiziell zu und verleibte ihr die Kolonie Plymouth ein.

Die allgemeine Tendenz zur Zentralisierung und Rationalisierung der Kolonialverwaltung führte 1696 zur Schaffung des »Board of Trade and Plantations«, der von da an bis zum Ausbruch der amerikanischen Revolution als höchste Behörde des britischen Kolonialreiches funktionierte. Gleichzeitig mit der Begründung dieser Institution wurde eine neue Navigationsakte erlassen, die alle früheren Handelsgesetze zusammenfaßte und noch vorhandene Lücken schloß. Zu Beginn des 18. Jahrhunderts gab es unter den britischen »Provinzen« auf dem nordamerikanischen Kontinent noch zwei Eigentümerkolonien, nämlich Maryland und Pennsylvania. Die übrigen waren als Kronkolonien zu bezeichnen (wobei Connecticut und Rhode Island insofern eine Ausnahmestellung einnahmen, als sie auch ihre Gouverneure selbst wählen konnten).

Zu den schwersten Belastungen, denen die britischen Kolonien generell ausgesetzt waren, gehörte die latente Gegnerschaft der spanischen und französischen Nachbarn. Diese Gegnerschaft entlud sich in den *Kolonialkriegen*. In ihrem Gesamtzusammenhang erscheinen die englisch-spanischen Kämpfe (1739–1742 an der Südküste Georgias und 1761–1762 im Karibischen Meer) mehr nur als Randereignisse. Viel größere Einsätze beanspruchten die Auseinandersetzungen mit Frankreich, die bereits im 17. Jahrhundert begonnen

hatten. Hier ging es um mehr als um einzelne lokale Konflikte zwischen rivalisierenden Kolonialmächten. Der französische Anspruch auf alle Gebiete westlich der Appalachen und der unaufhaltsame Vormarsch aus dem Sankt-Lorenz-Gebiet in die Täler des Ohio und des Mississippi bedeutete für die britischen Niederlassungen am Atlantik auf die Dauer die Gefahr, abgeschnürt und an jeder weiteren Expansion gehindert zu werden. So war es immer wieder zu Grenzkämpfen und Streitigkeiten um die Rechte von Pelzjägern und Fischern gekommen, und zwar in den Gewässern um Nova Scotia, im Norden der Kolonie New York und später auch in weiter westlich und südlich gelegenen Gegenden. Im Grunde war es selbstverständlich, daß immer dann, wenn England und Frankreich in Europa und auf den Weltmeeren aneinandergerieten, auch an den Grenzen ihrer amerikanischen Kolonien Kriege ausbrachen. So besaßen der Pfälzische, der Spanische und auch der Österreichische Erbfolgekrieg ihre Nebenschauplätze in der Neuen Welt. In die Kampfhandlungen waren auf beiden Seiten stets auch Indianer verwickelt.
Parallel zum *Siebenjährigen Krieg* verlief in Nordamerika der sogenannte »French and Indian War« (1754–1763). Er begann als Folge englischer Siedlungsvorstöße im oberen Ohiotal, die seit den 1740er Jahren unternommen worden waren. Kurz nach dem Ausbruch der Feindseligkeiten berief der »Board of Trade« eine Konferenz von Delegierten der acht größten Kolonien nach *Albany* ein, um die militärische Zusammenarbeit zu koordinieren und mit den Iroquois einen Vertrag abzuschließen. Der denkwürdigste Gegenstand der Verhandlungen war ein von Benjamin Franklin eingebrachter *Unionsentwurf,* der vorsah, daß alle Kolonien mit Ausnahme von Georgia und Nova Scotia (das seit 1713 in englischer Hand war) unter der Oberhoheit der britischen Krone zu einem Staatenbund mit einer gemeinsamen Legislativbehörde und einem Präsidenten vereinigt werden sollten. Dieser Plan wurde von den Kolonien in der Folge zwar verworfen, aber er erscheint aus der historischen Sicht betrachtet doch als bedeutsame Vorankündigung späterer Kooperationsbemühungen auf föderalistischer Basis.
Der Kriegsverlauf war zunächst durch schwere Verluste und Niederlagen der englischen Streitkräfte und der kolonialen Milizen gekennzeichnet. Die kritische Situation veränderte sich erst zum Besseren, als der ältere William Pitt um 1757 das Amt des Staatssekretärs in der britischen Regierung übernommen hatte. Er bewirkte eine entschlossenere und wirksamere Kriegführung in Amerika und bewies eine glückliche Hand in der Auswahl fähiger Militärs für die Durchführung der einzelnen Aktionen. Innerhalb kurzer Zeit gelang die Eroberung der strategisch bedeutenden Festung Louisbourg

auf Cape Breton Island, die Blockierung der französischen Kommunikationen zwischen dem Sankt-Lorenz-Tal und den Westgebieten sowie die Einnahme von Quebec (1759). Mit dem letztgenannten Erfolg war die Entscheidung erreicht, obwohl sich der Krieg danach noch einige Jahre hinzog. Im *Frieden von Paris* (1763) verzichtete Frankreich auf alle seine nordamerikanischen Besitzungen östlich des Mississippi, nachdem es die Gebietsansprüche westlich des Stromes schon vorher in einem Geheimabkommen an Spanien abgetreten hatte. England gab der spanischen Krone das 1762 eroberte Kuba zurück und erhielt dafür Florida.
Im Jahre des Friedensschlusses stellte sich der englischen militärischen Führung noch die Aufgabe, mit den aufrührerischen Indianern der Ohio-Gebiete fertig zu werden (»Pontiac's Rebellion«). Als auch dies gelungen war, schien die Macht der britischen Krone unangreifbar und nicht mehr zu erschüttern. Sie beherrschte den Kontinent östlich des Mississippi von der Hudson Bay bis zum Golf von Mexiko, und der kolonialen Expansion schienen – jedenfalls in diesem Gebiet – keine Grenzen mehr gesetzt. Doch der Schein trog. Schon im Jahre nach dem Pariser Frieden brachen neue Konflikte zwischen den Kolonien und dem Mutterlande aus. 20 Jahre nach dem Höhepunkt von 1763 sollte der wirtschaftlich wichtigste Teil des britischen »Empire« in Nordamerika von der Landkarte verschwunden sein. An seine Stelle sollte aber nicht ein anderes europäisches Kolonialreich treten, sondern eine neue unabhängige Nation.

3. *Kampf um die kolonialen Rechte und Durchbruch zur Unabhängigkeit*

Der Konflikt zwischen den britischen Kolonien in Nordamerika und dem Mutterland entzündete sich an zwei Problemen. Das erste betraf die *Westexpansion*, die nun über die Appalachen hinaus möglich geworden war. Die Kolonien brauchten neues Land; auf Grund ihrer »Charters« beanspruchten einige von ihnen das Recht der Ausdehnung bis an den Mississippi, und die Siedler glaubten, daß die neu eroberten Gebiete ihnen ohne weiteres zuständen. Die englische Regierung folgte jedoch solcher Argumentation nicht. Sie befürchtete, daß ein allzu mächtiger Siedlerstrom neue Indianerkriege hervorrufen könnte, und sie erkannte auch, daß es den aufeinander eifersüchtigen Kolonien niemals gelingen würde, eine einheitliche und vernünftige Indianerpolitik zu entwickeln. Der Earl of Bute, damals erster Minister Georgs III., war davon überzeugt, daß die Organisation der Erschließung sowie die politische Strukturierung der neuen

Gebiete nur unter der direkten Autorität der Krone bewerkstelligt werden könne. So wurde der König zu einer Proklamation bestimmt, die noch im Jahre 1763 alle privaten Landkäufe verbot und das Territorium hinter dem Appalachenkamm unter militärische Kontrolle stellte. Dieser Erlaß erbitterte viele Kolonisten, die nach Westen ziehen wollten. Es schien ihnen, als ob die Regierung des Mutterlandes sie daran hindern wolle, den gegen die Franzosen erfochtenen Sieg nun auch auszunützen. Die praktische Wirkung der Proklamation war indessen gering; sie vermochte den Drang nach dem neuen Land auf die Dauer nicht aufzuhalten.

Der zweite Konfliktpunkt muß etwas eingehender betrachtet werden, weil er mehr direkte und sichtbare Konsequenzen nach sich zog. Der *Finanz- und Steuerstreit* ergab sich aus dem an sich durchaus harmlosen und auch verständlichen Wunsche Englands, die Kolonien sollten zur Deckung der Kosten, die der Siebenjährige Krieg verursacht hatte, einen angemessenen Beitrag leisten. Viele Engländer waren der Meinung, der Krieg sei (jedenfalls in Nordamerika) in erster Linie zum Schutze der Kolonien geführt worden, und es sei daher nur recht und billig, daß diese sich nun an der Sanierung des Staatshaushaltes beteiligten. Zum allermindesten sollten sie die Versorgung der Truppen mittragen helfen, die die englische Regierung zur Bewachung und eventuellen Verteidigung der eroberten Gebiete in Amerika belassen hatte. In diesem Sinne stimmte das Parlament 1764 einem Gesetz zu, das die Zollsätze für verschiedene Einfuhrartikel der Kolonien revidierte und gleichzeitig schärfere Vorschriften für die Eintreibung der Zölle enthielt. Das Gesetz wurde als *»Revenue Act«* oder *»Sugar Act«* bezeichnet. Eine seiner wichtigsten Bestimmungen setzte den Einfuhrzoll auf Melasse (ein Grundprodukt für die in Neuengland blühende Rumdistillerie!) von 6 auf 3 Pence pro Gallone herab. Diese Maßnahme sah aus wie eine Lockerung, aber sie sollte sich in entgegengesetzter Richtung auswirken. Der frühere Zoll war so hoch gewesen, daß die amerikanischen Importeure ihn durch Schmuggel und Bestechung systematisch umgangen hatten. Durch die Neuregelung war der Schmuggel nun zugleich weniger lohnend und viel riskanter geworden, und die Regierung konnte erwarten, daß die Importeure lieber den niedrigeren Zoll entrichten würden als sich bei illegalen Transport- und Einfuhrgeschäften erwischen zu lassen. Das Ziel des Gesetzes bestand nach dem Wortlaut seiner Präambel ganz eindeutig in der Erhöhung der fiskalischen Einkünfte aus den Kolonien. Daß hierzu die Belastung durch Zölle oder Steuern ein berechtigtes Mittel sei, wurde in Westminster nicht bezweifelt. Der Schöpfer der »Revenue Act« war der Schatzkanzler George Grenville. Er brachte schon im folgenden

Jahr eine weitere Maßnahme durch das Parlament, nämlich das Stempelsteuergesetz (*»Stamp Act«*). Sein Inhalt war simpel: Für alle in Amerika ausgefertigten Rechtsurkunden sowie für Druckerzeugnisse wie Bücher, Kalender, Zeitungen, Flugblätter, Spielkarten, Formulare usw. mußten Stempelgebühren in Gebührenmarken entrichtet werden.
Die Reaktion der Kolonien auf diese Vorkehrungen der englischen Regierung war äußerst heftig. Sie richtete sich nicht gegen einzelne Bestimmungen, sondern gegen die Tatsache, daß ein Parlament, in dem die Kolonien nicht vertreten waren, diesen die Entrichtung von Steuern vorschreiben konnte. Gewiß waren regulierende Maßnahmen der englischen Regierung früher akzeptiert worden, auch wenn sie die kommerzielle Freizügigkeit der Kolonien einschränkten. Was die Einwohner der amerikanischen Provinzen des britischen Reiches aber jetzt ganz besonders erregte, war die unverhüllt ausgesprochene Zweckbestimmung solcher Maßnahmen, wie sie in der Präambel der »Revenue Act« erschien. Kaum hatten sich die prinzipiellen Gegenargumente in den ersten Streitschriften artikuliert, kam schon der zweite Schlag, die »Stamp Act«. Diese eindeutige Besteuerungsmaßnahme suchte nicht einmal mehr den Anschein zu wecken, sie diene nur der Regulierung des Außenhandels. Der publizistische Protest verschärfte sich. Schon kurz nachdem die ersten Nachrichten über die bevorstehende Einführung des Gesetzes in Virginia eingetroffen waren, veranlaßte der junge Rechtsanwalt Patrick Henry das Abgeordnetenhaus dieser Kolonie zur Annahme einiger Resolutionen, die sich eindeutig zum Grundsatz »No taxation without representation« bekannten. Die »Assemblies« anderer Kolonien folgten dem Beispiel Virginias mit entsprechenden Beschlüssen. Einer Anregung von Massachusetts folgend, entsandten neun Kolonien Delegierte zu einem Kongreß nach New York, der im Oktober 1765 das Besteuerungsrecht des Parlaments formell ablehnte. Dieser *Stempelsteuerkongreß* markiert den Beginn des gemeinsamen Widerstandes gegen England. Zur selben Zeit gingen die Kolonisten an mehreren Orten aber bereits zu direkten Aktionen über, um ihr Eigentum vor der Belastung durch englische Steuern zu schützen. Es kam zu ersten Tumulten und zu Überfällen auf Häuser von Bürgern, die verdächtigt wurden, die Durchführung der englischen Gesetze zu befürworten. In einigen größeren Städten entstanden Widerstands- und Kampforganisationen, die sich *»Sons of Liberty«* nannten. Sie setzten die Steuer- und Zolleintreiber unter Druck und zwangen viele zum Rücktritt. Am heftigsten war die Bewegung in Massachusetts. Als einer ihrer führenden Köpfe trat der Jurist und Publizist Samuel Adams hervor, der von da an stets an der

Spitze der radikalen Gegner Englands stehen sollte. Die »Sons of Liberty« befürworteten einen *Boykott* aller bisher aus England importierten Waren bis zum Widerruf der »Stamp Act«. Dieser Plan wurde von den führenden Kaufleuten Bostons, New Yorks und Philadelphias gutgeheißen und in die Tat umgesetzt. Als das Gesetz am 1. November 1765 in Kraft treten sollte, wagte niemand mehr, es zu vollstrecken, und es wurde völlig ignoriert. Die Arbeit der Gerichte und das Geschäftsleben kamen zu praktisch völligem Stillstand, und als der Handel gegen Ende des Jahres wieder anlief, geschah dies ohne Entrichtung der geforderten Stempelgebühren. Das war offener Widerstand gegen die Staatsgewalt und konnte ohne weiteres Sanktionen nach sich ziehen. Vielerorts wurde angekündigt, man werde eher zu den Waffen greifen als sich unterwerfen.
Durch die »Stamp Act Crisis« waren die Kolonien unversehens an den Rand der Rebellion geraten, und der Konflikt hatte in kurzer Zeit dramatische Formen angenommen. Zweierlei war an diesen Vorgängen bemerkenswert: Die englische Regierung hatte den Widerstandswillen der Kolonien bei weitem unterschätzt, und die Amerikaner hatten sich in der Überzeugung, daß die Grundlagen ihrer Existenz bedroht seien, erstaunlich einmütig und entschlossen gezeigt. Sie wollten nichts Neues und Ungewöhnliches; ihr Ziel war die Bewahrung des alten Grundsatzes, wonach Eigentum ohne Zustimmung der gewählten Vertreter der Eigentümer nicht besteuert werden dürfe. Dieser Grundsatz war von vielen Engländern schon in früheren Zeiten immer wieder vertreten worden, u. a. auch von John Locke. Indessen hatte sich aber in England auch die Gewohnheit verbreitet, die Mitglieder des Unterhauses als Vertreter aller britischen Untertanen zu betrachten. Nicht nur die Kolonisten, sondern auch sehr viele im Mutterland lebende Engländer besaßen kein Wahlrecht und galten trotzdem als »potentiell« vertreten. Von diesem Standpunkt aus konnte der amerikanische Widerstand gegenüber den Gesetzen des Parlaments sehr wohl als gefährliche Neuerung beurteilt werden. Den Kolonisten mußte andererseits aus ihrer historischen Erfahrung heraus die Idee einer »potentiellen« Vertretung unsinnig vorkommen. Ihre grundsätzlichen Argumente gegen die Besteuerung machten im Parlament keinen Eindruck. Eindruck machte dagegen der Warenboykott. Englische Kaufleute, die ihr Geschäft mit den Kolonien dahinschwinden sahen, bombardierten das Parlament mit Bittschriften und Hilfegesuchen. Sie bewirkten zusammen mit Benjamin Franklins Darlegungen vor dem Unterhaus, daß das Gesetz im März 1766 wieder aufgehoben wurde. Diesen taktischen Rückzug verband das Parlament jedoch mit der offiziellen Feststellung, daß es grundsätzlich dazu berechtigt sei, den

Kolonien in allen Angelegenheiten bindende Gesetze zu geben. Die von Pitt vorgeschlagene und auch von den Kolonisten vertretene Differenzierung zwischen »Taxation« und »Legislation« wurde mit allem Nachdruck abgelehnt.

Der Widerruf der »Stamp Act« leitete, äußerlich gesehen, eine Periode der Beruhigung ein, aber die Auseinandersetzungen um die Rechte des Mutterlandes gegenüber den Kolonien gingen weiter. In Amerika herrschte eine nicht ganz berechtigte und etwas vorschnelle Siegesstimmung. Man vergaß nicht, daß der Boykott englischer Waren das verhaßte Stempelsteuergesetz hatte begraben helfen. Man war stolz auf den bewiesenen Durchhaltewillen und auf die überall einmütig praktizierte Enthaltsamkeit. Einige Publizisten meinten sogar, das den Kolonien angetane Unrecht sei eigentlich nützlich gewesen, weil es die Tugenden förderte, auf die man schon lange großen Wert gelegt habe. Tatsächlich hatten die aus dem Boykott entstandenen Versorgungsschwierigkeiten den Arbeitseifer der Kolonisten in mancher Beziehung angespornt. Neues Land war gerodet worden, und die handwerkliche Produktion hatte sich erhöht. Hausfrauen hatten sich an Spindeln und Webstühle gesetzt, und die einfache selbstgemachte Kleidung war zur Uniform der Tugend geworden. Wenn amerikanische Staatsmänner und Geschichtsschreiber in späteren Jahren der Revolution und der nationalen Konsolidierung der Einigkeit im Kampf gegen die »Stamp Act« gedachten, pflegten sie jeweils nicht nur die grundsätzlichen politischen Probleme hervorzuheben, sondern auch den Fleiß, die bescheidene Lebensführung und die Opferbereitschaft zu loben, d.h. die Tugenden, die im Kampf gegen die Bedrückung an den Tag gelegt worden waren.

Die Amerikaner sollten nach der »Stamp Act Crisis« noch reichlich Gelegenheit erhalten, ihre Einigkeit unter Beweis zu stellen. Die nächste Zuspitzung des Konflikts erfolgte 1767 infolge der sogenannten *»Townshend Acts«*, die einen neuen Versuch der Besteuerung der Kolonien darstellten. Die von dem Schatzkanzler Charles Townshend vorbereiteten Gesetze bezogen sich auf wichtige Importwaren wie Blei, Farben, Papier, Glas und Tee.

Gleichzeitig schuf das Parlament die Behörde der Zollbevollmächtigten in Boston (»Board of Customs Commissioners«), die die Erhebung sämtlicher Zölle in Amerika zu koordinieren hatte. Die Reaktion war praktisch gleich wie diejenige auf die Einführung der »Stamp Act«: Protestresolutionen der kolonialen Abgeordnetenhäuser, Boykott englischer Waren, Publikation und Verbreitung zahlreicher Streitschriften. Die allgemeine Erbitterung richtete sich ganz besonders gegen die neue Zollbehörde, die sich durch korrupte

Geschäftsführung von Anfang an diskreditierte. Als sie das Schiff »Liberty« des angesehenen Bostoner Reeders John Hancock wegen einer Übertretung von Zollvorschriften konfiszieren wollte (10. Juni 1768), kam es zu Demonstrationen und Unruhen. Die Beamten forderten militärischen Schutz an, die britische Regierung entsprach dem Begehren und trug damit zu neuer Eskalation bei. Es handelte sich um eine unverhohlene militärische Machtdemonstration. Die Entrüstung der Bevölkerung über die anwesenden britischen Truppen entlud sich zwei Jahre später in einem blutigen Zusammenstoß (*»Boston Massacre«*, 5. März 1770), bei dem fünf Amerikaner ums Leben kamen. Kurz darauf wurden jedoch die Soldaten aus der Stadt abgezogen, und als die Townshend-Gesetze (mit Ausnahme derjenigen über den Teezoll) aufgehoben wurden, stellte sich eine allgemeine Entspannung ein. Der neue Premierminister Lord North war mit seiner Politik der Nachgiebigkeit mindestens temporär erfolgreich. Aber es war schon zu viel geschehen, als daß sich eine völlige Beruhigung hätte bewerkstelligen lassen. Das latente Mißtrauen der Bevölkerung der Kolonien manifestierte sich u. a. in der Entstehung der *»Committees of Correspondence«*, deren Zweck in der gegenseitigen Information über gefährliche Schritte der britischen Regierung bestand. Diese Komitees waren die wichtigsten Zentren des anti-englischen Radikalismus und seiner Propaganda. Im Jahre 1773 wurde die Krise der englisch-amerikanischen Beziehungen erneut in ihrer ganzen Dramatik aufgerissen, und zwar so weit, daß eine Entspannung nun überhaupt nicht mehr möglich schien. Einmal mehr zeigte die Regierung von Westminster, daß sie die wahren Motive des kolonialen Widerstandes nicht begriffen hatte. Um das nach wie vor hochgehaltene Recht der »Parlamentary Taxation« zu bekräftigen, unterstützte sie die Ostindische Kompanie in ihrem Vorhaben, billigen, aber verzollten Tee nach Amerika zu liefern. Wenn die Kolonien ihn akzeptierten, anerkannten sie damit den Townshend-Zoll. Die List wurde jedoch durchschaut, und neue Erregung erhob sich. In allen amerikanischen Häfen wurde der Tee zurückgewiesen; in Boston stürmten einige als Indianer verkleidete Männer ein Teeschiff und warfen dessen ganze Ladung ins Meer. Die »Boston Tea Party« (16. Dezember 1773) wurde in allen Kolonien bejubelt, der englischen Regierung aber erschien sie als Akt offener Rebellion. Das Parlament beschloß, die Kolonie Massachusetts zu bestrafen. Durch die *»Coercive Acts«* (März–Juni 1774) wurde sie praktisch einem Militärregime unterstellt, die britische Besatzungsmacht erfuhr drastische Verstärkung, ihr General, Thomas Gage, übernahm die Funktion des Gouverneurs. Der Hafen von Boston wurde für den Handel geschlossen; er sollte erst wieder geöffnet werden, wenn die Stadt der Ostindischen Kompanie den zugefügten Schaden vergütet hätte. Als ebenso provokativ wie die »Coercive Acts« empfanden die Kolonisten die kurz darauf vom Parlament erlassene »Quebec Act«, die das ganze Gebiet westlich der Appalachen und nördlich des Ohio der neuorganisierten Provinz Quebec einverleibte.

Alle diese Maßnahmen (die »Coercive Acts« wurden in Amerika als »Intolerable Acts« bezeichnet) führten dazu, daß sich die Kolonien zu gemeinsamer Verteidigung vereinigten. Im September 1774 trat in Philadelphia der *1. Kontinentale Kongreß* zusammen. Alle Kolonien mit Ausnahme von Georgia hatten ihn beschickt. Die Versammlung machte nach außen einen ehrwürdigen und entschlossenen Eindruck, aber es zeigte sich bald, daß die alte Einigkeit verschwunden war und daß die Zielsetzungen der 56 Abgeordneten in mancher Hinsicht auseinanderklafften. Die Vertreter der mittleren Kolonien befürworteten ein gemäßigtes Vorgehen. Ihr Sprecher Joseph Galloway aus Pennsylvania legte einen versöhnlich gehaltenen Unionsplan vor, laut welchem zwischen die »Assemblies« und das Parlament von Westminster eine gewählte Gesamtvertretung der Kolonien geschoben werden sollte. Der an die Idee Franklins von 1754 gemahnende Vorschlag wurde jedoch von den radikalen Delegierten des Südens und Neuenglands zu Fall gebracht. An der Spitze dieser Gruppe standen neben Samuel Adams dessen Vetter John Adams, ferner die Virginier Patrick Henry und Richard Henry Lee. Bald wurde deutlich, daß diese fähigen, energischen und jeder Nachgiebigkeit abgeneigten Politiker den Kongreß beherrschten und auf ihren Kurs festlegten. Für sie ging es grundsätzlich nicht um die Frage, ob das Parlament die Kolonien besteuern dürfe, sondern ob es überhaupt noch eine legislative Kompetenz über sie besitze. Wer dies verneinte, stimmte der sogenannten *»Dominion Theory«* zu, die besagte, daß die Kolonien einzig und allein der Krone unterstanden. Diese Auffassung wurde mit der Zeit von der Mehrheit der Abgeordneten geteilt. Sie basierte im wesentlichen auf zwei Streitschriften, nämlich auf den *»Considerations on the ... Authority of the British Parliament«* des Juristen James Wilson aus Pennsylvania und auf der *»Summary View of the Rights of British America«* des 31jährigen Thomas Jefferson.

Die Ergebnisse des Kongresses bestanden einerseits in der eindeutigen Ablehnung der »Coercive Acts« und der »Quebec Act«, verbunden mit 13 Resolutionen über die Rechte der Kolonien, und andererseits in der Übereinkunft, auf jeglichen weiteren Handelsverkehr mit Großbritannien, Irland und Westindien zu verzichten (»Declaration and Resolves«/»Continental Association«). Von einer

Trennung vom Mutterland war noch nicht die Rede gewesen. In seinen Resolutionen lud der Kongreß das Parlament ein, zur Politik der Zeit vor 1763 zurückzukehren. Stimmen, die zur Mäßigung mahnten, wurden auch in England selbst laut (Pitt, Edmund Burke), aber sie fanden kein Gehör. Der von Lord North in letzter Stunde ausgearbeitete Vermittlungsplan wurde andererseits in Amerika als neues Täuschungsmanöver empfunden. Zu Beginn des Jahres 1775 schien der offene Zusammenstoß auf beiden Seiten unvermeidlich. Entweder wurden die Gesetze aufgehoben, oder sie mußten mit Gewalt durchgesetzt werden. Zur Wiederherstellung seiner Autorität betrachtete das Parlament nur noch den zweiten Weg als gangbar. Am 27. Januar erhielt General Gage die entsprechenden Befehle. Die Milizen von Massachusetts standen bereits seit längerer Zeit in Alarmbereitschaft, und mit dem Ausbruch der Feindseligkeiten war täglich zu rechnen. Als Gage am 19. April eine Abteilung seiner Soldaten nach Concord beorderte, um dort ein Waffenlager der Kolonisten zu zerstören, kam es auf halbem Wege in *Lexington* und dann in Concord selbst zu den ersten Gefechten. Die Briten wurden von den Milizen zum Rückzug gezwungen und mußten eine empfindliche Niederlage einstecken.

Der mit diesem Waffengang ausgebrochene *Krieg der Amerikaner* gegen die *Armee des englischen Mutterlandes* sollte sich über sechs Jahre hinziehen. Er begann mit erstaunlichen Erfolgen der im ganzen undisziplinierten und schlecht bewaffneten Miliztruppen. Innerhalb weniger Tage war es zur Einschließung und Belagerung der britischen Truppen in Boston gekommen. Die anderen Kolonien rüsteten sich ebenfalls zum Widerstand und zur Unterstützung von Massachusetts. Wenige Wochen nach den Vorfällen von Lexington trat der 2. *Kontinentale Kongreß* zusammen, und zwar wiederum in Philadelphia (10. Mai 1775). Ihm gehörten jetzt auch Benjamin Franklin, James Wilson und Thomas Jefferson an. Die ersten Beschlüsse betrafen den gemeinsamen Verteidigungskampf: Die Miliztruppen, die vor Boston lagen, wurden als »Kontinentalarmee« organisiert und durch neue Kontingente verstärkt. Zum Oberbefehlshaber wurde George Washington ernannt, ein Tabakpflanzer aus Virginia, der sich als militärischer Führer schon im Krieg gegen Frankreich ausgezeichnet hatte. Untadelige Charakterfestigkeit, Organisationstalent und nie erlahmende persönliche Einsatzbereitschaft sollten ihm den ungeteilten Respekt der Soldaten und mit der Zeit der ganzen Bevölkerung verschaffen. Er erkannte, daß er einen Krieg zu führen hatte, in dem alles darauf ankam, die taktischen, geopolitischen und logistischen Gegebenheiten des Landes voll auszunützen. Dies schien anfänglich durchaus zu gelingen. Schon vor der Kommandoübernahme Washingtons war die Festung Ticonderoga eingenommen und damit der Weg von New York nach Kanada freigekämpft worden. Nur wenig später wurden die englischen Truppen bei Bunker Hill vor den Toren Bostons erneut geschlagen. Obgleich der Kongreß ungefähr gleichzeitig eine versöhnliche Bittschrift an Georg III. richtete (»Olive Branch Petition«), gab es doch keinen Zweifel mehr an seiner Widerstandsbereitschaft.

Bald schon wurden indessen die *Schwierigkeiten der amerikanischen Kriegführung* sichtbar. Eine Expedition nach Kanada blieb vor Quebec stecken. Nur mit Mühe konnte Washington die buntgemischten und mangelhaft ausgebildeten Truppen in den Kolonien zusammenhalten und zu koordiniertem Einsatz bringen. Der Kongreß lieh ihm zwar stets loyale Unterstützung, vermochte aber Verzögerungen in der Besoldung und Versorgung der Armee oft nicht zu vermeiden, da es ihm nicht gelungen war, die Steuerhoheit zu erringen und er auf die Zuschüsse der Kolonien angewiesen blieb. So waren die Aktionsmöglichkeiten der kolonialen Streitkräfte stets begrenzt, und mehr als einmal standen sie vor der völligen Katastrophe. Dazu kam die Tatsache, daß sich ein erheblicher Teil der Bevölkerung indifferent verhielt und daß die nach wie vor englandfreundlichen »Loyalisten« oder »Tories« in den meisten Kolonien recht stark blieben. Hätte die britische Führung diese Schwächen des Gegners rechtzeitig erkannt und die entscheidenden Schläge geführt, bevor Washington seine Kommandoorganisation konsolidieren und der Kongreß nach fremder Hilfe Ausschau halten konnte, wären der Sieg und die rasche Beendigung des Krieges durchaus möglich gewesen. Die Langsamkeit, mit der die britische Kriegsmaschinerie anlief, bewirkte jedoch, daß diese Chance verpaßt wurde. Nach der Vertreibung der englischen Truppen aus Boston zog Washington im Frühjahr 1776 nach Süden, um New York zu verteidigen. Auf Long Island erlitt er eine schwere Niederlage, aber der Rückzug nach Süden durch New Jersey blieb offen und gelang. Die britischen Streitkräfte unter General William Howe hatten New York besetzen können, und es wäre ihnen ohne weiteres möglich gewesen, im Winter 1776/77 den Vernichtungsschlag gegen die Kontinentalarmee zu führen. Daß dies nicht geschah, war für Washington ein großes Glück.

Obwohl die Kriegslage für die Amerikaner äußerst kritisch war und blieb, wehte seit Beginn des Jahres 1776 ein neuer Wind politischer Meinungsbildung durch die Kolonien, und neue Zielsetzungen wurden sichtbar. Was als Kampf um die Rechte der Kolonisten unter der britischen Krone begonnen hatte, wurde zum *Kampf um die Unabhängigkeit.* Diese Entwicklung konnte auch von den gemäßig-

ten bis konservativen Führungskreisen der mittleren Kolonien auf die Dauer nicht aufgehalten werden. Die Verluste und Zerstörungen des Krieges riefen zunehmende Bitterkeit hervor; die schließlich doch unerbittliche Haltung Lord Norths und Georgs III. selbst erzeugte unter den Kolonisten das Bewußtsein, ein natürliches Recht auf politische Selbstbestimmung zu besitzen. Hieraus entstand die Forderung nach völliger Loslösung. Wiederum war es eine politische Streitschrift, die die allgemeine Meinungsbildung kraftvoll unterstützte, nämlich Thomas Paines *»Common Sense«*. Die im Januar 1776 in Philadelphia erstmals erschienene Broschüre hatte einen ungeheuren Erfolg und wurde von Angehörigen aller Volksschichten gelesen. Sie half entscheidend mit, das Image des Königs als eines Tyrannen zu verbreiten. Der kurz zuvor aus England eingewanderte Verfasser vertrat die Auffassung, das Ziel des Kampfes der Amerikaner könne nicht nur in der Aufhebung einiger Gesetze bestehen; dafür sei der bezahlte Preis zu hoch. Gesunder Menschenverstand wehre sich dagegen, einem König die Treue zu bewahren, der es zulasse, daß das Blut seiner Untertanen in den Kolonien vergossen werde. Paine polemisierte jedoch nicht nur gegen die Person Georgs III., sondern ganz allgemein gegen die Institution der Monarchie. »Ein einziger ehrlicher Mann ist für die Gesellschaft wertvoller«, so rief er aus, »als alle gekrönten Schurken, die jemals lebten.«
Solche Argumentation, in so leidenschaftlicher Eloquenz vorgetragen, traf die Amerikaner im richtigen Moment. Sie verstärkte das schon vorhandene Bewußtsein, vom König im Stich gelassen worden zu sein, und brachte die ohnehin latent vorhandene Begeisterung für das republikanische Prinzip zu hellem Auflodern. In dem halben Jahr nach dem Erscheinen von *»Common Sense«* verbreitete sich der Wille zur Unabhängigkeit und zur Ausgestaltung eines republikanischen Staatswesens erstaunlich rasch. Der Kongreß (Georgia war seit September 1775 auch darin vertreten) benahm sich immer mehr wie eine nationale Regierung; er empfahl den 13 Kolonien, alle Spuren der königlichen Autorität innerhalb ihrer Grenzen auszulöschen und an die Zustimmung des Volkes gebundene Regierungen einzusetzen. Am 2. Juli 1776 wurde der Antrag Virginias zum Beschluß erhoben, wonach die Vereinigten Kolonien freie und unabhängige Staaten seien und von Rechts wegen bleiben müßten. Zwei Tage später, am 4. Juli, erfolgte die Annahme der *Unabhängigkeitserklärung,* die diesen Entschluß rechtfertigte und die endgültige Trennung vom Mutterland vollzog.
Das berühmte Dokument war von einem Ausschuß vorbereitet worden, dem Thomas Jefferson als federführendes Mitglied angehörte. Der Kongreß begnügte sich hier nicht damit, den König von

England als einen Tyrannen zu brandmarken und ihm die Untertanentreue aufzukündigen. Die Deklaration charakterisierte die Revolution so, wie sie von ihren Trägern verstanden wurde. Sie verkündete die Grundsätze, die sich seit mehr als einem Jahrhundert in den institutionellen Strukturen der verschiedenen Kolonien manifestiert hatten und nun auch die neue Staatsgründung bestimmen sollten. Das Programm ist bereits in der Präambel enthalten:

Wir erachten diese Wahrheiten als selbstverständlich: daß alle Menschen gleich erschaffen sind, daß sie von ihrem Schöpfer mit gewissen unveräußerlichen Rechten begabt sind und daß zu diesen das Leben, die Freiheit und das Streben nach Glückseligkeit gehören; daß zur Sicherung dieser Rechte unter den Menschen Regierungen eingesetzt sind, die ihre rechtmäßigen Befugnisse von der Zustimmung der Regierten herleiten; daß, sobald eine Regierungsform diesen Zwecken verderblich wird, es für das Volk rechtens ist, sie zu ändern oder abzuschaffen und eine neue Regierung zu errichten, die es auf solche Prinzipien gründet und deren Befugnisse es derart organisiert, wie es ihm zu seiner Sicherheit und Glückseligkeit am dienlichsten erscheint.

Als wichtigste Postulate treten einerseits das Prinzip der Gleichheit und andererseits dasjenige der Volkssouveränität hervor. Die Volkssouveränität mußte sich nun vor allem in der verfassungsgebenden Gewalt des Volkes (»Constituent Power«) äußern und jede Regierung an die Zustimmung der Regierten binden. Die Unabhängigkeitserklärung war als erster Rechtsakt des neu entstehenden Staatswesens von eminent praktisch-politischer Bedeutung, indem sie den Anspruch auf Anerkennung und Hilfeleistung seitens anderer Mächte ermöglichte. Darüber hinaus aber enthielt sie einen Ausblick in die Zukunft, der dem neuen Staat die Verpflichtung implizierte, überall dort für verbessernde Umgestaltung einzutreten, wo die Grundsätze, auf die er sich berief, nicht oder noch nicht verwirklicht waren. Diese Grundsätze waren allerdings zum Teil in früheren Dokumenten schon ausführlicher dargelegt worden (so z. B. der Katalog der Menschenrechte in der »Virginia Bill of Rights« vom 12. Juni 1776). Sie sollten auch in den Verfassungen der Einzelstaaten ihren Niederschlag finden.

4. Gestaltung der Republik

Den *Wendepunkt des englisch-amerikanischen Krieges* brachte das Jahr 1777. Aus Kanada war eine große Armee unter General John Burgoyne in den nördlichen Teil des Staates New York eingefallen. Sie sollte auf die Hauptstadt vorstoßen, sich mit den Truppen Howes vereinigen und auf diese Weise Neuengland von den übrigen

Gebieten der neuen Republik abschneiden. Howe machte aber keine Anstalten, Burgoyne entgegenzumarschieren, sondern segelte mit seinen Streitkräften in die Chesapeake Bay, drang von dort ins Landesinnere ein und krönte das große Umgehungsmanöver mit der Einnahme Philadelphias. Dies war ein zwar spektakulärer, aber strategisch bedeutungsloser Erfolg. Burgoyne blieb am oberen Hudson den amerikanischen Gegenangriffen allein ausgesetzt und kam immer langsamer vorwärts. Als seine Vorräte zur Neige gingen und er keinen anderen Ausweg mehr sah, ergab er sich am 17. Oktober mit ca. 57 000 Mann bei *Saratoga* dem amerikanischen General Horatio Gates.

Dieses aus der Zersplitterung der englischen Kräfte hervorgegangene Fiasko hatte weitreichende Folgen. Zunächst führte es zu vorübergehender Unterbrechung der Kriegsaktionen und zu einem Friedensangebot, auf das die Amerikaner allerdings nicht eingingen. Die zweite Konsequenz war der *amerikanisch-französische Bündnisvertrag,* der am 6. Februar 1778 abgeschlossen wurde. Erste Verhandlungen hatten schon im Sommer 1776 begonnen und sowohl Kriegsmateriallieferungen als auch finanzielle Unterstützung bewirkt. Nach der Proklamation der Unabhängigkeit wurde die diplomatische Aktivität von amerikanischer Seite intensiviert. Franklin ging als Unterhändler nach Paris und erweckte durch seinen persönlichen Charme und seine schlichte Weisheit allgemeine Sympathie für die amerikanische Sache. Ludwig XVI. und sein Außenminister Vergennes blieben jedoch vorsichtig und ließen sich erst zum Bündnisabschluß bewegen, als die Nachricht von Saratoga eingetroffen war. Das Hauptmotiv der französischen Hilfsbereitschaft war der Wunsch, die Niederlage von 1763 zu rächen und dem britischen Reich einen Vergeltungsschlag zu versetzen; Ambitionen auf Wiedergewinnung nordamerikanischer Kolonialgebiete existierten nicht mehr.

Wenn die militärische Unterstützung auch nicht sogleich wirksam einsetzte, so brachte die Allianz mit Frankreich der amerikanischen Republik doch entscheidende Erleichterungen. Die Finanz- und Waffenhilfe verstärkte sich rasch, und gleichzeitig wurde es für die Engländer immer schwieriger, ihre Armeen zu versorgen. Der englische Handels- und Nachschubverkehr auf dem Atlantik erlitt Störungen und wurde in zahlreiche Kampfhandlungen verwickelt, an denen neben französischen auch amerikanische Schiffe beteiligt waren. Legendären Ruhm erwarb sich in diesen Aktionen vor allem der aus Schottland stammende Kapitän John Paul Jones, der mit seinen tollkühnen Handstreichen bis in die britischen Küstengewässer vorstieß.

Washingtons Kontinentalarmee hatte im Winterlager von *Valley Forge* (1777/78) ihre schlimmste Krise durchgestanden. Hunger, Kälte und Krankheiten hatten ihre Disziplin untergraben und ihre Kampfkraft aufs äußerste geschwächt. Durch das Ausbleiben englischer Angriffe und das gleichzeitige Wiederanlaufen des Nachschubs wurde sie im Frühjahr 1778 vor dem völligen Zerfall bewahrt. Daß sie sich innerhalb weniger Monate wiederum zum schlagkräftigen Kriegsinstrument wandelte, war in erster Linie ihrem preußischen Drillmeister, dem Baron Friedrich Wilhelm von Steuben, zu verdanken.

Obwohl die englischen Truppen im Sommer 1780 Philadelphia räumten und sich unter ihrem neuen Befehlshaber Henry Clinton wiederum nach New York zurückzogen, gaben sie den Kampf noch nicht verloren. Sie verschoben die Hauptaktionen vielmehr auf einen neuen Schauplatz, nämlich in das Gebiet der *Südstaaten*. Ende 1778 entsandte Clinton eine große Streitmacht nach Georgia, die alsbald Savannah eroberte und den ganzen Staat besetzte. Nach verschiedenen entscheidungslosen Einzelaktionen, die ihn im Norden, im Süden und in den Westgebieten beschäftigten, löste der britische Heerführer ein Jahr später den Angriff auf South Carolina aus. Am 12. Mai 1780 gelang ihm die Einnahme von Charleston. Dann überließ er das Kommando seinem Unterführer Lord Cornwallis und kehrte nach New York zurück, wo seine übrigen Streitkräfte immer noch den Truppen Washingtons gegenüberstanden und in ihrem Rücken außerdem durch ein französisches Heer bedroht wurden, das unter dem General de Rochambeau in Newport (Rhode Island) gelandet war. Die Entscheidung sollte aber nicht hier, sondern im Süden fallen. Cornwallis gelang es nicht, die Carolinas seinem Auftrage gemäß völlig zu unterwerfen. Nach mehreren erfolglosen Gefechten zog er nach Virginia, um die dortige Operationsbasis der amerikanischen Streitkräfte endgültig zu zerstören. Aber auch hier war ihm das Kriegsglück nicht hold. Er konnte sich nur an der Küste behaupten und auch dort nur unter dem Schutz der britischen Flotte. Nun errangen aber die Franzosen im Sommer 1781 vorübergehend die Seeherrschaft vor der Chesapeake Bay, und dadurch erhielt Washington die Möglichkeit, mit dem Gros seiner Streitkräfte und dem Expeditionskorps Rochambeaus nach Süden zu stoßen und Cornwallis in seinem Stützpunkt *Yorktown* einzuschließen. Die großangelegte Operation (in welcher sich der freiwillig mitkämpfende Marquis de Lafayette als Anführer der Vorhut auszeichnete) gelang planmäßig, und zwar vor allem deshalb, weil sie durch die französische Flotte gedeckt wurde. Nach dreiwöchiger Belagerung kapitulierte Cornwallis (19. Oktober 1781); Clintons Entsatzheer kam zu spät und konnte nichts mehr ausrichten.

Yorktown war nicht nur ein amerikanischer, sondern auch ein französischer Sieg, und deshalb bedeutete er noch nicht das Ende des Krieges. Auf dem nordamerikanischen Kontinent gab es nach der Einnahme der englischen Festung an der Chesapeake Bay keine nennenswerten Kampfhandlungen mehr. Die Amerikaner waren zum Frieden bereit, die Engländer auch, und auch die Franzosen, aber hier bestand noch ein Hindernis, nämlich die Bindung an Spanien. Spanien war erst an der Seite Frankreichs in den Krieg eingetreten (1779), als Vergennes versprochen hatte, er werde den Krieg fortführen, bis es der spanischen Krone gelungen sei, den Engländern auch Gibraltar zu entreißen. Der amerikanische Kongreß hatte sich seinerseits verpflichtet, nicht einseitig und ohne Zustimmung Frankreichs mit England Frieden zu schließen. Die Amerikaner mußten also auch auf den Fall Gibraltars warten. Spanien aber erwies sich als wenig erkenntlich. Aus naheliegenden Gründen weigerte es sich auch nach dem Kriegseintritt, die Unabhängigkeit der ehemaligen britischen Kolonien anzuerkennen. Nachdem die Eroberung des von den Engländern kaum verteidigten Territoriums West-Florida gelungen war, beschränkte sich der spanische Kriegseinsatz nur noch auf die Blockade Gibraltars.

Georg III. wäre eigentlich für eine Weiterführung des Krieges gewesen, aber das Parlament opponierte gegen die Ernennung eines neuen Oberkommandierenden, und es erzwang den Rücktritt des von Lord North angeführten Kabinetts. Das neue Ministerium des Marquess of Rockingham beschloß die sofortige Aufnahme von *Friedensverhandlungen* mit den amerikanischen Emissären in Paris.

Schon 1779 hatte der Kongreß erstmals die amerikanischen Friedensbedingungen formuliert, und zwar in einer Instruktion an John Adams, der damals in diplomatischer Mission nach Paris ging. Wichtigste Voraussetzung für das Eintreten in Verhandlungen war die Anerkennung der Vereinigten Staaten als souveräne Nation. War dies erreicht, sollte Adams auf klaren geographischen Grenzen bestehen: im Westen der Mississippi, im Norden die bereits vorhandenen Grenzen gegen Kanada, im Süden der 31. Breitengrad. Die Pariser Verhandlungen wurden 1782 mit leicht modifizierter und im ganzen recht vage gehaltener Instruktion von Franklin begonnen und dann von John Adams und John Jay fortgeführt. Die Kommission war nach wie vor gehalten, zunächst die Anerkennung der Unabhängigkeit durch England zu verlangen, aber es stand ihr frei, vermittelnde Regelungen zu akzeptieren. Vor allem durfte sie nichts unternehmen ohne Wissen und Einverständnis der französischen Regierung. Das behagte den Bevollmächtigten keineswegs und beunruhigte sie um so mehr, als sie erfuhren, Vergennes paktiere insgeheim bereits mit den Engländern und unterstütze die amerikanischen Grenzforderungen nicht. Da nahmen sie in bewußter Mißachtung ihrer Instruktionen direkte Gespräche mit den englischen Emissären auf, ohne vorher die Anerkennung der Unabhängigkeit erhalten zu haben. Sie wollten sich vor allem aus der französischen Bevormundung befreien und trauten in diesem Moment ihren Gegnern mehr als ihren Bundesgenossen. Zwar erreichten sie nicht alles, was sie erstrebten, mit den »unabdingbaren« Forderungen (»Necessaries«) aber drangen sie durch: Die Anerkennung der amerikanischen Unabhängigkeit wurde ausgesprochen und das Problem der Grenzen gemäß der Instruktion Adams' von 1779 geregelt.

Vergennes erhielt von diesen Ergebnissen erst Kunde, als der amerikanisch-englische *Präliminarvertrag* unterzeichnet war (30. November 1782). Genaugenommen – und hier lag die Raffinesse des Vorgehens – verstieß er nicht gegen das amerikanisch-französische Bündnis, denn er sollte erst in Kraft treten, wenn auch Frankreich mit England zu einer Einigung gelangt war. Zugleich gab er dem französischen Außenminister die Möglichkeit, nun auch Spanien unter Druck zu setzen: Am Ende gab dieses den Kampf um Gibraltar auf und begnügte sich damit, von England das Gebiet Floridas zu übernehmen.

Die *endgültigen Friedensverträge* wurden am 3. September 1783 in Paris unterzeichnet. Zwei Monate später verließen die letzten britischen Truppen New York. Der militärische Sieg der amerikanischen Republik war durch einen brillanten diplomatischen Sieg ergänzt und abgesichert worden.

Aus der grundlegenden Veränderung ihrer Beziehungen zur Alten Welt ergab sich für die amerikanische Gesellschaft seit 1763 und ganz besonders seit 1776 eine tiefgreifende *innere Wandlung*. Wohl bewiesen die politischen Institutionen eine überraschende Tragkraft, aber das politische Leben zeigte eine deutliche Tendenz zu allgemeiner *Demokratisierung*, die die alten Formen vielfach mit neuem Gehalt erfüllte. Es ist nicht zu bezweifeln, daß der Krieg mit seinen direkten Auswirkungen auf die Bevölkerung hier manche Entwicklung beschleunigte und auch radikalisierte. Namentlich in seiner Frühphase und in der Auseinandersetzung mit den Loyalisten spielten lokale Bürgerversammlungen, Demonstrationen und irreguläre Gewaltaktionen im außerparlamentarischen Bereich eine beträchtliche Rolle und bewirkten eine Ausweitung der politischen Partizipation, die bei der Gestaltung neuer Regierungsordnungen nicht unberücksichtigt bleiben konnte. Ein deutliches Indiz für den überall wachsenden Glauben an das Gleichheitsprinzip bildete der mit großem Eifer betriebene *Abbau von Privilegien* sowohl symbolischer als auch materieller Art. Dabei ist etwa an das Verbot von Adelstiteln und Erbämtern zu denken, aber auch an die Abschaffung der Pachtzinse (»Quitrents«), des Fideikommisses (»Entail«) und der Primogenitur. Die letztere Maßnahme wurde vor allem dort spürbar, wo sich landbesitzende »Aristokratien« gebildet hatten, aber sie vermochte auf die Dauer keine Veränderung der Sozialstruktur herbeizuführen. Die allgemeine Privilegienfeindlichkeit verdichtete sich auch nirgends zum grundsätzlichen Angriff auf das Privateigentum. Wirklich radikal verfuhren die »Patrioten« nur mit dem Besitz der »Loyalisten«, die zu Tausenden verbannt worden waren oder das Land freiwillig verlassen hatten. Die zum Teil riesigen Ländereien reicher »Tory«-Familien wurden konfisziert und in kleinere Gehöfte aufgeteilt. Sehr rasch kam allerdings dabei die Spekulation zum Zuge und brachte manche Kleinbauern und Pächter um ihre Hoffnungen.

Besonders deutlich wurde der Wille zur Verwirklichung der »Equality« in den *Staatsverfassungen* sichtbar, die von 1776 bis 1800 in allen Kolonien entstanden. (Nur Rhode Island und Connecticut behielten ihre »Charters« aus der Zeit Karls II.) Diese Verfassungen waren durchweg von der Überzeugung getragen, daß Regierungen dazu da sind, dem Volke zu dienen und nicht, es zu beherrschen. Daher wurden in den meisten Konstitutionen »Bills of Rights« aufgenommen, die nach dem Vorbild derjenigen von Virginia die Gleichheit der Menschen statuierten und jene natürlichen Rechte der Bürger aufzählten, über die keiner Regierung Gewalt zukommt. In diesen Katalogen figurierten stets die Religionsfreiheit, die Pressefreiheit und das Recht auf »Trial by Jury« (Aburteilung im Schwurgerichtsverfahren).

Möglichst breite Machtverteilung erschien als Hauptcharakteristikum einer Republik, und so wurden die Verfassungswerke stets auf dem Grundsatz des »Responsible representative government« aufgebaut. Dafür waren die institutionellen Grundlagen bereits vorhanden. Die kolonialen »Assemblies« hatten sich überall in Provinzialkongresse verwandelt und wurden durch die neuen Verfassungen als Legislativbehörden legitimiert. Sie bestanden überall aus zwei Häusern. Die einzige Ausnahme bildete Pennsylvania, wo das Einkammersystem schon seit 1701 praktiziert wurde. Die entscheidenden Machtbefugnisse lagen überall bei den »Lower Houses«. Ihre Mitglieder wählten gewöhnlich die Abgeordneten der »Upper Houses«, d.h. jener Kammern, die aus den kolonialen »Governor's

Councils« hervorgegangen waren. Die Gouverneure selbst waren als Exekutivorgane in ihren Kompetenzbereichen gegenüber der vorrevolutionären Periode stark eingeschränkt. Wo sie noch ein Vetorecht besaßen, hatte dieses nur suspensive Wirkung. Nirgends mehr konnten sie die gesetzgebenden Behörden auflösen. Ihre Amtsperioden waren meist kurz, und oft durften sie sich der unmittelbaren Wiederwahl nicht stellen. In den Neuenglandstaaten und in New York wurden sie von der Gesamtheit der Stimmberechtigten gewählt, in den übrigen Staaten von den Abgeordnetenhäusern.
Obwohl das Gleichheitsprinzip überall postuliert wurde, blieb seine praktische Verwirklichung begrenzt. Fast in allen Staaten bestand nach wie vor der an den Landbesitz gebundene *Wahlzensus* (»Property Qualification«), und meist waren die Anforderungen für das passive Wahlrecht höher als für das aktive. Nur in Georgia und Pennsylvania besaßen alle Steuerzahler das Wahlrecht. Die Auffassung, daß nur der Besitzende am Leben des Staates verantwortlichen Anteil nehmen könne, war noch allgemein verbreitet. Allerdings gaben sich die Behörden Mühe, den Landbesitz möglichst vielen Bürgern zugänglich zu machen und die Zahl der Besitzlosen möglichst klein zu halten.
Tatsächlich waren die *sozialen Unterschiede* innerhalb der amerikanischen Bevölkerung nach der Revolution nicht wesentlich größer als vorher. Etwas mehr als 50% der Einwohner zählten zum Mittelstand der Farmer, Handwerker und Kaufleute mit Jahreseinkommen von 225–2250 Dollar oder Landbesitz im Wert von 900–9000 Dollar. Darüber lag die kleine Schicht der ausgesprochen Wohlhabenden (ca. 10%), d.h. der Plantagenbesitzer, Großkaufleute, Spekulanten, Anwälte und Ärzte, die pro Jahr mehr als 2250 Dollar verdienten. Die Unterschicht bestand einerseits aus den Negersklaven (ca. 20%) und andererseits aus den armen Weißen (ca. 15%), die sich als Lohnarbeiter, Dienstpersonal, Seeleute usw. betätigten. Ihr Einkommen genügte meist zum Leben, erlaubte aber keine Anlage von Ersparnissen. Im Gegensatz zu Europa fehlte die extreme Armut fast völlig. Aufstiegsmöglichkeiten gab es überall, in den westlichen Grenzgebieten mehr als im Osten. Sie auszunutzen, war nur den Sklaven verwehrt.
Einen bedeutenden Aspekt der allgemeinen Demokratisierungstendenz bildete die Ausdehnung der *Religionsfreiheit* und die damit parallellaufende *Gleichstellung der Religionsgemeinschaften*. Die Trennung von Kirche und Staat gelang dort am besten, wo bereits starke freikirchliche oder säkulare Opposition gegen die »Established Church« vorhanden war. Dennoch erstreckten sich die Auseinandersetzungen über lange Jahre. Von 1776 an war die »Disestab-

lishment«-Bewegung besonders in Virginia lebendig. Die von Jefferson 1779 eingeführte »Bill for establishing religious freedom« wurde jedoch erst im Januar 1786 zum Gesetz erhoben. Kurz vorher hatte sich die anglikanische Kirche (welcher noch stets das Odium des »Loyalismus« anhaftete) unter dem Namen »Protestant Episcopal Church« als freikirchliche Denomination konstituiert. In den Neuenglandstaaten dauerte der Kampf um das »Disestablishment« noch länger als im Süden. Er wurde hauptsächlich von den Baptisten und Methodisten geführt. Die kongregationalistische Kirche widerstand jedoch den Angriffen erstaunlich lange, und die völlige Abschaffung ihrer Privilegien konnte erst im 19. Jahrhundert erreicht werden (Connecticut, 1818; New Hampshire, 1819; Massachusetts, 1833). Andererseits wurde die absolute Trennung von Kirche und Staat in allen jenen Staaten von Anfang an praktiziert, die nach 1783 der Union beitraten.

Die von den Kirchen getragenen *höheren Bildungsanstalten* waren durch den Unabhängigkeitskrieg (wie das Schul- und Erziehungswesen überhaupt) in schwere Mitleidenschaft gezogen worden. Manche Colleges hatten ihre Studenten und Lehrer verloren und mußten neu organisiert und ausgebaut werden. Wiederum kam die entscheidende Initiative von den Kirchen her. Sie führte zur Wiederherstellung der bestehenden Institutionen und zu zahlreichen Neugründungen. Besonders erfolgreich waren in diesen Bemühungen die Presbyterianer.

Neben den kirchlichen Colleges wurden in den 1780er Jahren auch die ersten staatlichen Hochschulen eingerichtet, die allerdings zunächst auch nur allgemeinbildenden Unterricht vermittelten und noch nicht als eigentliche Universitäten funktionierten. Die Regierungen bemühten sich daneben zum Teil mit großem Eifer auch um die Verbesserung des Unterrichts in den *Elementar- und Sekundarschulen.* Dabei wurden sie vielerorts von privaten Gruppen nachhaltig unterstützt. Zahlreiche Lehr- und Schulbücher erschienen, u.a. Noah Websters *»American Spelling Book«* (1783), dessen Popularität jahrzehntelang anhalten sollte.

In eklatantem Widerspruch zum allseits postulierten Ideal der »Equality« stand natürlich die Institution der *Sklaverei*. Sie galt zwar weithin als Übel, wurde aber nach der Proklamation der Unabhängigkeit nicht generell zum Verschwinden gebracht. Gesetze und prohibitive Steuern unterbanden seit 1776 zunächst den Sklavenimport aus Afrika und Westindien. Sie bewirkten indessen eine starke Zunahme des Schmuggels, der erst im frühen 19. Jahrhundert eingedämmt werden konnte und bis zum Ausbruch des Sezessionskrieges fortbestand. Die Opposition gegen die Sklaverei war an sich

älter als die Unabhängigkeitserklärung. Zu ihren ersten Vertretern hatte schon Roger Williams gehört. In Pennsylvania bestand seit 1775 eine Antisklavereigesellschaft, und um 1780 wurde in diesem Staat das erste Abolitionsgesetz erlassen. Das Beispiel der Legislative von Philadelphia fand in den nördlichen Staaten verhältnismäßig rasche Nachahmung: Massachusetts folgte ihm bereits 1781, New Hampshire 1783; Connecticut und Rhode Island erließen ihre Abolitionsgesetze 1784, New York und New Jersey etwas später, nämlich 1799 bzw. 1804. Diese Entwicklung war nicht besonders überraschend, denn im Norden der Republik brachte die Sklaverei ohnehin keinen wirtschaftlichen Gewinn, da im Gewerbe und in der entstehenden Industrie hauptsächlich gelernte Arbeitskräfte benötigt wurden. Im Süden war die Zahl der Sklaven seit jeher sehr viel größer gewesen. Importbeschränkungen stießen auf wenig Widerstand, weil die Plantagenbesitzer und Farmer ein Überangebot und damit die Gefahr von Sklavenaufständen befürchteten. Die Aufhebung der Sklaverei wurde ebenfalls diskutiert und von prominenten Männern des öffentlichen Lebens wie Jefferson und Washington aufs nachdrücklichste befürwortet. Die Meinung, daß die Plantagenwirtschaft nur mit Hilfe von Sklaven aufrechterhalten werden könne, blieb jedoch im ganzen unerschüttert, und es kam nirgends zur Annahme von Abolitionsgesetzen. Was erreicht wurde, war lediglich die generelle Erleichterung der Freilassung. Nach 1783 ging die Zahl der Sklaven auch in den Südstaaten zurück. Sie sollte jedoch schon bald wieder ansteigen, und zwar infolge des Aufkommens der großangelegten Baumwollproduktion, die nach Eli Whitneys Erfindung der Entkörnungsmaschine (»Cotton Gin«, 1793) möglich wurde.
Die *innenpolitische Entwicklung* der 13 ehemaligen Kolonien Englands wurde nach der Gewinnung der Unabhängigkeit hauptsächlich von jenen Leuten bestimmt, die sich im Kongreß seit 1776 als die »Radikalen« durchgesetzt hatten. Sie waren es, die in den Einzelstaaten die Macht der Exekutivbehörde einschränkten, das »Disestablishment« der Staatskirchen forderten, die Ballungen von Grundbesitz wo immer möglich abzubauen suchten und ganz allgemein eine Gesellschaft formierten, die die Autorität von unten nach oben verlieh, sie stets vorsichtig einschränkte und gegenüber institutionalisierter Machtkonzentration in Kirche, Staat und Militärwesen grundsätzlich mißtrauisch blieb. Obwohl die von den »Radikalen« durchgesetzten Neuerungen im einzelnen sehr selten wirklich radikaler Natur waren, führte ihre ausgesprochen antiautoritäre Aktivität doch zur langsamen Konsolidierung der konservativen Opposition und bereitete damit die Entstehung eines Parteiensystems vor.

Die allmähliche Polarisierung der politischen Meinungen wurde seit der Mitte der 1780er Jahre durch die immer weiter um sich greifende *Wirtschaftskrise* verschärft: Der Krieg hatte zu einer allgemeinen Inflation geführt und die ökonomische Lage aller Staaten schwer erschüttert. Die Währungen zerfielen, fixe Einkommen lösten sich ins Nichts auf, und die Schuldner zwangen widerstrebende Gläubiger zur Annahme von unsicherem Papiergeld. Die gesetzliche Grundlage einer nationalen Währung entstand erst 1792, aber sie sollte die verwirrte Situation nicht sogleich beruhigen. Nach dem Frieden von 1783 blieben die kriegsbedingten Aufträge an die amerikanische Industrie und Landwirtschaft schlagartig aus. Dafür strömten wiederum britische Waren ins Land. Die amerikanischen Konsumenten waren nun nicht mehr bereit, tugendhafte Enthaltsamkeit zu üben, denn schließlich hatten sie ja England besiegt. Luxus und Verschwendungssucht begannen sich vielerorts auszubreiten, während das einheimische Gewerbe in Not geriet. Die Kaufleute der großen Handelszentren konnten ihre Waren nur mit Mühe im ehemaligen Mutterland absetzen. Neue Absatzmärkte zu finden, erwies sich als keineswegs leicht. Frankreich interessierte sich nur für den amerikanischen Tabak und profitierte im übrigen von den großzügigen britischen Kreditangeboten. Die Rezession belastete die gesamte Bevölkerung der Republik und verursachte mancherlei zwischen- und innerstaatliche Spannungen. In Massachusetts kam es 1786 zu einem Aufstand der Kleinfarmer des westlichen Hinterlandes, die unter besonders hohen Steuerlasten zu leiden hatten (*»Shays' Rebellion«*). Die Revolte konnte von der Staatsregierung zwar niedergeschlagen werden, aber sie offenbarte unmißverständlich, daß sich ganz Neuengland in einem Zustand der Zerrüttung befand, daß es unter völlig entwerteter Währung litt, seine Erzeugnisse nicht mehr verkaufen konnte und einem allgemeinen Zerfall der öffentlichen Ordnung entgegenschlitterte.
Maßnahmen zur Linderung und Abwendung der Krise konnten nur wirksam sein, wenn sie in allen Staaten gleiche Gültigkeit hatten, d.h. wenn sie von einer Zentralregierung ausgingen und durchgeführt wurden. Diese Zentralregierung jedoch existierte nicht.
Der Kontinentalkongreß hatte den Unabhängigkeitskrieg geführt und im Namen der 13 Kolonien die Unabhängigkeitserklärung proklamiert. Nachdem der militärische Sieg errungen war, strebte die mehr oder weniger improvisierte Union jedoch wieder auseinander. Die Loyalität der Bürger galt nach wie vor in erster Linie den Einzelstaaten. Wer in Übereinstimmung mit den autoritätsfeindlichen Intentionen der »Radikalen« bei den Staatsregierungen die Bildung starker Exekutivbehörden ablehnte, tat dies logischerweise auch im

Hinblick auf die Gesamtrepublik. Die 1777 vom Kongreß formell angenommenen, aber erst 1781 von allen Staaten ratifizierten *»Articles of Confederation«* schufen einen losen Staatenbund und legalisierten eigentlich nur den bestehenden Zustand. Im Kongreß war jeder der 13 Staaten mit 2 bis 7 Delegierten vertreten, die aber zusammen stets nur 1 Stimme hatten. Wenn in einer Sitzung nicht mehr als sieben Staaten vertreten waren, mußten alle Beschlüsse einstimmig sein. In außen- und finanzpolitischen Angelegenheiten war stets eine Mehrheit von neun Staaten erforderlich. Eine eigentliche Exekutivinstanz gab es nicht. Die Führung der Geschäfte wurde einzelnen Kommissionen übertragen. Drei Sekretäre waren verantwortlich für die Außenpolitik, die Finanzen und das Kriegswesen. Sie besaßen teilweise weitgehende Vollmachten, waren aber doch nur Beauftragte des Kongresses, der in seiner Arbeitsweise äußerst schwerfällig blieb. Vor allem fehlte ihm die Kompetenz, Gesetze zu erlassen und Steuern zu erheben. Er war daher nicht in der Lage, den Übeln wirksam zu begegnen, die nach dem Ende des Krieges dessen Erfolg und damit auch die Existenz der jungen Nation gefährdeten. Da er die Einzelstaaten nicht dazu zwingen konnte, die Gesamtpolitik finanziell zu unterstützen, sah sich der Kongreß mehrfach veranlaßt, Anleihen im Ausland aufzunehmen, und zwar hauptsächlich in Frankreich. Die Verschuldung gegenüber dem ehemaligen Bundesgenossen, aber auch gegenüber den Niederlanden und selbst gegenüber England nahm nach 1783 unaufhaltsam zu, und mehr als einmal schwebte das nationale Eigendasein der Vereinigten Staaten in größerer Gefahr als jemals während des Unabhängigkeitskrieges. Die einzige wirklich bedeutende Leistung, die der Kongreß unter den »Articles of Confederation« vollbrachte, war die Schaffung der Rechtsgrundlagen für eine geordnete *Besiedlung der Westgebiete* südlich der Großen Seen zwischen den Appalachen und dem Mississippi. Als die 13 Kolonien aus dem britischen Reichsverband ausschieden, besaßen sieben von ihnen Landansprüche im Westen, die sechs anderen dagegen nicht. Diese letzteren verlangten nun, daß die reicheren Staaten ihre Ansprüche zum allgemeinen Nutzen dem Kongreß übertragen sollten. Die Forderung war vernünftig, denn bereits hatten sich zahlreiche Rivalitäten nicht nur zwischen einzelnen Staaten, sondern auch zwischen spekulationsfreudigen und schwer kontrollierbaren Privatorganisationen ergeben, die die Bodenpreise in die Höhe trieben und allgemeine Rechtsunsicherheit verbreiteten. Es erschien daher notwenig, daß der Kongreß den schwierigen Problemkomplex in die Hand nehme. Einmal mehr bewies Jefferson seine hohe politische und organisatorische Begabung. Von ihm gingen die entscheidenden Ideen aus, und er verstand es auch, sie zu verwirklichen. Zunächst gelang es ihm, die »Assembly« von Virginia zum Verzicht auf sämtliche Ansprüche im »Old Northwest« zu bewegen (1781). Hierauf versprach der Kongreß, daß das ganze Territorium nach erfolgter Besiedlung in einzelne Staaten mit republikanischer Regierungsform eingeteilt werden sollte. Jeder dieser Staaten sollte als gleichberechtigtes Mitglied in die Konföderation aufgenommen werden. Die offizielle Verordnung dieses Inhalts wurde zwar erst 1784 erlassen, aber schon im folgenden Jahre regelte ein weiterer Kongreßbeschluß die Vermessung und Einteilung der weiten Landgebiete. Sie wurden in Bezirke (»Townships«) von je 36 Quadratmeilen aufgegliedert, und jeder Bezirk enthielt 36 »Sections« zu je 640 Acres. Nachdem die anderen Staaten, dem Beispiel Virginias folgend, ihre Landansprüche ebenfalls auf den Kongreß übertragen hatten, war der Weg frei zur Verabschiedung der sogenannten *»Northwest Ordinance«* (13. Juni 1787). In diesem Dokument wurde festgelegt, daß das gesamte Nordwest-Territorium zunächst durch einen Gouverneur und einige Richter verwaltet werden sollte. Diese Beamten waren durch den Kongreß zu wählen. Sobald 5000 freie männliche Einwohner in einem Teilgebiet lebten, sollte für dieses eine bikamerale Legislative organisiert werden, die einen Delegierten (ohne Stimmrecht) in den Kongreß abordnen konnte. Um als Staat anerkannt zu werden, mußte das betreffende Gebiet mindestens 60000 freie männliche Einwohner aufweisen. Im ganzen war die Gründung von mindestens drei bis höchstens fünf Staaten vorgesehen. Überall sollte religiöse Freiheit herrschen, und die Errichtung öffentlicher Schulsysteme wurde ausdrücklich vorgeschrieben. Die Indianer erhielten die Zusicherung gerechter Behandlung, was allerdings nicht mehr war als ein sehr vages Versprechen. Im ganzen Nordwest-Territorium sollte schließlich – auch dieser Punkt ging auf einen Vorschlag Jeffersons zurück – die Sklaverei verboten sein. Als Grundgesetz für die kontinentale Expansion der Vereinigten Staaten trug die »Northwest Ordinance« die politischen Prinzipien der amerikanischen Revolution in den Westen hinaus. Mit ihren Vorschriften über die Schaffung neuer Territorien und Staaten wurde sie zum Modell, dem die amerikanische Nation grundsätzlich bis in die neueste Zeit hinein gefolgt ist. Das Nordwest-Territorium wurde im Süden durch den Ohio River abgeschlossen. Für die Westgebiete, die südlich dieses Flusses lagen, war die Landnahme schwerer zu organisieren, da die spanische Regierung ihr Hindernisse in den Weg legte. Die Planung eines »Southwest-Territory« wurde vom Kongreß erst um 1790 in die Hand genommen. Zu dieser Zeit hatte der spanische Widerstand gegen die amerikanische Expansion jedoch nicht aufgehört. (Er sollte sein Ende erst in »Pinckney's Treaty« von 1795 finden, als Spanien sich endlich herbeiließ, die amerikanischen Grenzen am Mississippi und am 31. Breitengrad anzuerkennen und die seit 1784 verbotene amerikanische Mississippi-Schiffahrt wieder freizugeben.)

Um das Jahr 1786 war vielen Amerikanern, und zwar auch solchen »radikaler« Provenienz, klargeworden, daß der Kontinentalkongreß nicht das geeignete Instrument zur *Förderung der nationalen Interessen* war. Er konnte die wirtschaftliche Abhängigkeit von den europäischen Mächten nicht beseitigen und war ebensowenig imstande, ihnen Respekt vor den amerikanischen Expansionsabsichten einzuflößen. Vor allem aber vermochte er sich gegenüber den Einzelstaaten nicht durchzusetzen und auch nicht zu bewirken, daß diese ihre finanziellen und anderen Verpflichtungen gegenüber der Union erfüllten. Der Schock des Shays-Aufstandes in Massachusetts trug wesentlich zur Verbreitung der Einsicht bei, daß die Republik eine stärkere Zentralregierung benötigte. Die Gefahr der Anarchie und des Zerfalls der staatlichen Institutionen beeindruckte namentlich die *konservativen Kreise* und stärkte deren Position in den politischen Gremien. Die Vertreter konservativer Zielsetzungen in Armee und Kongreß entstammten meist der wohlhabenden Oberschicht der Plantagenbesitzer und Großkaufleute. Zu den bedeutendsten und angesehensten unter den sogenannten *»Nationalists«* zählten Washington, James Madison, Alexander Hamilton, Robert und Gouverneur Morris, John Jay, James Wilson u. a. Seit dem Beginn des Unabhängigkeitskrieges hatten sie sich immer wieder den von den »Radikalen« unterstützten Nivellierungs- und Dezentralisierungstendenzen entgegengestellt und stets die Schaffung einer Zentralregierung befürwortet. Ganz besonders eifrig hatten sie sich für eine von den Einzelstaaten unabhängige Finanzpolitik des Bundes eingesetzt. Die Wirtschaftskrise und die offensichtliche Ohnmacht des Kongresses in innen- und außenpolitischen Belangen bestärkte sie in der Auffassung, die »Articles of Confederation« müßten verbessert oder durch eine neukonzipierte Verfassungsordnung ersetzt werden. Zu diesem Zwecke war die Einberufung eines nationalen Konventes notwendig. Die Anregung hierzu ging von Virginia aus. Angespornt von Madison lud das Abgeordnetenhaus dieses Staates zu Beginn des Jahres 1786 alle anderen Staatsregierungen ein, Vertreter zu einer Konferenz nach *Annapolis* zu entsenden, um dort die gegenseitigen wirtschaftlichen Beziehungen zu überprüfen und die Möglichkeiten besserer Kooperation zu diskutieren. Die Versammlung (11.–14. September 1786) wurde nur von fünf Regierungen beschickt, aber sie erkannte bald, daß die wirtschaftlichen Fragen nicht isoliert zu lösen waren. Auf Drängen Madisons und Hamiltons schlug sie dem Kongreß und den Staaten vor, auf das nächste Frühjahr einen Konvent nach Philadelphia einzuberufen, dessen Aufgabe sein sollte, die »Constitution of the Federal Government« mit den Bedürfnissen der Union in Einklang zu bringen.

Der *Konvent von Philadelphia*, die Versammlung der »Founding Fathers«, trat am 25. Mai 1787 zusammen. Ihre offizielle Instruktion lautete auf Revision der Konföderationsartikel. Mit Ausnahme von Rhode Island waren alle Staaten vertreten, jeder mit einer Stimme. Die Zahl der anwesenden Delegierten stieg nie über 55, meist wohnten nur ca. 30 den Debatten bei. Die Art, wie der Konvent zustande gekommen war, bewirkte eine gewisse Homogenität seiner Zusammensetzung. Es war natürlich, daß die Befürworter einer engeren und in ihrer Zentralregierung stärkeren Union den Ton angaben. Unter den bedeutendsten Delegierten gehörten mehrere der jüngeren Generation an (Hamilton war 32 Jahre alt, Madison 36); die meisten hatten die Schwäche der »Articles of Confederation« persönlich und praktisch erfahren. Ausgesprochene Radikale waren nicht anwesend. Von den Staatsmännern, die sich bisher in führenden Positionen hervorgetan hatten, fehlten Jefferson und John Adams. Beide versahen diplomatische Ämter in Europa. Am ersten Verhandlungstag wurde Washington zum Präsidenten des Konvents gewählt; bald folgte der Beschluß, die Verhandlungen hinter verschlossenen Türen zu führen. Die Versammlung bestand zum großen Teil aus Politikern, die über ausgezeichnete historische und juristische Kenntnisse verfügten. Sie beriefen sich begreiflicherweise am häufigsten auf anglo-amerikanische Präzedentien, aber auch auf die Bünde der alten Griechen, auf die (mehrfach sehr kritisch charakterisierte) Schweizerische Eidgenossenschaft und auf die Vereinigten Niederlande. Oft zitierten sie Blackstone, Locke und Montesquieu, aber immer wieder kamen sie zurück auf die englische Verfassung und auf die Institutionen der amerikanischen Kolonien und Staaten.

In einer der ersten Sitzungen legte Gouverneur Edmund Randolph von Virginia den hauptsächlich von Madison ausgearbeiteten *»Virginia Plan«* vor. Dieser visierte auf eine Regierung, die aus einer bikameralen Legislative, einer durch diese gewählten und in einer einzigen Person verkörperten Exekutive und aus einer Judikative bestand. Die Staaten sollten in einer Legislative entsprechend ihrer Größe vertreten sein, und einem aus der Exekutive und obersten Richtern zusammengesetzten »Council of Revision« sollte ein suspensives Vetorecht gegen alle Gesetzgebungsakte des Bundes und der Staaten zukommen. Der »Virginia Plan« begünstigte ganz offen die größeren Staaten und zielte bewußt auf eine grundlegende Umgestaltung der Verfassungsstruktur.

Die kleinen Staaten befürchteten, in einer rein proportional zusammengesetzten Legislative dauernd an die Wand gedrückt zu werden. Unter der Führung von New Jersey präsentierten sie daher als Gegenvorschlag den sogenannten *»New Jersey Plan«*, der nur einer Teilrevision der Konföderationsartikel gleichkam. Er sah ebenfalls eine aus Exekutive, Legislative und Judikative bestehende Regierung vor, befürwortete aber für das Parlament eine einzige Kammer, in welcher die Staaten wie bisher mit je einer Stimme vertreten sein sollten.

So standen sich die Alternativen im Sommer 1787 gegenüber, und es erwies sich als notwendig, einen Kompromiß zu finden. Ein wichtiger Vorentscheid fiel am 19. Juni, als sieben Staaten in einer Abstimmung dem »Virginia Plan« grundsätzlichen Vorzug gaben. Damit hatte sich der Konvent zur Überschreitung seiner Revisionsinstruktion bekannt. Die Frage, wie die Staaten in der nationalen Legislative vertreten sein sollten, fand ihre Lösung in einem von Roger Sherman aus Connecticut eingebrachten Vorschlag, der die nationalen und föderativen Strukturelemente in glücklicher Weise verband. Der *»Connecticut Compromise«* sah vor, daß die Staaten im »Lower House« (= »House of Representatives«) im Verhältnis zu ihrer Bevölkerungszahl, im »Upper House« (= »Senate«) jedoch gleichmäßig, d.h. durch je zwei Abgeordnete repräsentiert waren. Für die Mitglieder des Repräsentantenhauses sollte eine zweijährige, für die Senatoren eine sechsjährige Amtszeit gelten. Die Legislative wurde weiterhin als »Kongreß« bezeichnet, aber in keinem ihrer Häuser sollte ein imperatives Mandat bestehen. Ein wichtiger Teilentscheid setzte fest, daß die Negerbevölkerung bei der Ermittlung der Repräsentationsgrundlage nur zu 3/5 berücksichtigt werden sollte. Damit konnte eine Einigung zwischen den Sklavenhalterstaaten und den Anhängern der gleichberechtigten Zulassung neuer Staaten des Westens erreicht werden. (In bezug auf den Sklavenhandel konnte der Konvent zu keinem eindeutigen Ergebnis gelangen. South Carolina und Georgia widersetzten sich einem generellen, in der Verfassung niederzulegenden Verbot. Daraufhin wurde ein Passus aufgenommen, der ein solches vom Jahr 1808 an in Aussicht stellte.)

Mit der Verabschiedung des »Connecticut Compromise« hatten die dezidiert konservativen »Nationalists« zwar eine Niederlage einstecken müssen, aber nun war der Weg zur Ausarbeitung eines Verfassungsentwurfes mit starker Zentralgewalt doch von den größten Hindernissen befreit. Die *»Federal Constitution«*, die am 17. September nach langen und heftigen Detaildebatten von allen Staatsdelegationen angenommen wurde (nur drei Vertreter verweigerten ihre Unterschrift), war ein Kompromiß zwischen zahlreichen Interessen und Intentionen; sie wurde auch durchaus als solcher empfunden. Aber der Konvent war doch mehrheitlich der Meinung, das Beste erreicht zu haben, was ihm zu erreichen möglich gewesen war. Besonders treffend wurde diese Überzeugung vom 81jährigen Franklin ausgesprochen, der in seiner Schlußrede sagte, er gebe seine Zustimmung zum Ergebnis der Verhandlungen, weil er kein besseres erwarte und »... because I am not sure that it is not the best«.

Die neue Verfassung der Vereinigten Staaten schuf zunächst einmal die bisher vermißte Bundesregierung und stattete sie mit allen jenen politischen und wirtschafts- bzw. finanzpolitischen Kompetenzen aus, die unter den Konföderationsartikeln zum Nachteil der Gesamtnation von den Einzelstaaten ausgeübt worden waren. Hierzu gehörten vor allem das Recht der Steuererhebung und die Verfügungsgewalt über Außen- und Binnenhandel. Für die Wahl des Präsidenten wurde ein Elektoren-Verfahren konzipiert, das bei aller Schwerfälligkeit doch einige Vorteile hatte und den Inhaber der Exekutivgewalt als eigenständig gewählten Vertreter der Gesamtnation dem Kongreß gegenüberstellte. Man hatte darauf geachtet, allen drei Regierungsgewalten so viel Unabhängigkeit zu geben, daß sie sich gegenseitig ihre Macht beschränkten. Durch das ausgeklügelte System der »*Checks and Balances*« sollte verhindert werden, daß eine Gewalt die absolute Macht an sich ziehen konnte. Gleichzeitig waren die drei Gewalten jedoch auch mehrfach ineinander verwoben. Dem Präsidenten wurde das Vetorecht über Gesetzesvorlagen des Kongresses zugesprochen; dieses konnte nur mit einer Zweidrittelmehrheit des Kongresses überstimmt werden. Der Senat mußte zahlreiche, vom Präsidenten zu vollziehende Ernennungen bestätigen, damit sie rechtskräftig wurden. Dasselbe galt für Verträge mit anderen Staaten. Das oberste Bundesgericht (»Supreme Court«) war vom Präsidenten ebenfalls mit Zustimmung des Senats zu besetzen, aber es konnte seinerseits Gesetze für verfassungswidrig erklären, die vom Kongreß und vom Präsidenten in Kraft gesetzt worden waren.

Die Kompetenzen des Präsidenten waren zahlreich und äußerst vielseitig; sie umfaßten auch den Oberbefehl über die Streitkräfte im Krieg und bei inneren Unruhen. Hier bestand ein auffallender Widerspruch zu den Staatsverfassungen, deren »radikale« Schöpfer die Exekutivbehörden stets so schwach wie möglich gehalten hatten. Aber die Bundesverfassung war eben nicht das Werk der »Radikalen«, sondern der konservativen »Nationalists«. Diese hatten die Exekutive stark gemacht, um sie in die Lage zu versetzen, das Land durch innere und äußere Krisen sicher hindurchzuführen. Jefferson verglich das Präsidentenamt einmal mit dem eines »elective monarch« und bewies damit, daß er die Gefahren wohl erkannte, die in der präsidialen Machtfülle lauerten. Allerdings war diese Macht auch wieder begrenzt: Die Verfassung sah vor, daß ein Präsident, der sich des Verrats, des Betrugs oder anderer Verbrechen schuldig machte, unter Strafanklage (»Impeachment«) gestellt und durch ein Gerichtsverfahren abgesetzt werden konnte.

Besonders bedeutsam war die grundsätzliche Festlegung der Superiorität der Bundesverfassung über die Einzelstaaten. Das oberste Bundesgericht konnte nicht nur Bundes-, sondern auch Staatsgesetze annullieren. Die Verfassung war definiert als »the supreme law of the land«. Dabei wurde sie aber keineswegs starr und für alle Zeiten endgültig formuliert. Die »Founding Fathers« erkannten, daß ihr Werk, wenn es dauerhaft sein sollte, auch eine gewisse Flexibilität und Anpassungsfähigkeit besitzen müsse. Daher versahen sie es mit einer Klausel, die spätere Ergänzungen (*»Amendments«*) ermöglichte. Das war ein großer Vorteil, denn viele Fragen waren offengeblieben, und in manchen Punkten hatte man keine Einzellösung erzwungen, um nicht das Ganze zu gefährden.

Daß das Ergebnis der Konventsverhandlungen keineswegs überall auf Zustimmung stieß, zeigte sehr deutlich der Kampf um die *Ratifikation*. Nach dem Beschluß der Versammlung von Philadelphia konnte die Verfassung in Kraft treten, sobald sie von neun Staaten ratifiziert war. Wann dies der Fall sein würde, ließ sich im Herbst 1787 jedoch durchaus nicht voraussagen. In allen Staaten wurden auf Anordnung des Kongresses besondere Ratifikationskonvente einberufen. Diese arbeiteten teilweise sehr zügig, teilweise aber auch äußerst langsam. Delaware, New Jersey und Pennsylvania nahmen die Verfassung noch vor Jahresende an. In den beiden erstgenannten Staaten erfolgten die entsprechenden Beschlüsse einstimmig. Ohne Gegenstimme ratifizierte kurz darauf auch Georgia. Bis zum Frühsommer 1788 folgten mit großen Mehrheiten Connecticut, Maryland und South Carolina. Zu hitzigen Auseinandersetzungen kam es vor allem in Virginia, New York und Massachusetts. Der Streit wurde in den Konventen, in den Abgeordnetenhäusern und in der Presse von zwei Parteien geführt, deren Konsolidierung sich schon seit einiger Zeit abgezeichnet hatte. Die *»Federalists«* (die bisher meist als »Nationalists« bezeichnet worden waren) verteidigten die Verfassung, die *»Anti-Federalists«* kritisierten sie. Die neue Oppositionsbewegung war zum Teil in jenen Volksschichten verwurzelt, die in Philadelphia kaum eine Rolle gespielt hatten. Unter ihren Anhängern befanden sich viele Kleinfarmer und ländliche Handwerker, Leute mit bescheidenen Einkommen und Schulden, daneben aber doch auch Vertreter des Mittelstandes und der wohlhabenden Oberschicht. Die Argumente ihrer Anführer waren von der Besorgnis diktiert, die starke Zentralregierung könnte sich der Kontrolle durch das Volk entziehen und zur Bedrohung der politischen und bürgerlichen Freiheiten werden. Besonders beunruhigend wirkte auf die »Anti-Federalists« die Tatsache, daß die Bundesverfassung keine *»Bill of Rights«* besaß, während alle Staatsverfassungen mit mehr oder weniger formellen Deklarationen dieser Art ausgestattet waren. Sollte es etwa so sein, daß »Trial by Jury«, »Habeas Corpus«, Redefreiheit, Pressefreiheit, Versammlungsfreiheit und Freiheit von Truppeneinquartierung in der neuen Staatsordnung nicht mehr gewährleistet waren? Ohne ausdrückliche »Bill of Rights« erschien die in Philadelphia ausgearbeitete Verfassung jedenfalls nicht vertrauenerweckend. Weitere Befürchtungen der »Anti-Federalists« betrafen die Steuerhoheit des Bundes, die geringe Mitgliederzahl des Repräsentantenhauses und die Regelung, daß eine Mehrheit von nur neun Staaten genügen sollte, um die Verfassung in Kraft zu setzen. Die »Federalists» waren aggressiver und besser organisiert als die Verfassungsgegner, und sie besaßen schon in ihrem Namen einen wirkungsvollen Propagandavorsprung. Ihr Einsatz folgte der Überzeugung, daß eine Ablehnung der Verfassung den Zerfall der Union nach sich ziehen würde. Die bedeutendste publizistisch-propagandistische Leistung, die aus ihren Reihen kam, war die von Hamilton, Madison und Jay verfaßte Schriftenreihe der *»Federalist Papers«*, ein Werk, das schon bald zur politischen Weltliteratur gezählt werden sollte. Die »Federalists« erwiesen sich als geschickte und teilweise auch recht skrupellose Taktiker. Sie sahen ein, daß sie die großen Staaten gewinnen mußten, in denen die Opposition am stärksten war. In realistischer Einschätzung der Volksstimmung machten sie ihre wichtigsten Konzessionen in der Frage der »Bill of Rights«. Dadurch konnten Massachusetts, New Hampshire (als neunter Staat) und Virginia gewonnen werden. Am 26. Juli 1788 stimmte schließlich auch New York der Verfassung zu, allerdings nicht ohne zahlreiche Abänderungsvorschläge (North Carolina und Rhode Island folgten erst 1789 bzw. 1790).

Die Organisation des neuen Regierungsapparates begann bereits im September 1788. Am 4. Februar 1789 wurde George Washington zum ersten Präsidenten der Vereinigten Staaten gewählt, und am 4. März trat in New York der erste Kongreß unter der neuen Verfassung zusammen. Die »Federal Constitution« fand nun rasch allgemeine Anerkennung; man stritt sich fortan nicht mehr um ihre Gültigkeit, sondern stets nur um ihre Auslegung. Daß die Verfassungsgegnerschaft der »Anti-Federalists« sich legte, war in erster Linie der

von Madison ausgearbeiteten »Bill of Rights« zuzuschreiben, die die letzte Form in den *ersten zehn »Amendments«* finden sollte.
Die *amerikanische Geschichtsschreibung* des 19. Jahrhunderts hat die politische Leistung der »Founding Fathers«, von wenigen Ausnahmen abgesehen, stets positiv dargestellt und mehr oder weniger bedingungslos gepriesen. Zu Beginn des 20. Jahrhunderts, als die Bewegung des »Progressivismus« das Land aufwühlte und die Mißstände sichtbar werden ließ, die sich aus der Verbindung wirtschaftlicher und politischer Interessen in der kapitalistischen Industriegesellschaft ergeben hatten, veränderte sich mit dem allgemeinen nationalen Geschichtsbild auch dasjenige von der Entstehung der Verfassung. Man begann, die Mitglieder des Konvents von Philadelphia in erster Linie als Vertreter der ökonomischen Interessen der reichen Oberschicht zu sehen und tendierte dazu, ihr Werk als eine konservative Reaktion auf den radikal-demokratischen Geist von 1776 zu verstehen. Diese Betrachtungsweise wurde namentlich durch das einflußreiche Buch von Charles A. Beard, *»An Economic Interpretation of the Constitution of the United States«* (1913), weit verbreitet. Die dort vorgetragenen Thesen sind in der wissenschaftlichen Diskussion oft bekämpft und widerlegt worden, aber sie haben bis in die neueste Zeit hinein auch immer wieder Befürworter gefunden und diese zu ähnlich gerichteten Interpretationen angeregt. Der heutige Stand der Forschung erlaubt die Feststellung, daß der Reichtum der Quellen es unmöglich macht, die ganze Auseinandersetzung um die Verfassung in erster Linie oder gar ausschließlich als einen Klassenkonflikt zu verstehen. Weder die »Federalists« noch ihre »radikalen« oder »anti-föderalistischen« Gegner vertraten einheitliche und auf bestimmte Gesellschaftsschichten bezogene Interessen.
Ohne die »Founding Fathers« heroisieren zu wollen und ohne ihre nicht zu bestreitenden persönlichen Ambitionen zu übersehen, darf man wohl sagen, daß ihre Anstrengungen darauf hinausgingen, die Errungenschaften des Kampfes um die Unabhängigkeit durch die Verfassung zu befestigen und nicht dem Untergang preiszugeben.[3]

3 Die historische Interpretation der amerikanischen Revolution besitzt bereits ihre eigene Geschichte. Diese ist schon mehrfach dargestellt worden; für die neueren Entwicklungstendenzen besonders aufschlußreich ist die ausführliche Einleitung, die Jack P. Greene seiner Anthologie The Reinterpretation of the American Revolution 1763–1789, New York 1968, vorangestellt hat. Vgl. von demselben Autor auch das Kapitel Revolution, Confederation, and Constitution, 1763–1787, in: William H. Cartwright & Richard L. Watson, Jr. (eds.): The Reinterpretation of American History and Culture, Washington, D.C., 1973, S. 259–295; ferner Hans R. Guggisberg: Die amerikanische Revolution in der neueren und neuesten amerikanischen Geschichtsschreibung, in: Schweizer Monatshefte 54 (1974), S. 257–272.

Zweiter Teil: Die USA als kontinentale Nation

1. Verflechtung von Innen- und Außenpolitik im jungen Bundesstaat

Als Washington am 30. April 1789 die Präsidentschaft antrat, strömte ihm aus der gesamten Bevölkerung der Republik eine Woge einmütiger Sympathie und Unterstützungsbereitschaft entgegen. Seine zurückhaltend-förmliche Wesensart mochte keine Begeisterungsstürme entfachen, aber die Integrität seines Charakters, sein persönlicher Mut und seine Führerqualitäten wurden nirgends in Zweifel gezogen. Als Oberbefehlshaber der Kontinentalarmee und als Vorsitzender des Verfassungskonvents hatte er unübertreffliche Beweise seiner Fähigkeiten erbracht. Was ihm fehlte, war die praktische Erfahrung der Staatsführung; besonders mit den Problemen des Finanzwesens und der Außenpolitik war er noch verhältnismäßig wenig vertraut. Als Präsident wollte Washington über dem unvermeidlichen Kampf der Interessengruppen stehen. Er mußte aber bald einsehen, daß er nicht regieren konnte, ohne Entschlüsse zu fassen, und daß er keine Entschlüsse fassen konnte, ohne sich Feinde zu machen. Nur zögernd ließ er sich Ende 1792 ein zweites Mal wählen. Die zweite Amtsperiode brachte ihm das, was er in der ersten stets befürchtet hatte: die totale Verwicklung in den Streit der Parteien. Die politischen Meinungsverschiedenheiten der Amerikaner drehten sich nach 1789 um dieselben grundsätzlichen Fragen wie vorher. Von den Zielsetzungen der frühen Befürworter der »Articles of Confederation« zu denjenigen der Verfassungskritiker von 1788 und der späteren »Republicans« führt eine Linie sichtbarer Kontinuität. Dasselbe läßt sich von der Entwicklung konservativer Ideen auf der Seite der »Federalists« und ihrer Vorgänger sagen. Die Verfassung hatte für viele Probleme keine festen Vorschriften aufgestellt, und so war seit ihrer Inkraftsetzung stets genügend Konfliktstoff vorhanden.

Die Auseinandersetzungen in der amerikanischen Republik wurden seit der Proklamation der Unabhängigkeit von einem Dualismus der Intentionen bestimmt, der einerseits nach Stärkung der nationalen Union und andererseits nach fortschreitender Ausgestaltung der freiheitlichen Demokratie strebte. Die hieraus resultierenden Widersprüche und Konflikte führten nach 1789 zur allmählichen Entstehung eines *Zweiparteiensystems*, das – mutatis mutandis – bis in die neueste Zeit hinein ein Charakteristikum des innenpolitischen Lebens der USA geblieben ist. Unter den beiden ersten Präsidenten Washington und John Adams wurde dieses Zweiparteiensystem durch die vielleicht bedeutendsten Politiker der Zeit personifiziert, nämlich durch Hamilton (»Federalist«) und Jefferson (»Republican«). Viele politisch engagierte Amerikaner waren bei aller Verschiedenheit ihrer Zielsetzungen der übereinstimmenden Ansicht, daß die Macht im Staate von einer sowohl durch ihre Fähigkeiten als auch durch gehobenen sozialen Status qualifizierten Elite ausgeübt werden müsse. Sooft es jedoch danach aussah, als ob die verfassungsmäßigen Kompetenzen der Regierung in den Dienst eines bestimmten wirtschaftlichen und politischen Programms gestellt würden, erhob sich heftige Opposition und kam es zu grundsätzlicher Kontroverse.

Hamilton war der erste, der dies erfuhr. In seinen sechs Amtsjahren als »Secretary of the Treasury« (1789–1795) prägte er dem politischen Leben der Republik einen unauslöschlichen Stempel auf, bewirkte aber gleichzeitig auch den Aufschwung einer Widerstandsbewegung, die sich sowohl im Kongreß als auch in allen Einzelstaaten verbreitete. Hamilton war nicht nur ein gewandter und kenntnisreicher Jurist, sondern ein äußerst scharfsinniger, ehrgeiziger und selbstbewußter Staatsmann. Seit der Frühphase des Unabhängigkeitskrieges hatte er Washington als unentbehrlicher Berater gedient. Mit unerschütterlicher Entschlossenheit und außergewöhnlicher Überzeugungskraft vertrat er die Politik des *konservativen Zentralismus.* Er glaubte, daß die finanziellen Probleme der Republik nur zu lösen seien, wenn die Bundesregierung stark war und sich auf die Loyalität der wirtschaftlich führenden Schichten der Nation stützen konnte. Das Ziel seiner Bemühungen bestand aber nicht nur in der Sanierung der Union; er wollte sie zur wirtschaftlichen Unabhängigkeit führen und ihr eine internationale Machtposition verschaffen. Daß Amerika eine Agrarnation war, erkannte Hamilton sehr wohl, und er vermochte der industriellen Entwicklung im ganzen gesehen nur einen relativ schwachen Impuls zu geben. Dennoch setzte er sich mit großer Energie dafür ein. Als Privatmann gründete er 1791 ein Manufakturzentrum in Paterson (New Jersey). Das vielseitige Unternehmen erwies sich zwar als Mißerfolg, wurde aber doch zum Vorbild ähnlicher Versuche, die im frühen 19. Jahrhundert u. a. zur Entstehung der Textilindustrie in Lowell (Massachusetts) führten.

In seinem Amt fühlte sich Hamilton an die Spitze der Regierung gestellt. Als Bewunderer Englands hatte er die Bedeutung der »Bank of

England« für die Entwicklung der britischen Wirtschaft voll erfaßt, und mit dem eloquenten Hinweis auf dieses Vorbild gelang es ihm, den Kongreß zur Gründung der *»First Bank of the United States«* und zur Errichtung einer nationalen Münzstätte zu bewegen. Die »First Bank« stand zwar unter staatlicher Kontrolle, war aber doch eine private Körperschaft und erwies sich in der Folge als sehr brauchbares Instrument des »Treasury Department«, als Quelle finanzieller Stabilität und als Attraktion für interessierte Investoren. In einer Reihe von Denkschriften legte Hamilton die dringende Notwendigkeit dar, den Handel und die Industrie von Regierungsseite aus zu fördern (1790/91). Trotz wachsender Opposition konnte er erreichen, daß die neue Regierung die Schulden des Konföderationskongresses und der Einzelstaaten übernahm. Der Widerstand gegen diese finanzpolitischen Zentralisierungsmaßnahmen war besonders im Süden äußerst heftig und konnte nur durch einen mühsamen Kompromiß in der Frage der Schuldverzinsungen eingedämmt werden. (Die gleichzeitige Vereinbarung über die Errichtung der Bundeshauptstadt am Potomac scheint dabei allerdings nicht die entscheidende Rolle gespielt zu haben, die man ihr lange zuschrieb.)
Hamiltons unermüdliche Aktivität wirkte sich in dreierlei Hinsicht aus: Sie verschaffte der Bundesregierung Kreditwürdigkeit und vermehrte Einkünfte, belebte den Handel und das Gewerbe und verband einflußreiche Machtgruppen in jedem Staat mit der nationalen Führungsspitze. Ganz allgemein gesehen stärkte sie das Vertrauen der Unternehmerkreise in die Regierung. Die Durchführung der verschiedenen Maßnahmen erforderte allerdings eine großzügige Auslegung der Verfassung. Dies zeigte sich besonders deutlich bei der Gründung der »First Bank of the United States«, für die überhaupt keine konstitutionellen Grundlagen bestanden. In der Diskussion um dieses Problem entwickelte Hamilton seine berühmte Theorie von den *»implizierten Befugnissen«* der Regierung. Ausgehend von dem Verfassungsparagraphen über die Förderung der »General Welfare« (Art. I, Sect. 8) folgerte er, daß alle verfassungskonformen Maßnahmen und Unternehmungen die zu ihrer Verwirklichung erforderlichen Mittel implizieren, sofern diese nicht gegen allgemeine moralische Grundsätze verstoßen. Mit dieser Argumentation gewann Hamilton nicht nur das Einverständnis Washingtons zur Gründung der »First Bank«, sondern er legte gleichzeitig die Grundlage zu jener Tradition der Verfassungsinterpretation, die als »Loose Construction« bezeichnet wird.
Die *agrarisch-dezentralistische Opposition* gegen den industrialistischen Zentralismus Hamiltons konsolidierte sich unter der Führung Jeffersons und Madisons recht langsam. Mit ihrer Ideologie von der

Überlegenheit des bäuerlichen Mittelstandes gegenüber einem städtisch-gewerblichen Proletariat hatte sie den Konzeptionen des Finanzministers zunächst keine wirkungsvolle Alternative entgegenzustellen. Die Kritik an der Theorie von den »implizierten Befugnissen« war zwar wohldurchdacht, aber sie konnte nicht bestreiten, daß die Maßnahmen Hamiltons erfolgreich waren und konkrete Probleme lösten.

Gegenüber dem aktiven Praktiker Hamilton erscheint Jefferson mehr als kontemplative Persönlichkeit. Er war nicht nur ein »homo politicus«, sondern auch ein überaus vielseitiger Gelehrter und Freund der Künste. Seine politischen Überzeugungen waren denjenigen Hamiltons fast durchweg entgegengesetzt. Obwohl er die Verfassung unterstützt hatte, hegte er gegenüber einer allzu starken Zentralregierung stets Bedenken. Nur nach außen, – das hatte er als Gesandter in Frankreich gelernt – sollte sie kraftvoll auftreten und wirken können. Im Innern dagegen hatten ihre Befugnisse begrenzt zu sein, damit sie die individuellen Rechte und Freiheiten der Bürger unter keinen Umständen gefährden konnten. Mehr als irgendein anderer unter den führenden Amerikanern seiner Zeit vertraute Jefferson der Vernunft des »common man«. Dabei hatte er allerdings den Landbewohner und nicht den Städter im Auge. Dem Anhänger und Fortsetzer der »anti-föderalistischen« Tradition lagen auch die Probleme der Einzelstaaten stets mehr am Herzen als diejenigen der Union. Obwohl er seine »agrarische Ideologie« in späteren Jahren allmählich aufgab, blieb er seinem ländlichen Heimatstaat Virginia zeitlebens aufs engste verbunden. Von der Nachwelt erwartete er, daß sie sich nicht nur an seine nationalpolitischen Leistungen erinnere, sondern daß sie nicht vergesse, was er für Virginia getan hatte. Für das Wichtigste hielt er die Ausarbeitung der Gesetzesvorlage über die Religionsfreiheit (1779) und die Gründung der Staatsuniversität in Charlottesville (1819).

Von 1789 bis 1793 amtierte Jefferson als Außenminister (»Secretary of State«) Washingtons. Als die Auswirkungen der Finanzpolitik Hamiltons in seinem Ressort Behinderungen zu verursachen begannen, kam es zwischen den beiden Kabinettskollegen zum persönlichen Konflikt, der bald die Regierung und danach den Kongreß in zwei Lager spaltete. Hamilton erlitt seine erste große Niederlage, als seine Schutzzollvorschläge (»*Report on Manufactures*«, 1791) nicht zum Gesetz erhoben wurden. Er gab aber seine Zielsetzungen nicht preis, und als er sich 1795 aus der Regierung zurückzog, hatte die politische Grundsatzdiskussion bereits die ganze Nation aufzuwühlen begonnen. Die allgemeine Erregung steigerte sich erst recht in den verschiedenartigen Reaktionen auf die *Französische Revolution.*

Sympathie für die Überwinder des absolutistischen Königstums war in der amerikanischen Republik begreiflicherweise weit verbreitet, obwohl man nicht übersehen konnte, daß sich unter den ersten Opfern der Revolution manche ehemalige Förderer des Unabhängigkeitskampfes befanden. Die Nachrichten vom Ausbruch der »Terreurs« und von der Hinrichtung Ludwigs XVI. bewirkten jedoch allgemeine Ernüchterung. Direkte Auswirkungen auf die innenpolitischen Konflikte hatte die französische Kriegserklärung an England vom 1. Februar 1793. Die »Federalists« besaßen ihre treuesten Anhänger in den Handelszentren und unter den Großfarmern, die für den Export produzierten. Viele ihrer führenden Männer unterhielten geschäftliche Beziehungen zu englischen Unternehmern und Firmen. England war immer noch der wichtigste Handelspartner der amerikanischen Republik, den man (wie Hamilton genau erkannte und nachdrücklich betonte) unter keinen Umständen verlieren durfte. Unter den Anhängern Jeffersons (sie nannten sich erst seit den frühen 1790er Jahren allgemein »Republicans« oder »Democratic Republicans«) herrschte hingegen schon lange ein ausgesprochenes Mißtrauen gegenüber England, und die positive Einstellung zum revolutionären Frankreich ging nie gänzlich verloren. »Demokratische Gesellschaften«, die vielerorts entstanden, verurteilten alles, was sich im eigenen Lande aristokratisch gab, priesen die Erfolge der Revolution in Frankreich und jubelten dem »Citoyen« Edmond Genêt zu, der als Gesandter Frankreichs versuchte, Amerika zum Außenposten des Kampfes gegen England zu machen. Washington konnte die wachsende Unruhe nicht ignorieren. Im April 1793 proklamierte er die *Neutralität* der Vereinigten Staaten und enttäuschte damit viele Freunde Frankreichs. Um die amerikanischen Interessen auf den Weltmeeren zu schützen, autorisierte er John Jay zum Abschluß eines Vertrags mit England. Der erfahrene Diplomat mußte aus schwacher Position heraus verhandeln, und so bestand das Ergebnis von *»Jay's Treaty«* (1794) denn auch darin, daß die amerikanische Handelsschiffahrt praktisch der Kontrolle der »Royal Navy« unterstellt wurde. Diese Demütigung schürte das anti-englische Ressentiment in weiten Kreisen der amerikanischen Bevölkerung. Washington akzeptierte sie, weil er einsah, daß Schiffahrtskonflikte mit England sehr leicht zu einem neuen Krieg ausarten und dadurch der amerikanischen Wirtschaft unabsehbaren Schaden zufügen konnten. Der Senat gab sein Einverständnis unter Protest; die Ratifikation kam nur zustande, weil der Präsident gleichzeitig den Vertrag mit Spanien (»Pinkney's Treaty«) vorlegen konnte, der dem amerikanischen Handel den Unterlauf des Missisippi öffnete.

Der »Jay's Treaty« machte unmißverständlich sichtbar, daß die außenpolitischen Probleme einen direkten Einfluß auf die innere Entwicklung der Vereinigten Staaten ausübten. Er demonstrierte ferner die Unmöglichkeit einer totalen Selbstisolierung Amerikas gegenüber den Machtkämpfen der Alten Welt. In der heftigen Diskussion, die allenthalben um ihn entbrannte, erwies sich schließlich einmal mehr, daß die Union einer starken Führungsspitze bedurfte, wenn sie in der Lage sein sollte, derartige Krisen zu überleben.

Die Schöpfer der Verfassung hatten darauf vertraut, daß das System der »Checks and Balances« die Entstehung politischer Parteien verhindern würde. Diese Hoffnung hatte sich nicht erfüllt, und manche ehemaligen Mitglieder des Konvents wurden in den 1790er Jahren zu Parteipolitikern, auch wenn sie dabei ein schlechtes Gewissen hatten. Gelegentlich versuchten sie, es zu erleichtern, indem sie feststellten, nicht sie und ihre Gesinnungsfreunde, sondern ihre Gegner seien dabei, dem Parteienunwesen steten Auftrieb zu verleihen. Washington selbst hatte sich im Laufe der Zeit immer deutlicher den Anschauungen Hamiltons angenähert und dessen Maßnahmen befürwortet. Auf diese Weise war er de facto zum Führer der »Federalists« geworden, aber er lehnte es stets ab, von ihnen als von einer Partei zu sprechen. Um so schärfer klagte er die »Republicans« der Parteibildung an. Die »demokratischen Gesellschaften« bezeichnete er als »self-created societies« und meinte damit eine Form außerparlamentarischer und deshalb illegaler Opposition. Einer dieser Gesellschaften konnte er vorwerfen, den als »Whiskey Rebellion« bekannten Bauernaufstand im westlichen Pennsylvania inszeniert zu haben, der im Herbst 1794 mit großem Truppenaufgebot niedergeschlagen wurde. Diese Revolte hatte sich hauptsächlich gegen Hamiltons Steuergesetze gerichtet und nichts anderes erreicht als eine generelle Stärkung der »Federalists«.

Noch in seiner berühmten Abschiedsbotschaft *(»Farewell Address«)* von 1796 wandte sich Washington in bewegten Worten (die von Hamilton stammten) gegen die Bildung politischer Parteien. Gleichzeitig formulierte er eine wirkungsreiche und in späteren Epochen der amerikanischen Geschichte oft wiederholte Warnung vor permanenten Allianzen mit anderen Nationen. Mit der Weigerung, sich ein drittes Mal zum Präsidenten wählen zu lassen, schuf er einen Präzedenzfall, der über 150 Jahre gültig bleiben sollte. Gleichzeitig aber gab er den »Federalists« die Chance, einen Nachfolgekandidaten zu nominieren, mit dem sie siegen und an der Macht bleiben konnten.

Unter John Adams, dem ehemals »radikalen« Unabhängigkeitskämpfer aus Massachusetts, zeigte der Regierungsstil der »Federalists« deutlich repressive Züge. Die *»Sedition Act«* von 1798 ermöglichte die Verhaftung und Einkerkerung oppositioneller Journalisten; die mit diesem Gesetz eng verbundenen *»Alien Acts«* erlaubten dem Präsidenten die Ausweisung unerwünschter Ausländer ohne Beizug der Gerichte. Sie wurden vor allem gegenüber Franzosen angewendet, die man der subversiven Tätigkeit verdächtigte, und schadeten dem Ruf der Regierung weit mehr als sie ihm nützten. Nach wie vor dominierten die Probleme der *Außenpolitik.* Ihr Gewicht sollte das Geschick der Union nicht nur während der Amtszeit Adams', sondern danach noch mindestens auf zwei Jahrzehnte hinaus entscheidend mitbestimmen. Ohne die englischen Behinderungen der amerikanischen Schiffahrt gänzlich aufzuheben, bewirkte der »Jay's Treaty« eine rasche Verschlechterung der Beziehungen zu Frankreich. Französische Kaperaktionen auf dem Atlantik hatten eine Spannungslage geschaffen, die unversehens zum offenen Krieg führen konnte. Adams aber wollte den Frieden bewahren, und nach einem komplizierten diplomatischen Manöver, das zeitweise nahe am totalen Mißerfolg vorbeiging, gelang ihm dies auch (»Convention of 1800«). Der außenpolitische Erfolg hatte jedoch einen hohen innenpolitischen Preis gefordert, und er sollte sich schließlich auch auf Adams' persönliche Machtstellung nachteilig auswirken. In den Auseinandersetzungen um die Opportunität einer nachgiebigen Haltung gegenüber Frankreich war die Einheit der *»Federalists«* auseinandergebrochen. Hamilton, der als Privatmann ebenso großen Einfluß ausübte wie vorher als Finanzminister, hatte jedes Entgegenkommen abgelehnt und sogar den Krieg befürwortet. Als er den Präsidenten nicht gewinnen konnte, sagte er sich mit einer beträchtlichen Zahl von Anhängern (den »High Federalists«) von ihm los. Adams zögerte seinerseits nicht, die Freunde Hamiltons aus seinem Kabinett zu entfernen. Das war eine Demonstration standhafter Prinzipientreue, aber sie täuschte nicht darüber hinweg, daß die Autorität Adams' eine empfindliche Einbuße erlitten hatte.

Die »Republicans« gründeten ihre Opposition hauptsächlich auf die »Alien and Sedition Acts«, die als eindeutige Verletzungen der bürgerlichen Grundrechte verurteilt und gebrandmarkt wurden. Inspiriert von Jefferson und Madison verabschiedeten die Abgeordnetenhäuser von *Virginia* und *Kentucky* (seit 1792 Mitglied der Union, s. u.) sogenannte *»Resolutions«*, die die Rechte der Einzelstaaten gegenüber der Bundesregierung geltend machten und vor allem betonten, daß die Staaten befugt seien, Bundesgesetze zu annullieren, die gegen ihre eigenen Interessen verstießen (1798/99). Die beiden Deklarationen konnten zwar keinen Widerruf der »Alien and Sedition Acts« bewirken, aber mit ihrer Theorie der »Nullification« warfen

sie ein Problem auf, das die Nation noch oft und aufs schwerste belasten sollte.
Aus den Präsidentschaftswahlen des Jahres 1800 ging Jefferson als Sieger hervor. Damit hatte sich zum erstenmal ein *Machtwechsel von einer politischen Partei zur anderen* ergeben. Erwartungsgemäß verdankte Jefferson seinen Erfolg in erster Linie der ländlichen Bevölkerung, unter welcher seine Partei eine äußerst rege und wohlorganisierte Propagandatätigkeit entfaltet hatte. Sehr wirksame Unterstützung war ihm außerdem aus jenen fundamentalistisch-religiösen Kreisen zugeflossen, die die große Erweckungsbewegung der 1790er Jahre, das sogenannte *»Second Great Awakening«*, trugen. Jefferson bezeichnete seinen Wahlsieg später gerne als die »Revolution of 1800«, obschon seine Intentionen keineswegs revolutionär waren. Wohl betonte er, daß nun eine neue Periode der demokratischen Entwicklung angebrochen sei, aber er machte sich sofort daran, die erschütterte innere Harmonie der Republik wiederherzustellen. In seiner *Inaugurationsrede* vom 4. März 1801 gab er sich milde und friedfertig. Seine Rolle als Präsident sah er ganz ähnlich wie Washington: Er wollte über einer »undivided republic« stehen, in welcher die politischen Grundsatzkonflikte allmählich von der Bildfläche verschwinden sollten. Bei der Errichtung des Parteiensystems hatte er zwar mitgeholfen, aber er wollte es nicht verewigen.
Die Amtseinführung war erstmals in der neuen Hauptstadt Washington erfolgt, die allerdings damals noch nicht viel mehr umfaßte als einige Straßenzüge, Häuser und Baustellen. Die Abkehr von jedem unnötigen Gepränge charakterisierte nicht nur die nüchterne Zeremonie der Einsetzung, sondern die ganze achtjährige Präsidentschaft Jeffersons. Er war gewiß kein Mann des Volkes, aber er wußte um seine Bedürfnisse und Nöte und verstand es, Männer in die Regierung zu berufen, die zum Volk sprechen und es überzeugen konnten. Von Anfang an war er bestrebt, mit den finanziellen Mitteln der Nation sparsam umzugehen. Er kürzte die Militärausgaben, schränkte den Tätigkeitsbereich der Bundesregierung wo immer möglich ein und verringerte die Steuern. Der Fortgang der Demokratisierung wurde in allen Lebensbereichen gefördert. Jefferson unterstützte die Landwirtschaft und eröffnete der Westexpansion durch den »Louisiana Purchase« (1803, s. u.) ungeahnte neue Möglichkeiten. Auch in den Einzelstaaten machte die Demokratisierung Fortschritte. Die Besitzanforderungen für die Ausübung des aktiven und passiven Wahlrechts wurden nach und nach überall aufgehoben, und neue Gesetze entstanden, die den Strafvollzug bei Schuldnern und Verbrechern humanisierten. Hamiltons Einsatz für die Förderung der Industrie war jedoch keineswegs umsonst gewesen. Die

Entwicklung von Gewerbe und Handel erlitt unter der republikanischen Administration keinen Unterbruch, sondern ging unaufhaltsam weiter. Jeffersons Finanzminister, der aus einer Genfer Patrizierfamilie stammende Albert Gallatin, förderte den wirtschaftlichen Aufschwung wo er konnte und wurde zum eifrigen Verteidiger der »First Bank of the United States«.

Wenn Jefferson den Kampf der politischen Parteien beilegen wollte, entsprang dieses Streben der Hoffnung auf eine friedliche Zukunft, in der die Zielsetzungen und Ideale seiner eigenen Partei das ganze politische System Amerikas erfüllen würden. Es zeigte sich aber bald, daß die Austragung politischer Meinungsverschiedenheiten nicht einfach gestoppt werden konnte. Das größte Hindernis auf dem Wege, den Jefferson zur Verwirklichung seiner Ideale beschreiten wollte, war jedoch ganz anderer Art: Der überzeugte Theoretiker des »limited government« wurde nicht im Frieden gelassen, sondern mußte sein Land in einer Periode anhaltender internationaler Unruhe regieren. Auch er mußte in erster Linie Außenpolitiker sein und sah sich mit der Zeit veranlaßt, die Befugnisse der Bundesregierung weiter auszudehnen als dies je zuvor notwendig gewesen war. In Anlehnung an Washingtons »Farewell Address« hatte Jefferson bei seinem Amtsantritt versprochen, die amerikanische Nation von »entangling alliances« stets fernzuhalten, d. h. für die Bewahrung ihrer Neutralität zu sorgen. Trotz seiner redlichen Bemühungen wurden die Vereinigten Staaten aber von 1804 an wiederum in die Konflikte der europäischen Mächte hineingezogen, und als er zurücktrat, stand der offene Krieg einmal mehr vor der Tür. Wie Adams erkannte Jefferson genau, daß die Republik den Frieden brauchte, daß sie aber gleichzeitig auf den Handelsverkehr mit Europa angewiesen war. Der Wirtschaftskampf zwischen England und dem Imperium Napoleons brachte die amerikanische Schiffahrt besonders nach der Verhängung der französischen *Kontinentalsperre* in wachsende Schwierigkeiten. Die englische Regierung versuchte, die amerikanischen Transportfahrten aus Französisch-Westindien zu unterbinden, und die Franzosen ordneten ihrerseits die Konfiskation aller amerikanischen Schiffe an, die englische Häfen anliefen. Damit wurde der Handelsverkehr praktisch lahmgelegt. Was die Amerikaner aber ganz besonders gegen England aufbrachte, war die *Zwangsrekrutierung* von Matrosen (»Impressment«). Die fortlaufende Vergrößerung der Flotte war für die britische Regierung eine Aufgabe erster Ordnung, aber die Art und Weise, wie englische Kapitäne amerikanische Schiffe nach Deserteuren zu durchsuchen sich anmaßten, und die Tatsache, daß dabei stets auch amerikanische Bürger in den Dienst der »Royal Navy« gezwungen wurden, erzeugte schwere Mißstimmung. Als bei einem besonders dramatischen Zwischenfall im Jahre 1807 ein amerikanisches Schiff zusammengeschossen wurde und dabei drei Mann seiner Besatzung verlor, stieg die Empörung auf den Siedepunkt. Das Land widerhallte von Protestrufen und Appellen, sich an Lexington zu erinnern und zum Krieg gegen England bereit zu sein. Wie Adams im Konflikt mit Frankreich von 1798/1800 wollte Jefferson auch jetzt um jeden Preis den Krieg verhindern. Er nahm aber nicht Verhandlungen auf, sondern brachte den Kongreß dazu, im Dezember 1807 das *Embargo-Gesetz* zu verabschieden. Dieser Versuch, jeden Außenhandel einzustellen, schädigte weder England noch Frankreich allzu sehr, hatte aber katastrophale Folgen für die amerikanische Wirtschaft. Die Kaufleute und Schiffahrtsunternehmer der Nordstaaten wurden an den Rand des Ruins gebracht, und nur durch die energische Intensivierung der gewerblichen Produktion konnte die drohende Krise wenigstens teilweise abgewendet werden. Am meisten litten die agrarischen Südstaaten, die ihre Hauptprodukte (Baumwolle, Tabak) nicht mehr exportieren konnten und nicht in der Lage waren, den Einkommensausfall anderweitig zu kompensieren. Die schärfsten Proteste kamen jedoch nicht aus diesen Gebieten, sondern aus Neuengland, wo die »Federalists« einen vorübergehenden Aufschwung erlebten und Jefferson vorwerfen konnten, nun habe auch er sich zu Maßnahmen hinreißen lassen, für die es keine verfassungsmäßige Grundlage gebe. Mit der fortschreitenden Verschlechterung der Lage setzte sich die Opposition allmählich im ganzen Lande durch und zwang den Präsidenten schließlich zum Nachgeben. An die Stelle des Embargo-Gesetzes trat am 1. März 1809 die »Non-Intercourse Act«, die das Handelsverbot auf Frankreich und England beschränkte. Durch ein raffiniertes Täuschungsmanöver gelang es Napoleon, der amerikanischen Regierung um 1810 weiszumachen, er sei bereit, seine Repressionsmaßnahmen gegen amerikanische Handelsschiffe einzustellen. Daraufhin wurde das Embargo für Frankreich aufgehoben, für England jedoch erneuert.

Wenn im Jahre 1812 der zweite amerikanisch-englische Krieg dann schließlich ausbrach, so waren hierfür allerdings nicht nur die handelspolitischen Spannungen verantwortlich. Man kann vielmehr ein Zusammenwirken sehr verschiedenartiger Faktoren beobachten. Die gekränkte nationale Ehre, die Empörung über die Zwangsrekrutierung und die Enttäuschung über die Mißachtung des amerikanischen Neutralitätswillens spielten in der allgemeinen Erhitzung der anti-englischen Stimmung eine bedeutende Rolle. Dazu kam die wirtschaftliche Depression und vor allem auch die Behinderung der Westexpansion durch die unter dem Shawnee-Häuptling Tecumseh vereinigten Indianerstämme, deren Widerstandsaktionen mindestens teilweise durch britische Hilfsversprechen ausgelöst worden waren.

Diese letztgenannten Vorgänge erweckten vielerorts die Forderung nach militärischen Gegenschlägen. Nach den Kongreßwahlen von 1810 hatten zahlreiche konservative »Republicans« ihre Sitze den »War Hawks« abtreten müssen, die mehrheitlich der jüngeren Generation angehörten und seit ihrer frühen Jugend gelernt hatten, England als Feind zu betrachten. Unter ihnen befanden sich einige bedeutende Führerpersönlichkeiten wie Henry Clay aus Kentucky und John C. Calhoun aus South Carolina. Sie glaubten, daß es jetzt vor allem darauf ankomme, die Interessen der Nation zu schützen, und daß dies mit militärischen Mitteln zu geschehen habe, da die europäischen Mächte auf wirtschaftliche Sanktionen Amerikas ja doch nicht reagierten. Der zweifelhafte Sieg, den William Henry Harrison, Gouverneur des Indiana-Territoriums, über die von Tecumseh organisierten Indianer erfocht (Schlacht bei Tippecanoe, 7./8. November 1811), stärkte ihre Zuversicht, der drohende Bankrott der Südstaaten trieb sie zur Eile.

Der seit 1809 amtierende James Madison erwies sich bei all seinen früheren Verdiensten um die Republik als wenig durchschlagskräftiger Präsident. Er vermochte die »War Hawks« nicht in Schach zu halten und proklamierte unter ihrem Druck am 19. Juni 1812 den Kriegszustand. Das Ziel war die Verteidigung der amerikanischen Rechte auf den Weltmeeren und die endgültige Zerschlagung der englischen Herrschaft in Nordamerika.

Der *»Krieg von 1812«* wurde für die Amerikaner in mancher Hinsicht zum Fiasko. Er war schlecht vorbereitet, brachte keine entscheidenden Siege und vertrieb England keineswegs aus dem nordamerikanischen Kontinent. Zudem erwies er sich als überflüssig, denn die englischen Exekutiverlasse gegen die neutrale Schiffahrt (»Orders in Council«), die in den Vereinigten Staaten ganz besondere Erbitterung bewirkt hatten, waren zum Zeitpunkt der Kriegserklärung gerade aufgehoben worden. Dazu kam die Tatsache, daß in New York und in den Neuenglandstaaten eine äußerst heftige Opposition gegen den Krieg herrschte. Diese schlug zum Teil in offene Obstruktion um (z.B. Proviantlieferung an den Gegner) und führte schließlich zu der von den gemäßigten »Federalists« organisierten »Hartford Convention« (Dezember 1814–Januar 1815), die zum besseren Schutz der regionalen Interessen Neuenglands eine Reihe tiefgreifender Verfassungszusätze vorschlug. Der militärische Kriegsverlauf gestaltete sich für die amerikanischen Streitkräfte fast durchweg ungünstig. Nach der Abdankung Napoleons (11. April

1814) konnten die Engländer ihre Einsätze gewaltig verstärken, und einer ihrer großangelegten Angriffe führte sogar zur zeitweiligen Besetzung und Zerstörung der Hauptstadt Washington (24./25. August 1814). In einigen Flottengefechten, u.a. auf dem Erie-See, waren die Amerikaner erfolgreicher, aber sie vermochten die englische Blockade der gesamten Atlantikküste nie aufzubrechen. Den einzigen wirklich spektakulären Sieg brachte die Schlacht bei New Orleans, in welcher eine angreifende britische Streitmacht etwa ein Viertel ihres Bestandes verlor. Das Treffen änderte jedoch am Gesamtausgang des Krieges nichts mehr, denn es wurde (ohne daß man davon wußte) zwei Wochen nach dem in Europa erfolgten Friedensschluß ausgetragen. Trotzdem war es nicht ohne historische Bedeutung: Der amerikanische General Andrew Jackson wurde durch seinen großen militärischen Erfolg zum Nationalhelden, von dem man in den kommenden Jahrzehnten noch viel hören sollte.

Der *Friedensvertrag von Gent* (24. Dezember 1814) regelte nichts. Er stellte den status quo ante wieder her, erwähnte aber weder das Problem des »Impressment« noch die amerikanischen Seehandelsrechte. Die bestehenden Grenzstreitigkeiten wurden gemischten Kommissionen übergeben, deren erste um 1817 die Besitzansprüche in der Bay of Fundy regelte. Über den Verlauf der Grenzen zwischen den USA und Kanada bis zu den Rocky Mountains sollte erst der Webster-Ashburton-Vertrag von 1842 die endgültigen Entscheidungen fällen. Ein in London im Sommer 1815 abgeschlossener Handelsvertrag normalisierte die wirtschaftlichen Beziehungen.

Nach dem Abschluß der Feindseligkeiten konnten die Vereinigten Staaten eine sehr weitreichende *militärische Abrüstung* durchführen. Der Bestand der Landarmee wurde auf 10000 Mann reduziert; die Flotte verfügte fast nur noch über Sicherungs- und Begleiteinheiten; die meisten der Kanonenboote wurden verschrottet oder verkauft. Das verminderte militärische Potential erlaubte der Republik aber dennoch, im Jahre 1819 das spanische Gebiet von East Florida im Zusammenhang mit einer kriegerischen Aktion gegen die Seminole-Indianer zu besetzen. Spanien verzichtete auf seinen Besitz und überließ der amerikanischen Regierung auch West Florida. Die Transaktion wurde durch den Adams-Onís-Vertrag (1821) bestätigt und erweiterte die Union um das Territorium Florida, das 1845 als eigener Staat konstituiert werden sollte.

In der Zeit, da der amerikanischen Regierung die Annexion der großen Halbinsel mit ihrem nordwestlichen Hinterland gelang, befand sich das spanische Kolonialreich ganz allgemein im Zustand der Auflösung. Die rasch um sich greifende *lateinamerikanische Befreiungsbewegung* erweckte in den Vereinigten Staaten lebhafte und

teilweise begeisterte Anteilnahme. Henry Clay forderte mit Vehemenz die sofortige Anerkennung der neuen Republiken. Sein Wunsch ging jedoch erst nach dem Abschluß des Adams-Onís-Vertrags in Erfüllung. Die konservativ-restaurativen Mächte Kontinentaleuropas stellten sich dezidiert hinter das spanische Königreich, dessen Regierung trotz schwerer innerer Parteikämpfe alles daransetzte, die verlorengegangenen Kolonien zurückzugewinnen. England allerdings hielt sich abseits; seine Kaufleute und Industrieunternehmer wollten die bereits etablierten lateinamerikanischen Absatzmärkte nicht aufs Spiel setzen und bestimmten auch die Regierung zu einer anti-interventionistischen Haltung. Obwohl militärische Aktionen der Kontinentalmächte ohne englische Unterstützung kaum durchführbar waren, befürchteten die Vereinigten Staaten, daß die Bemühungen um die Wiederherstellung des spanischen Kolonialreiches früher oder später ihre nationale Sicherheit bedrohen könnten. Deshalb erschien es notwenig, die Grundsätze des eigenen außenpolitischen Verhaltens für den Fall einer solchen Bedrohung offiziell festzulegen.
Dies geschah in der Jahresbotschaft, die Präsident James Monroe, der Nachfolger Madisons, am 2. Dezember 1823 an den Kongreß richtete. Das hier entwickelte Konzept, das mit der Zeit als *»Monroe-Doktrin«* bekannt wurde, beruhte auf folgenden vier Hauptthesen:

1. Die amerikanische Hemisphäre ist nicht mehr als Kolonisationsgebiet europäischer Mächte zu betrachten.
2. In den Republiken der beiden amerikanischen Kontinente ist ein politisches System aufgewachsen, das sich von demjenigen der europäischen Mächte grundlegend unterscheidet.
3. Jeder Versuch einer europäischen Macht, ihr politisches System auf irgendein Gebiet der amerikanischen Hemisphäre auszudehnen, wird von den Vereinigten Staaten in Zukunft als Bedrohung ihrer Sicherheit und als unfreundlicher Akt betrachtet.
4. Die Vereinigten Staaten werden noch existierende Kolonien nicht antasten; sie werden sich in die inneren Angelegenheiten der europäischen Mächte nicht einmischen und mit allen freundschaftliche Beziehungen anstreben.

Mit dieser Deklaration (die übrigens nie zum formellen Kongreßbeschluß erhoben wurde) war eine scharfe politische Trennungslinie zwischen der amerikanischen und der europäischen Welt gezogen. Das »Statement« Monroes wiederholte die Ideen, die schon in der Außenpolitik Washingtons, John Adams' und Jeffersons enthalten gewesen waren; diese erhielten hier jedoch erstmals eine präzise und ausführliche Formulierung und wurden durch den sehr deutlich akzentuierten Anspruch der Vereinigten Staaten ergänzt, als Schutz- und Führungsmacht der gesamten Hemisphäre aufzutreten. Hinter der in ihrer Aussage sehr eindeutigen Grundsatzerklärung stand ganz offensichtlich auch die Intention des Außenministers John Quincy Adams. Der Sohn des zweiten Präsidenten, der das höchste Staatsamt von 1825 bis 1829 selbst auch noch versehen sollte, war ein durchaus konservativer Politiker; er stand aber den konservativen Mächten Europas mit äußerster Skepsis gegenüber und hielt ihre Regierungen ausnahmslos für korrupt. Adams war es namentlich gewesen, der Monroe geraten hatte, seine anti-interventionistische Stellungnahme unabhängig von der englischen Regierung zu proklamieren. Er hatte genau erkannt, daß die englischen Motivationen anderer Art waren als diejenigen der Vereinigten Staaten. Zu den potentiellen Bedrohungen der amerikanischen Souveränität gehörte für Adams auch der Griff Rußlands nach der pazifischen Küste Nordamerikas. Ein Erlaß Zar Alexanders I. aus dem Jahre 1821 hatte die Südgrenze der russischen Ansprüche auf den 51. Breitengrad festgesetzt, aber drei Jahre später gelang es Adams, diese in einer diplomatischen Vereinbarung auf die Linie von 54° 40' zurückzuschieben. Der innenpolitische Hintergrund der amerikanischen Antwort auf die kolonialistische Herausforderung Europas war durch eine allgemeine Stärkung der nationalen Einheit gekennzeichnet.[1] Merkwürdigerweise wurde der Krieg von 1812–1814 in den Vereinigten Staaten überwiegend als Erfolg gewertet. Man übersah, daß England in keinem der Hauptkonfliktpunkte nachgegeben hatte, man vergaß die peinlichen Niederlagen und erinnerte sich um so lieber an die wenigen siegreichen Waffengänge, ganz besonders an die Schlacht bei New Orleans. Diese Erinnerungen und die Tatsache, daß die Republik keine territorialen Verluste erlitten hatte, trugen wesentlich zur Entstehung des Mythos vom gewonnenen Kriege bei.

Als Präsident Monroe 1817 eine offizielle Reise durch die Oststaaten unternahm und auch im ehemals stark oppositionellen Neuengland mit großer Freundlichkeit empfangen wurde, schrieb eine den »Federalists« nahestehende Bostoner Zeitung, nun sei eine *»Era of Good Feelings«* angebrochen. Damit wurde ein Begriff geprägt, der in vielen späteren Werken der Historiographie die beiden Amtszeiten Monroes (1817–1824) charakterisieren sollte. Wie alle derartigen Bezeichnungen ist er einseitig und simplifizierend. Er verdeckt nämlich die Tatsache, daß die aus der zunehmenden Disparität der wirtschaftlich-sozialen Entwicklung entstandenen regionalen Interes-

1 Vgl. hierzu das immer noch gültige Standardwerk von Dexter Perkins: A History of the Monroe Doctrine, Boston 1955 u.ö.

senkonflikte nach 1820 an Schärfe wieder zunahmen und die Aussichten auf eine längere Zeit des inneren Friedens rasch verdunkelten.

Auch der bloß skizzenhafte Überblick über die politische Entwicklung der amerikanischen Republik in den ersten Jahrzehnten ihres Bestehens muß zum Schluß noch auf die in dieser Zeit zu beobachtende Autoritätszunahme des *»Supreme Court«* hinweisen. Sie war in erster Linie dem Wirken des aus Virginia stammenden Juristen John Marshall zuzuschreiben, der kurz vor Beginn der Präsidentschaft Jeffersons noch von John Adams zum Obersten Richter ernannt worden war. Unter der Führung dieses überzeugten Anhängers der »Federalist Party« wurde das vorher noch wenig einflußreiche Gericht zum achtunggebietenden Tribunal, das als dritte Säule der Bundesregierung allmählich zu ebenbürtiger Stellung neben Präsident und Kongreß emporwuchs. In einem berühmten Urteil von 1803 (Marbury gegen Madison) schuf Marshall eine wesentliche Präzedenz für das seither so bedeutsam gewordene richterliche Nachprüfungsrecht über Gesetze des Kongresses oder der einzelstaatlichen Legislativbehörden *(»Judicial Review«)*. In einem ebenso bedeutsamen Verdikt aus dem Jahre 1819 (McCulloch gegen Maryland) verlieh er der Theorie Hamiltons von den »implizierten Machtbefugnissen« der Bundesregierung entscheidende Unterstützung. Mehrfach bestärkte er auch die Verbindlichkeit von Verträgen zwischen Staatsregierungen und privaten Korporationen, so z. B. im »Dartmouth College Case« von 1819. Grundsätzlich setzte sich Marshall stets für die Vorordnung der Bundesgewalt vor diejenige der Einzelstaaten ein, und immer wieder trat er als wirkungsvoller Protektor des privaten Eigentums hervor.

Obschon die »Federalist Party« allmählich an politischer Bedeutung verlor, und immer mehr »Republicans« zu Mitgliedern des Obersten Gerichtshofes ernannt wurden, vermochte »Chief Justice« Marshall seinen beherrschenden Einfluß zu wahren. Bis ihn der Tod im Jahre 1835 seinem Amte entriß, war der von ihm geleitete »Supreme Court« ein unerschütterliches Bollwerk des »Federalism«, und auch später blieb er noch für lange Zeit das Kraft- und Autoritätszentrum aller Verfechter einer starken Zentralgewalt im Bundesstaat.

2. *Expansion und Regionalismus*

Die *Erschließung des Westens* gehört neben den Problemkomplexen der Rassenkonflikte, des Bürgerkriegs und der Industrialisierung zu den größten und wichtigsten Themen der amerikanischen Ge-

schichte im 19. Jahrhundert. Ihr Ablauf läßt sich in zahlreichen Einzelphasen verfolgen, die durch große Hoffnungen und schwere Enttäuschungen, durch Erfolge und Mißerfolge, durch heldenhaften Einsatz und das Streben nach der Verbreitung demokratischer Ordnung, aber auch durch unmenschliche Brutalität und Unterdrükkung charakterisiert sind.
Der Bereich der besiedelten oder doch für die Besiedlung erschlossenen Gebiete dehnte sich seit dem Abschluß des Unabhängigkeitskrieges mit erstaunlicher Geschwindigkeit aus. Vor dem Jahre 1800 waren bereits drei neue Staaten zur Union gestoßen: Vermont (1791), Kentucky (1792) und Tennessee (1796). Der erste Staat, der im Nordwest-Territorium entstand, war Ohio (1803). Seiner Aufnahme folgte neun Jahre später diejenige Louisianas. Nach dem Krieg von 1812–1814 kamen in nur sieben Jahren weitere sechs Staaten dazu: Indiana (1816), Mississippi (1817), Illinois (1818), Alabama (1819), Maine (1820) und Missouri (1821). Maine lag zwar im Norden Neuenglands, seine Gründung stand aber, wie noch zu zeigen sein wird, in direktem Zusammenhang mit der Westexpansion und den daraus hervorgegangenen innenpolitischen Auseinandersetzungen.
Louisiana und Missouri lagen schon westlich des Mississippi. Sie waren die ersten Staaten, die ihre Entstehung dem *»Louisiana Purchase«* von 1803 verdankten. Der berühmte, durch Präsident Jefferson vollzogene Landerwerb hatte die amerikanische Republik 15 Millionen Dollar gekostet und sie auf einen Schlag um mehr als 800000 Quadratmeilen vergrößert. Er umfaßte die gesamten westlichen Einzugsräume des Mississippi und des Missouri bis zu den Rocky Mountains, d.h. das Gebiet der ursprünglich französischen und seit 1762 spanischen Kolonie Louisiana, die um 1800 wieder von Frankreich übernommen worden war. Bereits drei Jahre später hatte Napoleon das Territorium der amerikanischen Regierung angeboten, weil er erkannte, daß er es in einem neuen Krieg gegen England doch nicht wirksam zu verteidigen vermochte, und weil er aus diesem Grunde den Verkauf an die USA als eine strategisch sinnvolle Lösung ansah. Durch die Annahme des Angebotes war die Verfassung der Republik aufs äußerste »strapaziert« worden, denn sie enthielt keine Klausel, die den Kauf fremden Gebietes vorsah. Obwohl grundsätzlich ein Gegner der Theorie von den »implizierten Befugnissen« der Regierung, hatte Jefferson diese hier jedoch geistesgegenwärtig angewandt, – ganz ähnlich, wie er es einige Jahre später mit dem Embargogesetz tat.
Wenn bis zur vollständigen Erschließung des neuen Territoriums auch noch viel Zeit verstreichen sollte, so hatte der »Louisiana Pur-

chase« doch die Grundlage dafür geschaffen, daß die amerikanische Republik schließlich zur faktischen Beherrscherin des Kontinents werden konnte.
Die Westwanderung verschob in den ersten Jahrzehnten nach der Gründung des Bundesstaates natürlicherweise auch dessen *demographische Gewichtsverteilung.* Hatten zur Zeit der Amtsübernahme Washingtons noch weniger als 6% der Bevölkerung westlich der Appalachen gewohnt, so waren es um 1810 schon mehr als ein Siebtel und um 1840 mehr als ein Drittel. Unter den Siedlern, die sich im Mittleren Westen niederließen, waren viele europäische Einwanderer, aber die große Mehrheit stammte doch aus älteren Staaten der Union. Aus Kentucky und Tennessee zogen zahlreiche »Migrants« in die neuen Baumwollgebiete des Südwestens; Siedler aus Neuengland und New York ließen sich mit Vorliebe in der Gegend der Großen Seen nieder. Die größte Immigrantengruppe kam aus den Südstaaten am Atlantik; ihre Ziele lagen vornehmlich im südlichen Ohio, in Indiana, Illinois, aber auch im Südwesten. Im ganzen gesehen gehörten die Westwanderer des frühen 19. Jahrhunderts der unteren Mittelklasse an. Sie reisten in kleineren und größeren Gruppen, sehr oft aber auch nur im Familienverband. Ihre Habseligkeiten führten sie gewöhnlich auf Planwagen oder Kähnen mit, gelegentlich auch auf Schubkarren und Packpferden.
Eine sehr bedeutsame Voraussetzung für die Siedlungsexpansion bildete der seit dem Beginn des Jahrhunderts stetig fortschreitende *Ausbau der Verkehrswege.* Die erste Hauptverkehrsader nach dem Westen war die *»Cumberland Road«,* eine Bundesstraße, mit deren Bau die Regierung um 1811 in Maryland begonnen hatte. Sie sollte ein wesentlicher Beitrag zur Verwirklichung des von den jüngeren »Federalists« und manchen »Republicans« unterstützten Wirtschaftsprogramms werden, dessen Ziele einerseits in der Förderung des Binnenhandels und der Industrie und andererseits in der Befreiung der USA aus der Abhängigkeit von England bestand. Für dieses Programm prägte Henry Clay um 1824 die Bezeichnung *»American System«.* Es war aber schon vorher verwässert worden, und zwar in erster Linie durch die Weigerung Madisons und Monroes, den Bau von weiteren Verkehrswegen durch Bundesmittel zu unterstützen. Die »Cumberland Road« hatte um 1818 bei Wheeling (im heutigen Staate West Virginia) den Ohio erreicht und wurde danach noch bis Indiana und Illinois weitergeführt, aber alle anderen Aufgaben im Bereich der »Internal Improvements« blieben den Einzelstaaten überlassen. Zahlreiche private Firmen und Finanzierungsgesellschaften bauten Straßen, für deren Benützung dann mit Bewilligung der Staatsregierungen Gebühren erhoben wurden. Die ersten dieser

»Turnpikes« verbanden die Städte des Ostens miteinander, aber bald führten sie auch über die Appalachenpässe in den Mittleren Westen. Die Warentransportkosten blieben jedoch auf dem Wasser stets niedriger als auf dem Lande, und so spielte sich der Hauptverkehr nach wie vor auf den Flußläufen ab. Zwei Faktoren trugen hauptsächlich dazu bei, daß die Bedeutung der »Turnpikes« relativ rasch eingeschränkt wurde: die Nutzbarmachung der *Dampfkraft* für die Schiffahrt und der Bau von *Kanälen.*

Dem raschen Aufschwung der Dampfschiffahrt hatte der Ingenieur Robert Fulton den Weg gewiesen, als er um 1807 auf dem Hudson das erste Maschinenboot in Betrieb setzte. Die kommerzielle Ausnützung der Erfindung erfolgte bald auch in anderen Teilen des Landes. Um 1840 gab es an der Ostküste keine Hafenstadt mehr ohne Dampfschiffe und Dampffähren. Schon seit der Mitte der 1820er Jahre befuhren die Dampfboote als Hauptverkehrsmittel auch die großen Flüsse. Manche mittelwestliche Kleinstadt verdankte ihnen den Aufstieg zum kommerziellen Zentrum. Werften entstanden überall. Wichtigster Brennpunkt der ganzen Aktivität aber wurde New Orleans. Technische Verbesserungen erhöhten mit der Zeit die Reisegeschwindigkeit und Manövrierfähigkeit der Schiffe. Ihre charakteristischen äußeren Merkmale waren die riesigen Schaufelräder und die hohen, über den kunstvollen Deckaufbauten oft nebeneinander angebrachten Schornsteine. Das »Riverboat« beeindruckte manche europäischen Besucher als eine typisch amerikanische Schöpfung. Vielen Passagieren flößte es aber auch Schrecken ein. Oft ereigneten sich Zusammenstöße, zahlreiche Schiffe kenterten in Untiefen oder auf Klippen, und immer wieder explodierte ein überhitzter Dampfkessel.

Parallel zur Entwicklung der Schiffahrt lief der Ausbau der schiffbaren Flüsse und der künstlichen Wasserstraßen, die ganze Flußsysteme miteinander verbanden und den Weg zu den Atlantikhäfen öffneten. Die bedeutendste Leistung dieser Art war der Bau des Erie-Kanals, der 1817–1825 mit finanzieller Unterstützung des Staates New York und unter der tatkräftigen Führung des Gouverneurs De Witt Clinton erfolgte. Nach seiner Vollendung durchmaß der Kanal eine Strecke von etwas mehr als 350 Meilen zwischen Buffalo am Erie-See und Albany am Hudson. Durch seine Inbetriebnahme konnten die Transportkosten für Handelswaren vom Gebiet der Großen Seen bis nach New York generell auf ein Zwanzigstel reduziert werden. Dieser große Erfolg leitete das »Zeitalter der Kanäle« ein und half mit, die Stadt New York zum bedeutendsten Handels- und Finanzzentrum der Nation zu machen, zur kommerziellen Metropole, die nicht nur das rasch emporgestiegene New Orleans, sondern auch die alten Hafenstädte am Atlantik überflügelte. Zahlreiche weitere Kanäle wurden bis ca. 1840 gebaut. Wenn auch keiner die Bedeutung des Erie-Kanals erreichte, so halfen sie doch alle mit, den Westen der Besiedlung und dem Handelsverkehr zu öffnen. Ihre wirtschaftliche Bedeutung ging auch nach dem Aufkommen der Eisenbahnen nur langsam zurück.

Wenn man feststellt, daß Hunderttausende von Amerikanern im frühen 19. Jahrhundert ihre Städte und Dörfer im Osten verließen und in die Wildnis des Westens zogen, um dort einen neuen Lebensunterhalt zu finden, erhebt sich die Frage nach den allgemein vorherrschenden *Motivationen dieses Bewegungsdranges.*

Hierzu ist zunächst zu bemerken, daß sich die in Amerika geborenen Einwohner der Vereinigten Staaten mit dem Ort, wo sie aufgewachsen waren, im allgemeinen weniger eng verbunden fühlten als ihre europäischen Zeitgenossen. Sie waren die Nachkommen von Auswanderern, die diese Bindungen radikal durchschnitten hatten, und etwas von der grundsätzlichen Bereitschaft, Brücken abzubrechen und ins Unbekannte zu ziehen, war ihnen allen geblieben. Diese Bereitschaft vermischte sich meist mit dem unverwüstlichen Optimismus des Entdeckers und Kundschafters, der hinter den nächsten Hügeln immer wieder einen noch günstigeren Platz zum glücklichen Leben erwartet. Dazu kam die Tatsache, daß die amerikanische Gesellschaft von allem Anfang an eine weniger scharf abgegrenzte soziale Schichtung aufwies als diejenige irgendeiner europäischen Nation. Der einzelne veränderte seine berufliche Tätigkeit leicht und glaubte stets daran, daß es für ihn nicht nur möglich, sondern eine moralische Pflicht sei, seine soziale und wirtschaftliche Position zu verbessern. Bis zu einem gewissen Grade war dies eine Nachwirkung des puritanischen Selbstverständnisses, das sich in seiner säkularisierten Form auch auf jene vielen Amerikaner übertrug, die selber keineswegs von Puritanern abstammten.

Manchen europäischen Zeitgenossen erschienen die Amerikaner als ein unruhiges, wurzelloses und ehrgeiziges Volk. Man registrierte ihre Freude an physischer Leistung, ihren unbändigen Individualismus und ihren unerschütterlichen Glauben an eine Gesellschaftsordnung, die es jedem, der sich anstrengt, erlaubt, zu Glück, Reichtum und Ansehen zu kommen. Dies waren tatsächlich auch die wichtigsten Eigenschaften, die die Westwanderer auszeichneten, und zwar sowohl die abenteuerlustigen Pioniere als auch die hinter ihnen herziehenden Siedler, die neues und fruchtbares Land zu finden hofften.

Neben den sozialpsychologischen Voraussetzungen der Wanderungsbewegung – sie sind von kaum einem Zeitgenossen prägnanter charakterisiert worden als von Alexis de Tocqueville[2] – dürfen aber die materiellen Beweggründe nicht übersehen werden. Viele Immigranten, die die Täler des Ohio und des Mississippi besiedelten, stammten aus dem relativ wenig fruchtbaren Hinterland der Oststaaten. Die landwirtschaftliche Produktion hatte dort im allgemeinen gerade für den Selbstunterhalt gereicht, den Eintritt ins einträgliche Exportgeschäft aber nicht gestattet. Hohe Steuerlasten und mangelnde Unterstützung durch die Staatsregierungen hatten die Kleinfarmer allmählich desillusioniert. Sie fühlten sich in den Legislativbehörden ungenügend vertreten und gegenüber den wohlhabenden Bewohnern der Küstengebiete sowohl wirtschaftlich als auch politisch benachteiligt. So wuchs in ihnen der Wunsch nach Auswanderung in ein Gebiet, wo diese Mißstände nicht vorherrschten und wo der materielle Erfolg eher erreichbar schien.

Der Westen besaß zweifellos ein Übermaß an fruchtbarem Boden. Seine übrigen Schätze sollten erst später nach und nach entdeckt werden, aber er präsentierte sich schon jetzt sehr attraktiv. Der Widerstand der Indianer gegen den Vormarsch der Weißen ließ generell nach (s. u.), und im Jahre 1820 hatte ein neues Gesetz über den individuellen Landerwerb die Preise gesenkt und die bisher kleinsten Ankaufseinheiten noch weiter verkleinert (auf 80 Acres, zu 1,25 Dollar pro Acre). Dadurch wurden auch verhältnismäßig wenig bemittelte Siedler in die Lage versetzt, sich auf eigenem Grund und Boden als Farmer niederzulassen. Die überall aus dem Boden schießenden Staatsbanken gewährten Darlehen in Papiergeld zu leichten Bedingungen, und die Immigranten nahmen bereitwillig Schulden auf sich, weil sie hofften, die günstige Wirtschaftslage würde die Preise der Farmprodukte hoch halten.

Das *Leben an der »Frontier«* entsprach jedoch in den wenigsten Fällen dem, was geschäftstüchtige Landspekulanten in Zeitungsinseraten und Propagandabroschüren den interessierten Käufern vorgaukelten. Die Rodung der Wildnis erwies sich wie schon in der Kolonialzeit als eine auch für abgehärtete Männer äußerst anstrengende Arbeit. Unfälle, Krankheiten und Epidemien kamen häufig vor und forderten hohe Tribute an Menschenleben. Ungenügende hygienische Verhältnisse und einseitige Ernährung schwächten die Gesundheit der Siedlerbevölkerung ganz allgemein, und überall fehlte es an ausgebildeten Ärzten. Mehr als eine Niederlassung erlebte in den ersten Jahren ihrer Existenz eine »starving time«, wie sie die meisten Kolonien des 17. Jahrhunderts in ihren Anfängen durchgemacht

2 Alexis de Tocqueville: De la démocratie en Amérique, in: Œuvres complètes, hrsg. v. J.-P. Mayer, Paris 1961, Bd. I, 2, S. 142 ff.

hatten. Mit der Zeit besserten sich jedoch die Lebensbedingungen; Schulen und Kirchen wurden errichtet, und der Ausbau der Verkehrswege erleichterte den Zuzug neuer Siedler. Viele Dörfer und County-Hauptorte wuchsen zu beträchtlicher Größe heran, das Gewerbe hielt Einzug, und Zeitungen begannen zu erscheinen. Manche Landbewohner begnügten sich nicht mit der Bewirtschaftung kleiner und mittlerer Farmen, sondern entwickelten spezialisierte landwirtschaftliche Exportunternehmungen. Andere stiegen ins Spekulationsgeschäft ein und gelangten auf Kosten privater Käufer sowie der öffentlichen Landverteilungsämter oft zu raschem Reichtum. Zahlreiche »Land Companies« organisierten sich und planten ganze Städte. Zum Teil lösten sich diese Projekte nach kurzer Zeit ins Nichts auf, zum Teil gelangten sie aber zu rascher Blüte, besonders wenn sie an Kreuzungspunkten von Verkehrswegen lagen und See- oder Binnenhäfen angelegt werden konnten. Dies war u. a. in Cincinnati, Cleveland, Indianapolis, Chicago und St. Louis der Fall. Hierher kamen nicht nur Spekulanten, sondern kapitalkräftige Investoren, die die Entwicklung des Bankwesens, des Handels und der Industrie förderten. So wurden diese Städte in kurzer Zeit zu bedeutenden Zentren des wirtschaftlichen Lebens.
Die politischen Strukturen und Institutionen, die nach und nach im Westen entstanden, unterschieden sich jedoch nicht grundsätzlich von denjenigen des Ostens. Die allgemeine Tendenz zur Demokratisierung war nicht spezifisch westlichen Ursprungs; sie bestand im Osten bereits seit langem. Auch in sozialer und kultureller Hinsicht blieb der Westen vom Osten abhängig. Das war keineswegs verwunderlich, denn die Einwanderer lehnten ja die Struktur der oststaatlichen Gesellschaft nicht grundsätzlich ab. Was sie nicht befriedigte und zum Verlassen ihrer Heimstätten veranlaßte, war die Position, die sie selbst in dieser Gesellschaft einnehmen mußten bzw. nicht verbessern konnten.
Dennoch waren die *Auswirkungen* der »Frontier« auf die Lebensweise und die Anschauungen der Amerikaner schon in der ersten Hälfte des 19. Jahrhunderts von nicht zu unterschätzender Bedeutung. Das Fehlen lokaler Traditionen, die geographische Distanz zu den alten Zentren der Republik, aber auch die stets bestehende Notwendigkeit, das erschlossene Land zu behaupten und zu verteidigen, machten den Westen zu einer Region (»Section«), in der der Nationalismus, aber auch der Lokalpatriotismus besonders ausgeprägte Formen annahmen. Daß der Kampf gegen die Unbill der Wildnis den Individualismus und das demokratische Denken stärkte, ist ebensowenig zu bezweifeln wie die Tatsache, daß sich an der »Frontier« manche traditionellen Wertbegriffe und Tabus der

abendländischen Zivilisation als bedeutungslose Formeln erwiesen. Obwohl auch der amerikanische Westen keine wirklich egalitäre Gesellschaft formierte, trug er doch wesentlich dazu bei, die sozialen Unterschiede noch weiter abzubauen und die Vorstellungen vom Recht auf Chancengleichheit zu festigen. Vor allem aber wurde seine Erschließung zu einer der wichtigsten Voraussetzungen für das unaufhaltsame wirtschaftliche Wachstum der amerikanischen Republik und für den stetig ansteigenden Lebensstandard ihrer Bevölkerung.

Als der Historiker Frederick Jackson Turner am Ende des 19. Jahrhunderts die »Frontier« als das fundamentale Phänomen beschrieb, von dem aus die gesamte Entwicklung der amerikanischen Gesellschaft in Vergangenheit und Gegenwart verstanden werden müsse, verfiel er – wie seine späteren Kritiker überzeugend nachgewiesen haben – in manchen Punkten der Übertreibung und dem Irrtum. Er hatte aber sicher recht, wenn er feststellte, die Begegnung mit der »Frontier« habe den Westen als Region entscheidend geprägt, das soziale und wirtschaftliche Verhalten seiner Bevölkerung vereinheitlicht und die in der amerikanischen Lebensweise bereits vorhandene Tendenz zur Mobilität und zum Pragmatismus nachhaltig gestärkt.[3]

Zu den dunkelsten Kapiteln der Geschichte der Westexpansion gehört unzweifelhaft das Schicksal der *Indianer*. Hier wirkte sich der Individualismus und der unersättliche Landhunger der vordringenden »Frontiersmen« in brutalster Weise aus. Da die Indianer kein Stimmrecht besaßen, beschäftigte sich keine politische Partei mit ihnen, und die wenig energische Indianerpolitik der Bundesregierung stand unter keinerlei Druck. Wohl waren mit einzelnen Stämmen im Gebiet zwischen Appalachen und Mississippi seit dem späten 18. Jahrhundert Landnahmeverträge abgeschlossen worden, aber diese wurden immer wieder gebrochen, und die Eingeborenen sahen sich stets um die versprochenen Entschädigungen geprellt. Sie verloren ihre Jagdgründe und damit auch die Möglichkeit, sich zu ernähren und zu bekleiden. Um diese Probleme kümmerten sich die weißen Siedler jedoch nicht. Sie waren überzeugt von ihrem Recht, ja von ihrer Pflicht, die Wilden zu verjagen, da diese das Land ja nicht erschlossen und seine Fruchtbarkeit nicht ausnützten. Solche Argu-

3 Frederick Jackson Turner: The Significance of the Frontier in American History, in: American Historical Association: Annual Report for 1893, Washington, D.C., 1894, S. 119–227; auch abgedruckt in: F. J. Turner: Frontier and Section, ed. by Ray A. Billington, Englewood Cliffs, N.J., 1961, S. 37–62. Eine gute Übersicht über die Diskussion um die Turner-These bietet Ray A. Billington: The American Frontier Thesis: Attack and Defense; Washington, D.C., [3]1971, (= American Historical Association Pamphlets 101).

mentation verriet das Fehlen jedes Verständnisses für die Denkweise der Indianer. Sie richtete sich insbesondere gegen die Jägerstämme, aber mit der Zeit wurden auch die Ackerbau treibenden Völker aus ihren Gebieten verdrängt. Wenn die Indianer organisierten Widerstand zu leisten begannen, kam es stets zu blutigen Konfrontationen. Daß der englisch-amerikanische Krieg von 1812 bis 1814 in den westlichen Staaten und Territorien als Erfolg angesehen wurde, war in erster Linie den Siegen William Henry Harrisons über die aufständische Shawnee-Konföderation zuzuschreiben (1811, 1813). Was im Nordosten gelungen war, brachte General Andrew Jackson wenig später auch gegen die Creeks in Alabama (1814) und gegen den Seminole-Stamm in Florida (1818) zustande.

Die Folge dieser für die betroffenen Stämme äußerst verlustreichen Niederlagen war ein allgemeines Nachlassen des Widerstandes. Schon seit dem Anfang des 19. Jahrhunderts hatten einzelne amerikanische Politiker die Möglichkeit erwogen, die Indianer in ihrer Gesamtheit westlich des Mississippi anzusiedeln. Im Jahre 1830 – also während der ersten Präsidentschaft Jacksons – beschloß der Kongreß die Durchführung dieser *Massendeportation* und reservierte gleichzeitig von Oklahoma bis Wisconsin große Landstriche, in denen sich die verdrängten Stämme permanent niederlassen sollten. In einzelnen Fällen erhob sich heftiger Widerstand gegen die Umsiedlung. Um 1832 kehrten die Sauk- und Fox-Indianer unter ihrem Häuptling »Black Hawk« nach Illinois zurück, wurden aber rasch und erbarmungslos wieder nach Westen getrieben. Im Süden führten die Seminoles von 1835 bis 1843 einen zweiten Krieg gegen die Weißen, während die als Ackerbauern bereits recht wohlhabenden Cherokees den Obersten Gerichtshof anriefen und auch ein für sie günstiges Urteil erreichten. Die Erfolge waren jedoch nicht dauerhaft. Die Seminoles wurden schließlich doch geschlagen, und der Staat Georgia, in dem die Cherokees wohnten, konnte das Bundesgerichtsurteil ignorieren, weil Präsident Jackson keine Anstalten machte, seine Durchführung zu erzwingen. Um 1845 waren die meisten Indianer aus den Gebieten östlich des Mississippi verschwunden. Überreste hielten sich nur in wenigen älteren Reservaten.

Die Wanderung der Vertriebenen in die ihnen zugewiesenen Gebiete westlich des Mississippi ging aber auch nicht problemlos vor sich, denn die »Plains Indians« empfingen die Neuankömmlinge keineswegs als Brüder, sondern widersetzten sich ihrer Niederlassung. Es kam immer wieder zu blutigen Zusammenstößen und Kriegen, gegen die auch das 1832 eingesetzte »Bureau of Indian Affairs« kaum etwas ausrichten konnte. Die Hauptaufgabe dieser Bundesinstitution bestand im Schutz der Indianer gegen weitere Ausbeutung durch die Weißen. Aber auch hier war kein Erfolg zu erreichen, als der Vorstoß einmal richtig einsetzte. Zur Zeit des California-Goldrausches (1849) strömten Tausende von Pionieren und Glückssuchern durch das Indianerland und richteten unermeßliche Schäden an, indem sie wiederum ohne Rücksicht die Wildbestände dezimierten. Entschädigungsforderungen einzelner Stämme wurden zwar in Washington anerkannt, aber nur sehr widerstrebend und rudimentär erfüllt. Dennoch bewiesen die Indianer eine bemerkenswerte Geduld, und erst in den 1850er Jahren begannen sie sich allmählich wieder zu organisiertem Widerstand zu ermannen.

Die *Erkundung des Fernen Westens* hatte schon kurz nach 1800 eingesetzt. Eine erste und wesentliche Initiative war von Jefferson ausgegangen, der die Expedition von Meriwether Lewis und Thomas Clark (1804–1806) unterstützt und mit einer Subvention der Bundesregierung versehen hatte. Lewis und Clark waren den Missouri aufwärts gezogen, hatten die Rocky Mountains überquert und den Pazifik an der Küste des Columbia River erreicht. Das berühmte Unternehmen hatte nicht nur viele wissenschaftliche Entdeckungen erbracht, sondern auch die Grundlage für eine bedeutsame Ausdehnung des amerikanischen *Pelzhandels* geschaffen. Nach seiner Rückkehr von der monatelangen Fahrt durch die Wildnis rief Clark die Missouri-Pelzhandelsgesellschaft ins Leben und errichtete zu ihrem Schutze diesem Fluß entlang eine Reihe von Stützpunkten. Kurz darauf wurde John Jacob Astor mit seiner »Pacific Fur Company« im Nordwesten aktiv. Er ließ um 1811 an der Columbia-Mündung vom Meere her den Handelsstützpunkt Astoria errichten und verstärkte ihn im folgenden Jahre durch eine Landexpedition. Schon vorher waren weitere Unternehmungen erfolgt, die sowohl der geographischen Erforschung als auch kommerziellen Interessen dienten. Schon um 1805/1806 hatte Zebulon M. Pike eine Expedition in das Gebiet von Colorado geführt und war bis ins Tal des Rio Grande gelangt (wo ihn allerdings die Spanier für einige Zeit festsetzten). Kurz darauf war ein anderer Kundschafter erstmals in die Gegend des heutigen Yellowstone Park vorgestoßen. Um 1824 entdeckte der Pelzhändler James Bridger den Großen Salzsee, und zehn Jahre danach überschritt ein anderer »Mountain man« namens Joseph R. Walker erstmals von Osten her die Sierra Nevada. Wiederum ein Jahrzehnt später unternahm John C. Frémont im Auftrag der Regierung drei aufsehenerregende Expeditionen, die ihn durch weite Teile der Rocky Mountains bis nach California führten. Seine kartographischen Aufnahmen und Reiseberichte wurden zu unentbehrlichen Informationsquellen und Hilfsmitteln für die Siedler, die

in den 1840er und 1850er Jahren in immer größerer Zahl auf dem *»Oregon Trail«* nach dem Fernen Westen zogen.
Die allmähliche Durchdringung der Rocky Mountains war hauptsächlich von kommerziellen Unternehmungen gefördert worden. Aber auch missionarische Aktivität trug wesentlich dazu bei; sie wurde sowohl von protestantischen Kirchen als auch von katholischen Organisationen wie der Societas Jesu getragen. Die Berichte der Missionare stießen im Osten und im Mississippital auf großes Interesse; sie verbreiteten die Vorstellung von Oregon als einem neuen Garten Eden und intensivierten so ebenfalls die Einwanderung.
Die wohl erstaunlichste aller Siedlungsunternehmungen in den westlichen Berggebieten war diejenige der *Mormonen.* Die »Kirche Jesu Christi der Heiligen der letzten Tage« war 1830 im Staate New York entstanden und folgte anfänglich dem Visionär Joseph Smith. Bald verschob sich ihr Zentrum nach Ohio und dann infolge von Konflikten mit anderen Siedlern nach Illinois. Auch hier kam es nach kurzer Zeit zu Zerwürfnissen mit den Behörden, mit Angehörigen anderer Denominationen und unter den Mormonen selbst. Besonderes Ärgernis bildete die von John Smith gestattete (aber später wieder aufgegebene) Praxis der Polygamie. Nach schweren Tumulten, in deren Verlauf die Staatsmilizen von Illinois eingesetzt wurden und Smith ums Leben kam (1844), zog die Gemeinschaft 1846/1847 unter Führung des fähigen Brigham Young in das Gebirge des Westens. Am Großen Salzsee errichtete sie ihre permanente Niederlassung Salt Lake City als Zentrum einer Landwirtschaftskolonie, die in wenigen Jahren zu hoher Blüte emporwuchs und vom Kongreß schon um 1850 als Territorium Utah anerkannt wurde. Die Mormonenkirche sollte in diesem neuen »Land of the Saints« ihre beherrschende Bedeutung stets bewahren und nicht nur das religiöse, sondern auch das wirtschaftliche und das politische Leben bestimmen.
Durch den Vorstoß zur pazifischen Küste im Gebiet des späteren Staates Oregon waren die (nie genau festgelegten) Grenzen des »Louisiana Purchase« bereits überschritten worden. In den frühen 1830er Jahren begann außerdem die Einwanderung amerikanischer Siedler und Handlungsunternehmer in das mexikanische California, und es dauerte nicht lange, bis sich unter ihnen der Wunsch verbreitete, das fruchtbare Land unter amerikanische Kontrolle zu bringen.
Die erste große Gebietserweiterung seit dem Ankauf von Louisiana ergab sich der Republik jedoch durch die *Annexion von Texas* (ca. 270000 Quadratmeilen).
Die Grenze zwischen den USA und dem spanischen Kolonialgebiet war in dem bereits erwähnten Adams-Onís-Vertrag festgelegt worden, der 1821 in Kraft trat. Sie verlief dem Sabine River entlang nach

Norden, dann über den Kamm der Rockies bis zum 42. Breitengrad und von dort nach Westen bis zum Pazifik. Die amerikanische Regierung hatte auf das Gebiet von Texas verzichtet, und als Mexiko unabhängig wurde, blieb es innerhalb der Grenzen des neuen Staates. Nun hatte aber Texas viele amerikanische und englische Siedler angezogen, die große Landstriche erwerben konnten und sich mit Erfolg der Baumwollpflanzung und der Viehzucht widmeten. Als die mexikanische Regierung unter dem Präsidenten Santa Anna jedoch ihre Wünsche nach regionaler Autonomie nicht erfüllen wollte, kam es zu Reibungen und Konflikten, die im Frühjahr 1836 zum Aufstand der Texaner führten. Santa Anna zog mit einem großen Heer heran und errang zunächst einige Erfolge. Unter anderem gelang es ihm, eine texanische Garnison in der Alamo-Mission von San Antonio völlig aufzureiben. Wenige Wochen später fügten ihm indessen die Aufständischen unter ihrem General Sam Houston bei San Jacinto eine entscheidende Niederlage zu (21. April 1836). Er wurde gefangengenommen und zur Unterzeichnung eines Vertrags gezwungen, in dem er versprechen mußte, seine Regierung werde die Unabhängigkeit der *Republik Texas* anerkennen. Eine bereits vorbereitete Verfassung (die u. a. die Sklaverei legalisierte) wurde in Kraft gesetzt und Houston zum Präsidenten gewählt. Die Republik zog viele neue amerikanische Siedler an und blühte rasch auf. Der Anschluß an die USA wurde von Anfang an allgemein gewünscht und auch von Houston befürwortet. Viele amerikanische Politiker wehrten sich jedoch dagegen. Ihr Widerstand entsprang zum Teil der Besorgnis über die Möglichkeit eines Krieges mit Mexiko, zum Teil aber auch der Furcht vor einer Vermehrung der Sklavenhalterstaaten. Daß die Frage der Annexion von Texas in die Diskussion um die Sklaverei hineingezogen wurde, war an sich begreiflich. Ihre Lösung wurde dadurch aber um fast zehn Jahre verzögert. Es waren hauptsächlich wirtschaftspolitische Erwägungen, die mit der Zeit einen Umschwung der Meinungen herbeiführten. Als in den Präsidentschaftswahlen von 1844 der Expansionist James K. Polk aus Tennessee über den vorsichtigeren Henry Clay siegte, war eine wichtige Vorentscheidung gefallen. Die Annexion wurde am 1. März 1845 durch eine gemeinsame Resolution beider Häuser des Kongresses vollzogen, allerdings gegen eine immer noch starke Opposition der sklavenfreien Staaten. Das folgende Jahr brachte auch die endgültige Festsetzung der amerikanisch-kanadischen Grenze in Oregon: sie wurde auf dem 49. Breitengrad aus dem Landesinnern bis zur Pazifikküste weitergezogen. Sowohl in der Texas- als auch in der Oregon-Frage waren britische Widerstände erstmals mit der Berufung auf die Monroe-Doktrin zurückgewiesen worden.

Die Erfolge der Westexpansion stärkten in den 1830er und 1840er Jahren in großen Teilen der amerikanischen Bevölkerung die Überzeugung, die Erschließung des Kontinents bis zum Pazifik sei eine Aufgabe der Nation, die allen Einwohnern zum Heil gereiche und nur von amerikanischen Pionieren, Siedlern, Kaufleuten und Politikern vollbracht werden könne. Die Neigung zum Expansionismus war in der Geschichte der USA an sich keineswegs neu, aber sie wurde nunmehr erstmals von deutlich vernehmbaren Untertönen des Chauvinismus und des angelsächsischen Superioritätsbewußtseins begleitet. Außerdem erhielt sie im Jahre 1845 in dem Begriff *»Manifest Destiny«* ein attraktives und publikumswirksames Etikett. Ihr Schöpfer war der Journalist John L. O'Sullivan, der in einem Artikel der *»Democratic Review«* erklärte, die Erschließung und der Besitz des Kontinents sei die »offenkundige Bestimmung« der Vereinigten Staaten. Das Bekenntnis zum »Manifest Destiny« beinhaltete aber nicht nur die Unterstützung der Machtausdehnung der Republik, sondern auch die Verpflichtung, an der Verbreitung der in den alten Staaten bereits erprobten demokratischen Institutionen mitzuwirken. Das »great experiment of liberty and federated self-government« sollte in allen neuen Teilen der Nation weitergeführt werden. Diesem Programm haftete bei all seinen säkularen und rein machtpolitischen Triebkräften immer noch etwas von dem heiligen Eifer an, mit dem die puritanischen Kolonisten Neuenglands den Ausbau ihrer »City upon a Hill« betrieben hatten. War es damals darum gegangen, der übrigen Welt das amerikanische Beispiel der wahren christlichen Gemeinde vor Augen zu führen, so bemühte man sich jetzt, ein weithin leuchtendes Exempel für politische Demokratie zu statuieren und zu beweisen, daß diese den Menschen überall Glück und Freiheit bringen konnte. Wenige Jahrzehnte später sollte der Begriff »Manifest Destiny« mit genau denselben Implikationen auch zur Rechtfertigung der außerkontinentalen Expansion der USA benutzt werden (s. u.).

Wenn man feststellt, daß sich der amerikanische Westen in der ersten Hälfte des 19. Jahrhunderts innerhalb der Gesamtnation zur Region mit mehr oder weniger einheitlicher Sozialstruktur und wirtschaftlicher Zielsetzung entwickelte, so ist nicht zu übersehen, daß in der gleichen Zeit auch die regionalen Besonderheiten der Süd- und Nordoststaaten eine schärfere Ausprägung erfuhren.

Zunächst sei ein kurzer Blick auf die *Verhältnisse des Südens* gerichtet: Die Besiedlung von Alabama, Mississippi und Louisiana gehörte ursprünglich in den Zusammenhang der allgemeinen Westwanderung. Die ersten weißen Bewohner dieser Gebiete waren hauptsächlich Kleinfarmer aus Virginia und den Carolinas, deren Existenzprobleme sich von denjenigen der Siedler nördlich des Ohio kaum unterschieden. Mit der Einführung der *Baumwollpflanzung* näherte sich der Südwesten aber dem Südosten und verschmolz mit ihm zur regionalen Einheit. Die Baumwollproduktion hatte seit der Einführung der von Eli Whitney erfundenen Entkörnungsmaschine, wie bereits erwähnt, einen ungeheuren Aufschwung genommen. In den frühen 1820er Jahren erreichte sie bereits das Fünfzigfache ihres Umfangs von 1793. Da die Baumwollpreise vor 1837 selten unter 15 Cents pro Pfund sanken, sondern oft sehr viel höher lagen, war es begreiflich, daß sich auch die Farmer des Südwestens immer mehr auf dieses Produkt spezialisierten. Der Boden erwies sich fast überall als äußerst fruchtbar, und seit 1815 vereinheitlichte sich die wirtschaftliche Struktur des ganzen »Cotton Kingdom« mit zunehmender Geschwindigkeit. In den folgenden Jahrzehnten wurde die südstaatliche Baumwollproduktion zu einem Hauptfaktor der nationalen Marktwirtschaft. Sie machte mehr als die Hälfte des gesamten amerikanischen Exports aus und finanzierte einen bedeutenden Teil der Warenimporte. Außerdem bildete der wirtschaftlich einseitige Süden einen zuverlässigen Absatzmarkt für die Industrieprodukte des Nordens, geriet mit der Zeit aber immer mehr in direkte Abhängigkeit von den nordstaatlichen Finanz- und Handelszentren.

Der Süden war vom Norden durch keine natürlichen Grenzen getrennt; er stellte weder eine geographische noch eine klimatische Einheit dar. Die Minderheit seiner weißen Bewohner bestand wie im Norden und im Westen aus Farmern, die ihre kleinen und mittelgroßen Höfe als unabhängige Eigentümer bewirtschafteten. Die reichen Plantagenbesitzer bildeten überall eine kleine, wenn auch mächtige Minderheit. Die Südstaaten profitierten im allgemeinen weniger von den Verbesserungen der Verkehrswege als der Westen. Der Reichtum war ungleichmäßiger verteilt, die Gesellschaftsordnung statischer und die soziale Mobilität weniger ausgeprägt. Im Gegensatz zu den anderen Regionen gaben die Bewohner des Südens auch im 19. Jahrhundert weniger Geld für Erziehung und Bildung aus. Das Analphabetentum war weiter verbreitet als im Westen und Norden; die »Poor Whites« hatten am allgemeinen wirtschaftlichen Aufschwung keinen Anteil. Nach wie vor gab es nur wenige größere Städte, und die Entwicklung der lokalen Industrie blieb durchweg bescheiden.

Alle diese Merkmale waren jedoch von sekundärer Bedeutung. Die wichtigste regionale Besonderheit des Südens bestand im Fortleben der *Negersklaverei.* Seit sie im Norden abgeschafft war, konnte sie mit Recht als die *»Peculiar Institution«* des Südens bezeichnet werden. Sie identifizierte die Einheit der Region nicht nur nach außen, sondern gab auch ihren Bewohnern das mehr oder weniger belastende Bewußtsein, vom Rest der Nation getrennt zu leben. Die Grenze zwischen Norden und Süden war die Grenze zwischen den sklavenfreien und den sklavenhaltenden Staaten. Sie verlief zwischen Pennsylvania und Maryland auf der sogenannten »Mason-Dixon-Linie« bis nach Wheeling, folgte von dort dem Ohio bis zu dessen Vereinigung mit dem Mississippi und sollte später im Westen auch noch die Staaten Missouri und Texas umschließen.

Daß nicht alle Sklaven von ihren Besitzern unmenschlich behandelt wurden und daß ihr Los in den südöstlichen Staaten meist erträglicher war als in den südwestlichen, erscheint in der historischen Rückschau weniger wichtig als die Tatsache, daß die »Peculiar Institution« in den amerikanischen Südstaaten überhaupt bis in die zweite Hälfte des 19. Jahrhunderts hinein Bestand hatte. Daß sie zu den Grundideen der amerikanischen Demokratie in eklatantestem Widerspruch stand, war nicht zu leugnen, und der Druck dieses Widerspruchs wirkte sich auf manche politischen Reaktionen und Verhaltensnormen der südstaatlichen Gesellschaft immer dann besonders augenfällig aus, wenn diese mit der Kritik an ihrem hauptsächlichen Mißstand konfrontiert wurde. Die Verteidiger der Sklaverei argumentierten stets mit der generellen Inferiorität der schwarzen Rasse und wiesen darauf hin, daß die Freilassung der Neger zum Zusammenbruch nicht nur der südstaatlichen, sondern der gesamten amerikanischen Gesellschaftsordnung führen müsse. Wenn dann gar noch das Beispiel der griechischen und römischen Antike zur Rechtfertigung herangezogen wurde (was u. a. durch den ebenso gelehrten wie eloquenten John C. Calhoun geschah), ließ sich manches schlechte Gewissen erleichtern, und auch im Norden war nicht jedermann völlig unempfänglich für die Doktrin von der natürlichen Superiorität der weißen Rasse.

Entscheidend aber war der Umstand, daß die Sklaverei rentabel blieb und die Blüte der südstaatlichen Landwirtschaft am Leben erhielt. Wohl war nicht jeder Sklavenhalter ein reicher Mann, aber die Investitionen lohnten sich im ganzen gesehen doch, und zwar auch für mittlere und kleinere Farmbetriebe. Daß die Sklaverei von den Südstaaten nicht freiwillig aufgehoben wurde, ist im Grunde leicht zu erklären: Es gab keine wirtschaftlich zwingenden Gründe, die ihre Aufhebung in den Augen der Sklavenbesitzer gerechtfertigt hätten.[4]

4 Zur Debatte über die Bedeutung und Rentabilität der Sklaverei vgl. die Abschnitte von John W. Blassingame und Robert W. Johannsen in: The Reinterpretation of American History and Culture, a.a.O. S. 58 ff. bzw. 329 ff. Als besonders wichtiger Diskussionsbeitrag darf das auf den quanti-

Gerade weil sie die »Peculiar Institution« nur einer Region war, konnte und mußte die Sklaverei zur Gefahr für die Existenz der Union werden. Erste Anzeichen hierfür hatten sich im Kongreß schon in den 1790er Jahren bemerkbar gemacht. Was die sklavenfreien Staaten besonders irritierte, war der scheinbar unaufhaltsame Vormarsch der Sklaverei in den südlichen Mittelwesten. Um 1819 hatte die Union den Bestand von 22 Staaten erreicht: Elf erlaubten die Sklaverei, in den elf anderen war sie verboten. Dieses Gleichgewicht war gestört worden, als sich das *Missouri*-Territorium zur Aufnahme in die Union anmeldete, und zwar als sklavenhaltender Staat. Das Repräsentantenhaus hatte seine Zustimmung von der Bedingung der graduellen Aufhebung der Sklaverei im neuen Staate abhängig gemacht und damit eine heftige regionalistische Debatte ausgelöst, in welcher die Vertreter des Südens als eifrige Verteidiger der einzelstaatlichen Selbstbestimmungsrechte hervortraten. Der Kompromiß, auf den man sich schließlich einigte (1820), bestand darin, daß gleichzeitig mit Missouri (wo die Sklaverei erlaubt blieb) auch Maine als sklavenfreier Staat in die Union aufgenommen wurde. Ein Zusatzbeschluß des Kongresses setzte fest, daß alle in Zukunft auf dem Gebiet des »Louisiana Purchase« entstehenden Staaten nördlich der Linie 36° 30' sklavenfrei sein sollten. Als die Südstaaten dem *Missouri-Kompromiß* zustimmten, war zwar das Gleichgewicht wiederhergestellt, aber der Konflikt bestand latent weiter. Er mußte sofort wieder aufbrechen, wenn die Expansion der USA über das Territorium des »Louisiana Purchase« hinausging. Dies sollte bei der Annexion von Texas, vor allem aber in den Diskussionen um die Aufnahme des Staates California deutlich werden.

Unsere Erörterungen der Westexpansion und der Entstehung des Regionalismus haben schon mehrfach die Tatsache gestreift, daß sich in den ersten Jahrzehnten des 19. Jahrhunderts auch in den *nordöstlichen Atlantikstaaten* eine wirtschaftliche und soziale Sonderentwicklung abzeichnete. Sie war in erster Linie durch die *Anfänge der Industrialisierung* charakterisiert, deren Voraussetzungen bereits vor dem Krieg von 1812–1814 entstanden waren. Der einträgliche Überseehandel hatte die notwendigen Kapitalien akkumuliert und die Gründung von Banken und anderen Finanzorganisationen mit sich gebracht, die die Entwicklung der Industrie för-

fizierenden Untersuchungsmethoden der »New Economic History« basierende Werk von Robert W. Fogel & Stanley L. Engerman: Time on the Cross: The Economics of American Negro Slavery, 2 Bde., Boston 1974, bezeichnet werden. Von grundlegender Bedeutung ist auch Eugene D. Genovese: Roll, Jordan Roll – The World the Slaves made, New York 1974.

dern konnten. In den verhältnismäßig großen städtischen Zentren fand diese ihre ersten lokalen Absatzmärkte, und die Küstenschiffahrt sowie die »Turnpikes« erleicherten die Warenlieferungen in benachbarte Städte und Regionen. Die wichtigsten Rohstoffe – Baumwolle aus dem Süden und Eisen aus Pennsylvania – konnten ebenfalls ohne allzu große Transportschwierigkeiten beschafft werden. Dasselbe galt für die Kohle, die wie das Eisen aus Pennsylvania kam. In den Jahren nach 1815 überflügelten Gewerbe und Industrie als wirtschaftliche Hauptaktivitäten allmählich den Handel. Dieser bedeutungsvolle *Umschwung* spiegelt sich besonders anschaulich in den Kongreßdebatten über die Schutzzollpolitik wider. Solange die Nordoststaaten vornehmlich auf den Handel ausgerichtet waren, kämpften ihre Vertreter für niedrige Zölle auf fremden Importwaren. Als aber die Industrie allmählich das Wirtschaftsleben zu beherrschen begann, veränderte sich ihre Haltung, und sie wurden zu Protektionisten. Ein berühmtes Beispiel hierfür bildet die politische Wirksamkeit des großen Juristen und Redners Daniel Webster, der sich im Repräsentantenhaus und im Senat stets als einflußreicher Advokat der Interessen Neuenglands hervortat. Von 1816 bis 1824 donnerte er unaufhaltsam gegen die Unbilligkeit der Schutzzölle, unterstützte aber das protektionistische Zollgesetz von 1828 und änderte von da an seinen Standpunkt nicht mehr.
Der allgemeine wirtschaftliche Strukturwandel war auch durch zahlreiche technologische Neuerungen gefördert worden. Wohl waren die meisten großen Erfindungen der Zeit europäischen Ursprungs, aber die Amerikaner erwiesen sich als überaus geschickte Vollender und Verbesserer der Maschinen und Werkzeuge, die sie aus Europa bezogen. So wurde die Nutzbarmachung der Dampfkraft auch abgesehen vom Schiffsbau in mancher Beziehung verfeinert und rationalisiert. Schon um 1804 hatte Oliver Evans eine Hochdruck-Dampfmaschine entwickelt, die alsbald für zahlreiche industrielle Zwecke verwendet wurde und u.a. Sägewerke, Mühlen und Druckerpressen antrieb. Neben vielen Spezialmaschinen verschiedenster Art wurden namentlich Aushubbagger für den Kanal- und Straßenbau konstruiert, und schon in den frühen 1830er Jahren entstand in Philadelphia die erste Werkstätte für den Bau von Lokomotiven. Die Idee der normierten Bestandteile war schon in Frankreich durchdacht worden; sie wurde aber von dem bereits erwähnten amerikanischen Erfinder Eli Whitney erstmals praktisch verwirklicht und nach seinen Ideen bei der Massenherstellung von Schußwaffen, Werkzeugen aller Art, Schlössern und Uhren angewandt.
Das *Fabriksystem* war für die Textilherstellung bereits zur Zeit der Präsidentschaft Washingtons eingeführt worden. Erste Baumwoll-

und Wollspinnereien verdankten ihre Entstehung dem Unternehmungsgeist englischer Einwanderer. Nach 1814 begann sich besonders die *Baumwollindustrie* rasch und erfolgreich auszubreiten; auch sie profitierte von zahlreichen technischen Neuerungen und Verbesserungen. Um 1840 waren in Neuengland bereits über 2 Millionen mechanisch angetriebene Spindeln in Betrieb. Aus Einzelfirmen und Familienunternehmen entstanden mit der Zeit mächtige Korporationen, so z. B. die von Francis Cabot Lowell zusammen mit einer Gruppe reicher Kaufleute gegründete »Boston Manufacturing Company« (1813). Dies war das erste Unternehmen, in welchem die gesamte Verarbeitung der Baumwolle bis zum fertigen Tuch durchgeführt wurde. Um 1822 erfolgte die Verlegung der Hauptproduktionsstätten von Waltham in die neugegründete Stadt Lowell, die bald als das »Manchester von Massachusetts« bezeichnet wurde. Mit seinen zahlreichen Filialen und Tochtergesellschaften verbreitete sich der Konzern im ganzen Nordosten Neuenglands. Neben der Textilindustrie wuchsen auch andere Industriezweige zu beträchtlicher Bedeutung heran; ganz besonders galt dies für die Metallverarbeitung. Eisenwerke und Gießereien entstanden in großer Zahl hauptsächlich im westlichen Pennsylvania. Pittsburgh wurde zum ersten bedeutenden Zentrum der Schwerindustrie, die sich allmählich auch immer weiter nach Westen ausbreitete. Der große Aufschwung erfolgte hier allerdings erst nach 1840. Zu den wichtigsten technologischen Neuerungen gehörten die Verwendung von Steinkohle anstelle der Holzkohle, die Einführung der geschlossenen Hochöfen und die Verbesserung der Rollsysteme. Ebenfalls nach 1840 erlebte die Maschinenindustrie eine neue Periode der Expansion. Sie war u. a. dadurch gekennzeichnet, daß nun die Massenproduktion von Landwirtschaftsmaschinen einsetzte, die im Laufe des vorangegangenen Jahrzehntes entwickelt worden waren. (Dazu gehörte vor allem Cyrus H. McCormicks Mähmaschine sowie der von John Deere konstruierte Stahlpflug.)

Um 1840 waren die vollen Auswirkungen der industriellen Revolution in den Vereinigten Staaten noch nicht sichtbar. Im ganzen gesehen war die Republik immer noch in erster Linie auf die Landwirtschaft hin ausgerichtet. In manchen Bereichen des ökonomischen Lebens fehlte es an Organisation und regionaler Zusammenarbeit; Rationalisierung und Zentralisierung waren noch nicht zum allgemein vorherrschenden Bedürfnis geworden. Der wirtschaftliche Wachstumsprozeß stand erst in seinen Anfängen. In den Rezessionen der Jahre 1819 und 1837 war er wohl verlangsamt, aber nicht aufgehalten worden. Alles deutete darauf hin, daß er auch weiterhin andauern werde, so lange wenigstens, als die Existenz der Union nicht von innen heraus bedroht wurde. Gerade hier aber lauerten Gefahren, die nicht zu unterschätzen waren.

Sie wurzelten alle im Phänomen des Regionalismus (»Sectionalism«), d.h. in dem immer ausgeprägtere und schärfere Formen annehmenden sozialen, wirtschaftlichen und kulturellen Selbstbewußtsein der drei großen Regionen des Südens, des Westens und des Nordostens. Expansion wurde überall gefördert und betrieben. Im Westen und auch im Süden war sie hauptsächlich durch die Erschließung neuen Landes bestimmt, im Nordosten durch das Streben nach Erhöhung der industriellen und gewerblichen Produktionskapazität. In der Verfechtung der agrarischen Interessen und in der Ablehnung einer allzu starken Bundesregierung fand sich der Westen mit dem Süden einig, sonst aber tendierte er zur Annäherung an den zur Industrialisierung übergehenden Nordosten. Die Kluft zwischen dem Süden einerseits und dem Westen und dem Nordosten andererseits vertiefte sich vor allem im Gegensatz der Sozialstruktur: Der statischen Ordnung des Südens traten die beiden anderen Regionen mit kraftvoller Dynamik entgegen, der stets krisenanfälligen wirtschaftlichen Einseitigkeit mit dem Streben nach wirtschaftlicher Vielfalt. Nirgends wurde dies deutlicher als in der Art und Weise, wie das Problem des notorischen Arbeitskräftemangels zu lösen versucht wurde: Die nördlichen Regionen förderten die Spezialisierung, die Arbeitsteilung und vor allem die Mechanisierung der Produktion, während der Süden – abgesehen von ganz wenigen Ansätzen in dieser Richtung – an der Handarbeit, und zwar an der unfreien Handarbeit, festhielt.

Die unausbleibliche Folge war die allmähliche Verschiebung des wirtschaftlichen Kräfteverhältnisses zugunsten des Nordostens und des Westens.

3. Die Demokratie Jacksons

Die im vorigen Abschnitt versuchte Überschau über die Ausbildung des Regionalismus mag die Konturen etwas zu stark gezogen haben, denn die notgedrungene Beschränkung auf das Typische bringt stets eine gewisse Gefahr der Überzeichnung mit sich. Es ist nicht zu verkennen, daß das Leben der amerikanischen Republik trotz der Vertiefung der regionalen Konflikte bis weit in die 1850er Jahre hinein auch noch von vielen vereinigenden Kräften mitbestimmt wurde. Zu ihnen gehört die neue demokratische Strömung, die von ca. 1820 an den gesamten amerikanischen Mittelstand erfaßte und seine geistigen, sozialen und wirtschaftlichen Lebensbereiche durchdrang.

Man kann sie mit dem ursprünglich nur für die Politik geprägten Begriff *»Jacksonian Democracy«* bezeichnen. Sie war eine nationale Bewegung, die in ihrem Ursprung mit keiner einzelnen Region zu identifizieren ist, wenn sie auch mit der Zeit ebenfalls zur Verschärfung der regionalen Differenzen beitragen sollte. Die »Jacksonian Democracy« charakterisiert nicht nur die beiden Amtsperioden Andrew Jacksons (1829–1837). Sie wurde in einigen typischen Erscheinungsformen schon vorher sichtbar und bildete spätestens seit 1824 ein Hauptelement im Kräftespiel der amerikanischen Innenpolitik. Auch nach 1837 wirkte sie weiter. Martin Van Buren kann als eigentlicher Schüler Jacksons bezeichnet werden; dasselbe gilt in mancher Beziehung von John Tyler, James K. Polk und später auch von Franklin Pierce und James Buchanan, dem Vorgänger Abraham Lincolns.

In den Präsidentschaftswahlen von 1824 hatte John Quincy Adams hauptsächlich mit der Hilfe von Henry Clay den Durchbruch der demokratisch-mittelständischen Welle noch einmal aufhalten können. Die Grenzen der Parteiformationen waren damals schon weitgehend verschwommen. Adams vertrat die kommerziellen Interessen Neuenglands, Clay war ein Vertreter des Westens, aber hauptsächlich der finanzkräftigen und wohlhabenden Oberschicht. Als Präsident war der bedeutende Außenpolitiker Adams vom Mißgeschick verfolgt. Seine vornehme Neuengland-Abstammung und sein distanziert-aristokratisches Auftreten machten ihn den Massen suspekt. Das Talent, um die Gunst der Wähler zu werben, ging ihm ebenso völlig ab wie dasjenige des Parteiführers. So kam es, daß Jackson um 1828 in fast allen Landesteilen mit Ausnahme Neuenglands einen klaren Wahlsieg erringen konnte.

Der Systemwechsel erschien vielen konservativ denkenden Amerikanern fast wie ein Weltuntergang, und dieser Eindruck wurde durch die Szenen wilder Ausgelassenheit noch verstärkt, die sich nach Jacksons Inauguration in Washington und im Weißen Hause selbst abspielten. Mit dem Abgang von John Quincy Adams war die Reihe der Präsidenten aus Virginia und Neuengland zu Ende. Obwohl verschiedenen Parteien angehörend, hatten sie sich in ihrem Lebens- und Regierungsstil doch stets als Vertreter einer relativ kleinen und elitären Oberschicht erwiesen. Jackson zog als erster »Westerner« ins Weiße Haus ein; er war der erste Politiker auf dem Präsidentenstuhl, der sich mit aller Entschiedenheit als Vertreter des Mittelstandes und als Advokat des »Common Man« deklarierte. Seinen Anhängern lieferte er ein äußerst attraktives Image, denn er war der Inbegriff des »self-made man«. Aus einfachsten Verhältnissen stammend, hatte er sich an der »Frontier« von Tennessee zum

Landjuristen und Lokalpolitiker emporgearbeitet und war schließlich durch kühne Spekulationen zu beträchtlichem Reichtum gelangt. Außerdem hatte er sich als Milizgeneral, wie schon erwähnt, die Lorbeeren eines nationalen Kriegshelden erworben. Obwohl er als Gutsherr auf seiner Besitzung »Hermitage« bei Nashville ein durchaus aristokratisches Leben führte (er hielt auch Sklaven), bewahrte er doch stets engen und lebendigen Kontakt zum einfachen Volk. Seine Persönlichkeit war durch einfache Integrität, Willenskraft und pragmatisches Denken geprägt; geistige Interessen besaß er keine, dafür um so größeres politisches Führungstalent. Obwohl stets umstritten und auch scharf kritisiert, wurde er mit der Zeit zur legendären Gestalt und sein politisches Wirken zum Mythos. Noch ein Menschenalter nach seinem Tode kam es vor, daß bei Präsidentschaftswahlen Stimmen auf seinen Namen lauteten.

Mit dem Aufstieg Jacksons verband sich die neue Konsolidierung des *Zweiparteiensystems.* Seine eigene *»Democratic Party«* war 1828 gegründet worden; sie stand bewußt in der geistigen Nachfolge Jeffersons. Ihr gegenüber konstituierte sich in den frühen 1830er Jahren unter der Führung von Adams, Clay und Daniel Webster die *»Whig Party«*, die in mancher Beziehung die föderalistische Tradition fortsetzte. Auf beiden Seiten verfestigte sich die Organisation der »Parteimaschinen«; Berufspolitiker verdrängten allmählich die Amateure, und ganz allgemein verbreitete sich eine neue Einstellung gegenüber dem öffentlichen Amt: Es wurde immer mehr als Belohnung oder Anreiz für besonderen parteipolitischen Einsatz verstanden. Jackson erkannte die aus dieser Entwicklung resultierenden Möglichkeiten sehr klar und baute das »Spoils System« weiter aus als irgendeiner unter den früheren Präsidenten. Durch generelle Verkürzung der Amtszeiten und relativ rasche personelle Wechsel in den hohen Staatsstellen (»Rotation in office«) konnte er viele treue Anhänger belohnen, eine verhältnismäßig große Zahl von Bürgern ins aktive politische Leben hineinziehen, die Bürokratisierung eindämmen, und erst noch den Eindruck erwecken, als werde der gesamte Verwaltungsapparat laufend demokratisiert und von inkompetenten Leuten gesäubert.

Die mittelständisch-individualistische Bewegung, die von der »Democratic Party« aufgefangen und getragen wurde, artikulierte einen im Grunde konservativen Protest gegen die sich bildende moderne Wirtschaftsgesellschaft mit ihren Tendenzen zur Machtkonzentration und Klassenbildung. Die Partei Jacksons befürwortete auf wirtschaftlichem Gebiet eine strikte Laissez-faire-Politik und forderte absolute Rechtsgleichheit, Erweiterung des Wahlrechts sowie die Abschaffung aller ökonomischen Privilegien. Ihre ausgesprochen

monopolfeindliche Tendenz führte zur Entstehung fortschrittlicher Wirtschaftsgesetze, die auf der Grundlage der Chancengleichheit für alle basierten. Im sozialen Bereich wurde allerdings nicht viel mehr erreicht als die Beseitigung der schlimmsten noch vorhandenen Mißstände der Schuldhaft.
Daß die Monopolfeindschaft sich für die nationale Wirtschaft auch ausgesprochen negativ, ja katastrophal auswirken konnte, zeigte vor allem Jacksons Kampf gegen die *Nationalbank*. Die »First Bank of the United States« war um 1811 durch Kongreßbeschluß aufgehoben worden, da an ihrer Vereinbarkeit mit der Verfassung Zweifel bestanden und viele Abgeordnete die Interessen der »State Banks« unterstützten. Bereits um 1816 hatte der Kongreß jedoch eine neue Nationalbank konzessioniert, die den durch Krieg und Spekulation in schwere Unordnung geratenen Geld- und Kapitalmarkt stabilisieren sollte. Nach schwierigen Anfängen hatte sich die *»Second Bank of the United States«* seit 1823 unter der Leitung von Nicholas Biddle zu einem recht gut funktionierenden zentralen Kreditinstitut entwickelt und wesentlich zur Gesundung der Währung beigetragen. Ihre mächtige Monopolstellung wurde aber in weiten Kreisen der Bevölkerung als Gefahr empfunden, und die Anhänger Jacksons tendierten dazu, die Nationalbank zum Sündenbock für alle Mißstände zu machen, die aus der Monopolisierung auch auf anderen Wirtschaftsgebieten resultierten. Als Biddle um 1832 das Gesuch um Erneuerung der (bis 1836 gültigen) Konzession stellte, blockierte der Präsident die positive Einstellung des Kongresses durch sein Veto. Diese Maßnahme fand in der Öffentlichkeit weitgehende Unterstützung, und nachdem Jackson im Herbst 1832 die Präsidentschaftswahlen zum zweitenmal gewonnen hatte, fühlte er sich stark genug, die Bank zu zerstören, indem er ihr die Depositen der Bundesregierung entzog. Damit rettete er in den Augen seiner Anhänger zwar die Demokratie, aber er beschwor eine schwere *Finanz- und Wirtschaftskrise* herauf, die – durch andere Faktoren wie Mißernten, Spekulationsfieber und Inflation mitverursacht – im Jahre 1837 ihren Höhepunkt erlebte und erst um die Mitte der 1840er Jahre wieder abklang.
Sehr viel weniger Kritik als in der Bank-Affäre zog sich Jackson als Verteidiger der Unauflöslichkeit der Union zu. Der Konflikt, der sich um dieses Problem erhob, besaß wiederum regionalistischen Charakter. Er entstand in der Diskussion um das Schutzzollgesetz von 1828, das im Süden auf heftige Ablehnung stieß und in den Resolutionen verschiedener Staatsparlamente als verfassungswidrig bezeichnet wurde. South Carolina begleitete den Protest mit einer von John C. Calhoun verfaßten Erklärung, in welcher für die Ein-

zelstaaten einmal mehr das Recht der Annullierung von Bundesgesetzen postuliert wurde. Sofort erhob sich eine äußerst heftige Kontroverse über die *»Nullification«*, die sowohl im Süden selbst als auch im Kongreß und in der nationalen Presse ausgetragen wurde. Im Jahre 1832 verabschiedete der Kongreß ein neues Zollgesetz, das den Anti-Protektionisten und Verteidigern der »States' Rights« nur wenig entgegenkam. Im Staatsparlament von South Carolina errangen daraufhin die radikalen »Nullifiers« die Oberhand über die gemäßigten Elemente. Calhoun, der seinen Staat seit kurzem im Senat vertrat, lieferte die theoretische Grundlage für die »Ordinance of Nullification«, die durch einen besonderen Staatskonvent im November 1832 erlassen wurde. Dieses Dokument erklärte die Zollgesetze von 1828 und 1832 für null und nichtig und drohte gleichzeitig die *Sezession* des Staates South Carolina aus der Union an. Damit war der Streit um die Schutzzölle zur Krise der Nation geworden. Jackson ließ keinen Zweifel daran bestehen, daß er gewillt war, gegen South Carolina notfalls mit Gewalt vorzugehen. Er bezeichnete die Nullifikation als Verrat und verkündete die Absicht, seinen einstigen Vizepräsidenten Calhoun hängen zu lassen. South Carolina befand sich in einer kritischen Situation, als es erkennen mußte, daß sich die anderen Südstaaten der Sezessionsdrohung nicht anschließen wollten. Dadurch ergab sich die Möglichkeit des Kompromisses. Er wurde erreicht, als der Kongreß im Frühjahr 1833 eine von Henry Clay ausgearbeitete Zollgesetz-Vorlage verabschiedete, die eine allmähliche Senkung der Ansätze vorsah. South Carolina lenkte ein, und die Angelegenheit wurde so beigelegt, daß beide Seiten sich als Sieger fühlen konnten. Tatsächlich aber hatte Jackson durch seine Entschlossenheit die Union zusammengehalten, und dies blieb unvergessen.

Wie die Politik und die Wirtschaft waren auch das *Geistesleben* und *die soziale Entwicklung* der Jackson-Epoche und der unmittelbar darauffolgenden Jahre durch das Vorherrschen der individualistisch-demokratischen Strömung gekennzeichnet. Dies gilt hauptsächlich vom Nordosten und vom Westen, während die entsprechenden Lebensbereiche im Süden mehr von aristokratischen Tendenzen dominiert wurden. Dabei sind die einzelnen »Issues«, d.h. die Fragen, über die man sich ereiferte, weniger wichtig als die Intensität, mit welcher sich plötzlich weite Kreise ihrer annahmen. Das Nebeneinander von Missionswillen und quälendem Bewußtsein der eigenen Unvollkommenheit verstärkte das allgemeine Streben nach Verbesserung der gesellschaftlichen Zustände. Eine Fülle religiöser und sozialer Reformideen, die größtenteils aus Europa bezogen worden waren, machte sich hauptsächlich in Neuengland und in den mittelwestlichen Staaten bemerkbar. Gerade in den noch ungefestigten Verhältnissen der neu erschlossenen Gebiete fand der allseitige und gelegentlich auch ins Sektiererische abgeleitete Reformeifer einen günstigen Nährboden. Außer ihrer demokratischen Grundtendenz besaßen die einzelnen Bewegungen meist wenig Gemeinsames. Oft kam es sogar vor, daß sie sich untereinander heftig befehdeten. Es ist nicht möglich, sie hier auch nur annähernd vollständig aufzuzählen; wir müssen uns mit der Erwähnung einiger weniger Beispiele begnügen.

Unter dem Einfluß der englischen und französischen Frühsozialisten standen zahlreiche Bemühungen um die Begründung reformerischer *Siedlungs- und Lebensgemeinschaften*. Als eine der frühesten unter diesen wurde New Harmony in Indiana besonders bekannt, eine Siedlung, die 1825 unter der Leitung des englischen Philanthropen und Industriellen Robert Owen entstanden war und in kurzer Zeit ca. 1000 Siedler verschiedenster Herkunft anzog. Hier wurde nicht nur absolute Gleichberechtigung, Gesinnungs- und Redefreiheit praktiziert, sondern auch das Privateigentum abgeschafft. Das Unternehmen erwies sich bereits nach zwei Jahren als wirtschaftlicher Mißerfolg, fand aber bis in die 1840er Jahre hinein trotzdem vielfache Nachahmung. Etwas länger konnte sich das »Brook Farm«-Experiment (1841) in Massachusetts halten. In dieser sozialistischen Gemeinschaft, die die manuelle und geistige Arbeit den gleichen moralischen Zielen dienstbar machen wollte, wurde besonderes Gewicht auf kulturelle Aktivität und Erziehung gelegt. Die Siedlung erweckte das Interesse zahlreicher literarisch und wissenschaftlich tätiger Neuengländer aus dem Kreis der »Transcendentalists« (s. u.) und durchlief auch eine erfolgreiche ökonomische Entwicklung. Sie mußte jedoch um 1847 auch aufgegeben werden, nachdem ihr Landwirtschaftsbetrieb durch einen Brand zerstört worden war.

Neben diesen und anderen »Social Settlements« (die teilweise auch von religiösen Gemeinschaften getragen wurden) gab es aber noch viele weitere Experimente sozialer Reform. Besondere Gesellschaften kämpften für die Verbesserung des Gefängniswesens und des Strafvollzuges, für die Pflege der Geisteskranken und für die Erweiterung der Armenfürsorge. Eine Friedensbewegung propagierte die Idee des internationalen Schiedsgerichts. Erste Initiativen zeichneten sich im Kampf um die Gleichberechtigung der Frauen ab. Außerordentliche Bedeutung gewann in den 1830er Jahren die *Temperenzbewegung*. Ihre Ursprünge lagen in der Aktivität einzelner Pfarrer aus Neuengland, die sich in Predigt und Seelsorge seit dem Beginn des Jahrhunderts eifrig für die Bekämpfung des Alkoholismus eingesetzt hatten. Aus dem Zusammenschluß verschiedener lokaler und einzelstaatlicher Organisationen entstand 1826 die »American Society for the Promotion of Temperance«, die nach kurzer Zeit schon weithin durch die Nation wirkte. Sie gab zahlreiche Broschüren und Zeitschriften heraus und versorgte die bestehenden kirchlichen Zeitschriften mit Artikeln. Der Kampf gegen den Alkoholismus wurde in der populären Literatur, in Theaterstücken, Liedern, literarischen Essays und Predigten, aber auch in Versammlungen und Umzügen durch das ganze Land hindurch mit größter Hingabe geführt. Seit 1836 bestand als Dachorganisation aller Temperenzvereine die »American Temperance Union«. Sie erlebte Ende der 1830er Jahre infolge innerer Differenzen einen vorübergehenden Stillstand, dafür aber nach 1840 eine weitere Periode der Ausbreitung und Kräftigung. Wohlorganisierte und auch emotionell entsprechend angeheizte »Experience meetings« zogen Tausende von Zuhörern an. Nach 1846 wurden in 13 Staaten Prohibitionsgesetze erlassen, die allerdings meist nur kurze Zeit in Kraft blieben.

Die auf weitere Sicht folgenreichsten Erneuerungsbewegungen der Zeit zeichneten sich vor allem im religiösen Leben, im Erziehungswesen und im Kampf gegen die Sklaverei ab.

Die Entwicklung der *Kirchen* und *Glaubensgemeinschaften* war durch eine allgemeine Tendenz zu immer größerer *Vielfalt* gekennzeichnet. Schon kurz vor 1800 hatte sich in Neuengland die Bewegung des rationalistischen *Unitarismus* als eigene kirchliche Denomination konstituiert und bald darauf das geistige Leben nachhaltig zu beeinflussen begonnen. Die Unitarier lehnten sowohl die Lehre von der Prädestination als auch die Doktrin von der Trinität ab und bekannten sich zu einem durchaus optimistischen Menschen- und Weltbild. Sie bildeten eine unter zahlreichen Oppositionsbewegungen gegen den orthodoxen Calvinismus und nahmen in mancher Hinsicht Traditionen wieder auf, die schon im evangelischen Radikalismus des 16. Jahrhunderts lebendig gewesen waren. Obwohl sich die »American Unitarian Association« um 1825 auf nationaler Ebene organisierte, fand sie die Mehrzahl ihrer Mitglieder doch stets in Neuengland, und zwar vornehmlich in den gebildeten Schichten. Aus der geistigen Atmosphäre des Unitarismus stammte die philosophische Schule der *Transzendentalisten.* Ihr führender Kopf war Ralph Waldo Emerson, der in seinen auch in Europa stark beachteten Essays einen idealisierten moralischen Individualismus propagierte. Seine Auffassung vom Menschen als einem Teil des göttlichen Ganzen der Natur war sowohl im Puritanismus als auch in den rationalistischen Ideen der Aufklärung verwurzelt und blieb stets auch dem Weltbild der Romantik verpflichtet. Unter den Gesinnungsge-

nossen und Gesprächspartnern Emersons befanden sich Theologen wie Theodore Parker und Schriftsteller wie Nathaniel Hawthorne, Margaret Fuller und Henry David Thoreau. Am Rande des Kreises standen eine Reihe von Sozialreformern, Staatstheoretikern und Literaten, die das Gedankengut der Transzendentalisten popularisierten und ihren eigenen Bemühungen nutzbar machten.
Der protestantische Liberalismus mit seiner hauptsächlich ethischen Ausrichtung wurde in den 1820er und 1830er Jahren aber doch überschattet durch das Anschwellen der mächtigen *Erweckungsbewegung* pietistisch-fundamentalistischen Charakters, die sich zum Teil direkt aus dem »Second Great Awakening« der Jahrhundertwende herleitete und wiederum auch im Westen besonders aktiv war. Sie äußerte sich in mannigfacher Form und führte zur Entstehung einer Vielfalt neuer Gemeinschaften und Sekten, die vor allem auch die Angehörigen der unteren sozialen Schichten anzogen. Gemeinsam war ihnen der leidenschaftliche und zuweilen hektische Nachdruck auf dem persönlichen Bekehrungserlebnis, das sich zumeist in den Massenversammlungen der »Revivals« und »Camp meetings« vollzog. Der einzelne fühlte sich hier unmittelbar von Gott angesprochen, alle menschliche Autorität fiel dahin, alle Gemeindeglieder galten gleich. Auch dort, wo prophetisches Führertum sich manifestierte, entstanden durchaus demokratische Organisationsformen. Unter den älteren Denominationen, die den »Great Revival« trotz gelegentlichen Aufsplitterungserscheinungen mitzutragen vermochten, standen die Methodisten und Baptisten an der Spitze. Aus der großen Zahl neu entstandener Gemeinschaften sind vor allem die *Adventisten* zu nennen. Sie organisierten sich um 1831, zerfielen aber nach der Enttäuschung ihrer Wiederkunftshoffnungen wenige Jahre später in mehrere Einzelbewegungen. In den gleichen Zusammenhang des allgemeinen Aufbruchs religiöser Begeisterung und Gruppenbildung gehört auch die Entstehung der bereits erwähnten Mormonenkirche.
Parallel zu der demokratischen Entwicklung im politischen Sektor und zu den mannigfaltigen sozialen Reformbemühungen ging der Ausbau des demokratischen *Erziehungswesens*. Mit den überall erhobenen Forderungen nach Erweiterung des Wahlrechts und gleichen Aufstiegsmöglichkeiten verband sich stets auch der Wunsch nach öffentlichen und allen Kindern zugänglichen Schulen. Wohl hatten Bestrebungen in dieser Richtung schon unmittelbar nach dem Unabhängigkeitskrieg eingesetzt, aber fast alle Ergebnisse waren schließlich von privater Hand ermöglicht und getragen worden. In den beiden Jahrzehnten von 1830 bis 1850 wurde der entscheidende Kampf um die Mobilisierung des öffentlichen Verantwortungsbe-

wußtseins für das Schulwesen geführt und gewonnen. In manchen Staaten sollte es allerdings lange dauern, bis die theoretischen Einsichten sich in praktische Maßnahmen umsetzten. Einmal mehr ging Neuengland voran, und besonders im Staate Massachusetts, wo das Schulwesen immer schon besser organisiert gewesen war als in irgendeinem anderen Landesteil, wurde Vorbildliches geleistet. Im Jahre 1837 entstand hier eine erste »State Board of Education«. Ihr Sekretär war Horace Mann, der durch seinen unermüdlichen Einsatz für die Verbesserung des Unterrichts und für die Lehrerbildung zu nationaler Berühmtheit gelangte. Nach und nach wurden in allen Staaten Gesetze erlassen, die die finanzielle Unterstützung des Schulwesens zur öffentlichen Aufgabe machten und für den Besuch der Elementarschulen das Obligatorium einführten. Die Organisation des Sekundarschulwesens ging langsamer vor sich. Um 1860 existierten in der gesamten Republik nur etwas mehr als 300 »High Schools«, und von diesen befand sich fast ein Drittel in Massachusetts. Der große Bedarf an Lehrpersonal wurde infolge des allgemeinen Mangels an Arbeitskräften immer mehr von Frauen gedeckt. Schon um 1850 waren über 75% der amerikanischen Volksschullehrer weiblichen Geschlechts. Durch diese Entwicklung gewann die amerikanische Frau einen über die Familie hinausreichenden starken Einfluß auf das Erziehungswesen und auf das ganze kulturelle Leben. Dazu kam die Tatsache, daß die Lehrerinnen vorwiegend aus den gebildeten Kreisen Neuenglands stammten. Sie wurden im ganzen Lande wirksam und trugen entscheidend zur Vereinheitlichung der pädagogischen Zielsetzungen bei. Logischerweise führte der Bedarf an Lehrerinnen schon früh und in viel stärkerem Ausmaße als in Europa zur Errichtung höherer Schulen für Mädchen und zur Verwirklichung der Koedukation auf der College-Ebene.
Zwischen 1830 und 1850 wurden ca. 80 neue Colleges gegründet. Die meisten von ihnen standen nach wie vor unter kirchlicher Aufsicht und Leitung. Da ihr allgemeinbildender Unterricht nur einen sehr kleinen Teil der Bevölkerung erreichte, entstanden neben ihnen zahlreiche andere Institutionen, die dem allgemeinen Bedürfnis nach Wissen und Information entgegenkamen und sich vor allem an die Erwachsenen richteten. Hierzu gehörte in erster Linie die von dem Neuengländer Josiah Holbrook um 1826 ins Leben gerufene Lyceumsbewegung, die durch Einrichtung von Bibliotheken und Organisation von Vorträgen, Diskussionen, Theateraufführungen u.a.m. das allgemeine Bildungsniveau zu heben suchte. Hier wie in den Schulen bestand ein wesentlicher Teil des Lehrprogramms in der Vermittlung praktischer Kenntnisse und in der Erweckung staatsbürgerlichen Verantwortungsbewußtseins.

Seine schärfste und radikalste Ausprägung fand der individualistisch-demokratische Geist der Jackson-Ära in dem zu Beginn der 1830er Jahre aktiv gewordenen *Abolitionismus*, d.h. in der Bewegung, die das Ziel der totalen und bedingungslosen Abschaffung der Sklaverei verfolgte. Die publizistische Agitation gegen die »Peculiar Institution« des Südens brach nicht plötzlich und unvorbereitet hervor. Seit 1820 waren abolitionistische Zeitschriften erschienen. Die Quäker hatten schon im 18. Jahrhundert für die Befreiung der Schwarzen gekämpft, und ihr Einsatz war auch jetzt wieder bedeutend. In der Zeit vor 1830 waren zahlreiche Reformprojekte aus dem Süden selbst gekommen. Sie hatten meist die graduelle Emanzipation, die Entschädigung der Sklavenbesitzer und die Rückführung der befreiten Neger nach Afrika befürwortet. Die bereits im Jahre 1817 entstandene »American Colonization Society« war von führenden südstaatlichen Politikern wie Monroe, Madison und John Marshall unterstützt worden und hatte um 1821 ein großes Territorium in Westafrika erworben, auf dem im folgenden Jahre die unabhängige Rückwanderer-Republik *Liberia* mit der Hauptstadt Monrovia gegründet wurde. Ähnliche Bestrebungen gingen auch von anderen Organisationen aus, aber ihre Resultate blieben im ganzen bescheiden, und vor allem wurde die generelle Aufhebung der Sklaverei nicht offen propagiert.

Am 1. Januar 1831 erschien in Boston die erste Nummer der von William Lloyd Garrison herausgegebenen Zeitschrift *»The Liberator«*. Damit hatte der militante nordstaatliche Abolitionismus sein Organ erhalten. Um Garrison sammelten sich als Mitarbeiter und Kampfgenossen anfänglich nur einige wenige Angehörige der Bildungselite Neuenglands. Sie bezogen viele Anregungen und auch beträchtliche Unterstützung aus den anderen sozialen Reformbewegungen der Zeit und aus der religiösen Erweckungsbewegung. Ihre überaus vielseitige, eifrige und jeden Kompromiß ablehnende Aktivität breitete sich in allen Staaten des Nordostens und des Westens aus, und die ausschließlich moralisch begründete Kritik an den sozialen Verhältnissen des Südens fand zahlreiche Anhänger. Bald sahen sich einzelne Staatsregierungen zu beschwichtigendem Eingreifen veranlaßt, denn es war zu befürchten, daß die Reaktion der Südstaaten den Bestand der Union gefährden würde. Aber es gab auch andere Gegenkräfte. Das Rassenvorurteil gegen die Schwarzen war im Norden mindestens ebenso verbreitet wie im Süden. Nationalistische Politiker warnten vor der Gefahr der Sezession (die Nullifikationskrise lieferte hierfür ein schlagendes Argument!), konservative Kirchenführer befürchteten eine regionale Aufspaltung ihrer Organisationen, und zahlreiche Geschäftsleute betrachteten den

Abolitionismus als Bedrohung ihres einträglichen Handels mit den Südstaaten. So kam es zu Verfolgungen und Mißhandlungen einzelner Führer der Bewegung, ja sogar zu Mordanschlägen.
Im Süden selbst hatten die abolitionistischen Publizisten und Vortragsreisenden nicht nur keinen Erfolg, sondern sie bewirkten vielmehr eine allgemeine *Verhärtung der Gegenposition*. Zur Erhöhung der Nervosität trug auch der um 1831 in Virginia ausgebrochene Sklavenaufstand des Nat Turner bei, dessen gnadenlose Niederschlagung wiederum im Norden die Erbitterung anheizte. Die überaus scharfen und zuweilen von ausgesprochen fanatischer Tendenz erfüllten Artikel Garrisons im *»Liberator«* zeichneten ein Bild vom Süden, das nur die negativen Seiten enthielt. Es förderte dort die Entstehung eines ebenso einseitigen Bildes vom Norden: Man sah ihn als die industrialisierte Region, die die agrarischen Südstaaten ausbeuten und gänzlich unterwerfen wollte. Besonderen Unwillen erregte neben der abolitionistischen Propaganda die Institution der *»Underground Railroad«*. Das war ein weitverzweigtes System von Reiserouten und Verstecken für Sklaven, die aus dem Süden nach Norden flohen. Seine wichtigsten Knotenpunkte lagen in Ohio und Indiana, die Verbindungen reichten bis nach Kanada. Als Fluchthelfer waren nicht nur Weiße, sondern auch freie Neger tätig.
Die zentrale Aktionsorganisation der Abolitionisten war die 1833 gegründete *»American Antislavery Society«*. An ihrer Spitze stand u.a. der Theologe Theodore Weld, der zunächst am Lane Theological Seminary in Cincinnati und dann am Oberlin College (der ersten koedukativen und integrierten höheren Schule des Landes) lehrte und seine Studenten mit großem Erfolg zum aktiven Engagement antrieb. Als es sich zeigte, daß der Süden der abolitionistischen Propagandaflut nicht nachgab, begannen die Befürworter der bedingungslosen Sklavenbefreiung, direkten politischen Druck auf die nordstaatlichen Regierungen und auf den Kongreß auszuüben. In seinem Bestreben, die Einheit der Nation zu erhalten, stimmte das Repräsentantenhaus um 1836 einem Petitionsverbot zu, das die immer intensivere Aktivität der Abolitionisten eindämmen sollte. Diese Beeinträchtigung eines bürgerlichen Grundrechtes erweckte aber nun wieder heftigen Widerstand, und zwar auch von nicht-abolitionistischer Seite. Mit großem Einsatz kämpfte namentlich der alte John Quincy Adams (er war von 1831 bis 1848 Repräsentant von Massachusetts) gegen die *»Gag Rule«* und erwirkte schließlich auch deren Aufhebung. Durch die Auseinandersetzung um das Petitionsrecht war der Abolitionismus nicht eingedämmt, sondern nachhaltig gestärkt worden. Um 1839 versuchte Theodore Weld, der Bewegung durch die Gründung der »Liberty Party« einen definitiven

Platz im politischen Kräftespiel zu geben. Dieser Versuch blieb allerdings erfolglos, ebenso wie spätere Parteigründungen erfolglos bleiben sollten, deren Initianten ähnliche Ziele verfolgten oder sich auch nur der weiteren Ausdehnung der Sklaverei widersetzten (Free Soil Party, 1848; Free Democrats, 1852).

Obwohl der Abolitionismus zur bekanntesten und populärsten Reformbewegung seiner Zeit wurde, läßt sich doch feststellen, daß er nie die gesamte Bevölkerung der Nordstaaten erfaßte. In zweierlei Hinsicht erwies er sich als Mißerfolg: Er erreichte weder sein ursprüngliches Ziel der friedlichen Abschaffung der Sklaverei, noch gelang es ihm, die Diskriminierung der Schwarzen in den Nordstaaten wirklich zu überwinden. Was er bewirkte, war die allgemeine Stärkung des Bewußtseins vom moralischen Unrecht der Sklaverei und die allmähliche Verfestigung der Überzeugung, daß dieses Unrecht letztlich nur mit Waffengewalt aus der Welt geschafft werden könne.

Bei der Zuspitzung des Gegensatzes zwischen Norden und Süden spielte der Abolitionismus eine bedeutende, wenn auch nicht die entscheidende Rolle. Wichtiger und für den Bestand der Union gefährlicher war die Tatsache, daß die Erschließung des Westens weiterging und daß dadurch das prekäre Gleichgewicht zwischen den sklavenhaltenden und den sklavenfreien Staaten immer wieder gestört wurde.

Jackson war als Vertreter einer bestimmten Region und ihrer Interessen zum Präsidenten gewählt worden. Er erwies sich jedoch dann als durchaus national denkender Staatsmann und setzte sich mit großer Energie für die Erhaltung der Union ein. Da er von seiner Partei unterstützt wurde und selbst über außerordentliche Tat- und Entschlußkraft verfügte, war er in dieser Bemühung erfolgreich. Für seine Nachfolger wurde es jedoch immer schwieriger, den endgültigen Bruch zwischen den Regionen des Nordens und des Südens aufzuhalten oder doch aufzuschieben. Ohne es zu wollen, erschienen sie den Südstaatlern immer mehr als Vertreter des Nordens, und es spielte dabei keine Rolle, ob sie als »Democrats« oder als »Whigs« auftraten.

4. Verschärfung der inneren Gegensätze, Bürgerkrieg und Rekonstruktion

In der Zeit von 1830 bis 1860 stieg die *Bevölkerung* der Vereinigten Staaten von 12,9 auf 31,5 Millionen an. Trotz dieses bemerkenswerten Zuwachses blieb das Land im Durchschnitt jedoch dünn besiedelt, und nach wie vor herrschte allgemeiner Mangel an Arbeitskräften. Dieses Problem hätte sich auf die Dauer noch schärfer ausgewirkt, wenn seit Mitte der 1840er Jahre die europäische *Immigration* nicht plötzlich sehr stark angewachsen wäre. Im Jahrzehnt vor 1840 hatten weniger als 600000 Einwanderer den Atlantik überquert; von 1840 bis 1850 stieg die Gesamtzahl jedoch auf 1,7 und im folgenden Jahrzehnt auf 2,6 Millionen. Zwischen 1850 und 1854 lagen die jährlichen Einwandererzahlen bei 300000 und darüber. Der Höhepunkt wurde 1854 mit 428000 Immigranten erreicht; er sollte erst in den 1870er Jahren überschritten werden.

In ihrer großen Mehrheit stammten die Immigranten nach wie vor aus Nord- und Westeuropa. Seit den späten 1840er Jahren standen die Iren und die Deutschen zahlenmäßig an der Spitze. Die Gründe hierfür lagen nicht nur in der allgemeinen Anziehungskraft des neuen Landes und seiner scheinbar unbegrenzten Möglichkeiten, sondern auch in spezifischen wirtschaftlichen und politischen Gegebenheiten, die die Auswanderung begünstigten. Irland wurde seit 1845 von mehreren schweren Hungersnöten heimgesucht, die die allgemeine Verarmung weiter Bevölkerungskreise nach sich zogen; in Deutschland führte die Unterdrückung der Revolution von 1848 dazu, daß sich zu den in erster Linie wirtschaftlich motivierten Auswanderern auch viele politische Flüchtlinge gesellten. Von 1845 bis 1860 kamen ungefähr 1,5 Millionen Iren nach Nordamerika, von denen die meisten praktisch mittellos waren. Die Zahl der deutschen Einwanderer betrug in derselben Zeitspanne etwas weniger als 1 Million.

Der Immigrantenstrom erreichte die Vereinigten Staaten fast ausschließlich durch die großen Hafenstädte der Ostküste. Da keine öffentlichen Schutz- und Assimilationsinstitutionen bestanden, brachte die Niederlassung in der Neuen Welt vielen europäischen Einwanderern schwere Enttäuschungen, Rückschläge und materielle Sorgen. Die Iren blieben vorwiegend im Osten; sie fanden Arbeit in den Industriezentren, beim Eisenbahn- und beim Kanalbau. Innerhalb einer Generation wurden sie zum beherrschenden Element in der Lokalpolitik New Yorks und anderer Städte. Die deutschen Einwanderer, die i. a. weniger arm waren als die Iren, breiteten sich rasch über das ganze Land aus. In großer Zahl zogen sie in den Mittleren Westen, wo sie sich als Farmer niederließen oder in den aufstrebenden Städten wie Chicago, Cincinnati, Milwaukee und St. Louis gewerbliche und industrielle Unternehmungen begründeten.

Praktisch alle europäischen Länder leisteten zwischen 1830 und 1860 ihren Beitrag zum demographischen und wirtschaftlichen Aufstieg der USA. Aus den Reihen der Immigranten rekrutierten sich schon bald bedeutende politische Führerpersönlichkeiten, Geschäftsleute, Journalisten, Gelehrte und Künstler. Daß die Einwanderer auch *nativistische Gegnerschaft* auf den Plan riefen, war nicht zu vermeiden. Gehässige Kritik an ihren »fremden« Sitten und Lebensgewohnheiten enthüllte tiefsitzende Angst vor Konkurrenz und Gefährdung des erkämpften Wohlstandes. Besonders weit verbreitet war das Unbehagen über den Aufschwung des Katholizismus. Manche Amerikaner, die den Immigranten feindselig und mißtrauisch begegneten, vergaßen, daß ihre eigenen Vorfahren vor gar nicht langer Zeit ebenfalls Immigranten gewesen waren. Zahlreiche nativistische Gesellschaften und Geheimbünde schossen aus dem Boden und vereinigten sich nach 1852 zu einer mächtigen nationalen Organisation. Da ihre Mitglieder zur Verschwiegenheit verpflichtet waren, wurden sie als »Know-Nothings« bezeichnet. Zu ihren Zielen gehörte die Verteidigung des Protestantismus gegen den Katholizismus, die Erschwerung der Einwanderung und der Naturalisierung sowie der Ausschluß der Ausländer vom Stimm- und Wahlrecht. Den Höhepunkt ihres politischen Einflusses erreichte die Nativismus-Bewegung in den Jahren 1854–1856. Sie erhielt starken Zulauf aus den Kreisen der auseinanderbrechenden Whig-Partei, gewann in mehreren Staatsregierungen die Oberhand und konstituierte sogar eine eigene politische Partei. Als aber der Konflikt um die Sklaverei immer dramatischere Formen annahm (s. u.), ließ ihre Stoßkraft rasch nach, und die Uneinigkeit ihrer Führer beschleunigte seit 1856 ihr Verschwinden von der politischen Bühne. Zur Entstehung einer eigentlichen Immigrantenpartei kam es nie. Die in den Zentren des Ostens niedergelassenen Einwanderer wandten sich meist den Demokraten zu, während diejenigen im Mittleren Westen – vor allem die deutschen Farmer und Gewerbetreibenden – später mehrheitlich in den Reihen der Republikaner zu finden waren. Im Süden blieb die Immigration unbedeutend und spielte keine nennenswerte politische Rolle.

Der unaufhaltsame Expansionsdrang nach Westen hat die Vereinigten Staaten im Jahre 1846 in den *Krieg mit Mexiko* verwickelt. Die Gründe, die zu dieser Auseinandersetzung führten, waren auf vielfältige Weise in den bereits lange schwelenden Grenzkonflikten sowie in der Texas-Frage verwurzelt. Der Hauptgrund aber war der von Präsident Polk kräftig unterstützte Wunsch der Vereinigten Staaten gewesen, die Provinzen New Mexico und California zu erwerben, und zwar entweder mit Geld oder, wenn nötig, auch mit Gewalt. Dieser Wunsch ging nach zweijährigen Feldzügen in Erfüllung. In unrealistischer Überschätzung der eigenen militärischen

Stärke hatten sich die Mexikaner dazu hinreißen lassen, den Krieg zu beginnen. Sie wurden aber in der Folge mehrfach geschlagen, und schließlich gelang dem amerikanischen General Winfield Scott sogar die Einnahme der Hauptstadt. In den verschiedenen Gefechten zeichneten sich manche jungen Offiziere erstmals aus, deren Namen später noch berühmter werden sollten, z.B. Ulysses S. Grant, Jefferson Davis und Robert E. Lee. Das Ergebnis des Krieges war der Vertrag von Guadalupe Hidalgo (2. Februar 1848): Er überließ den Vereinigten Staaten New Mexico und California zusammen mit den Gebieten der späteren Staaten Arizona, Utah und Nevada gegen eine Bezahlung von 15 Millionen Dollar und bestimmte den Lauf des Rio Grande und des Rio Gila zur amerikanisch-mexikanischen Grenze. Der Gebietszuwachs betrug insgesamt ca. 850000 Quadratmeilen.

Schon vor dem Abschluß der Friedensverhandlungen war in California Gold entdeckt worden. Sofort begann der *»Goldrausch«*: Die Bevölkerung vervielfachte sich in wenigen Monaten, Kleinstädte wie San Francisco wurden über Nacht zu pulsierenden Lebenszentren, Spekulation, Laster, Luxus und Kriminalität breiteten sich aus, und die amerikanischen Militärbehörden waren völlig außerstande, ihre Autorität durchzusetzen. Kurz nach dem Friedensschluß hatte sich jedoch bereits eine zivile Verwaltung gebildet, eine Verfassung war ausgearbeitet worden, und um 1850 war California bereit, als Staat in die Union aufgenommen zu werden. Damit stellte sich aber sogleich wieder die Frage nach Einführung bzw. Verbot der Sklaverei. Der Konflikt war wiederum unvermeidlich, und zwar in erster Linie wegen des sogenannten »Wilmot Proviso«: Im August 1846 hatte David Wilmot, ein Repräsentant aus Pennsylvania, für eine Gesetzesvorlage über die Annexion mexikanischer Territorien eine Klausel vorgeschlagen, wonach die Sklaverei in keinem dieser Gebiete erlaubt werden sollte. Der Vorschlag wurde im Kongreß abgelehnt, blieb aber im Gespräch und erhitzte den erneut aufflammenden Streit zwischen den Regionen.

Die Sklavereigegner des Nordens – sie waren seit 1848 zu beträchtlichen Teilen in der »Free Soil Party« organisiert – standen einer sich zusehends verhärtenden Intransigenz der Südstaatler gegenüber. Da aber in der Bevölkerung aller Regionen der Wunsch nach Frieden vorherrschte, gelangten in den Kongreßdebatten des Jahres 1850 die vermittelnden Kräfte schließlich noch einmal zum Durchbruch. Der sogenannte *Kompromiß von 1850* verdankte seine Entstehung in erster Linie den Bemühungen Henry Clays. Er bestand aus einer Anzahl von Beschlüssen, deren wichtigster die Aufnahme Californias als sklavenfreier Staat vorsah. New Mexico und Utah wurden ohne

Auflagen bezüglich der Sklaverei zu Territorien gemacht, aber andererseits verschärfte ein neues »Fugitive Law« die bisherigen Bestimmungen über die Rückführung entflohener Sklaven nach dem Süden. Die allgemeine Beruhigung war jedoch trügerisch; bald zeigte es sich, daß der Konflikt nicht beigelegt, sondern nur hinausgeschoben war. Sowohl im Süden als auch im Norden erhoben sich Widerstände gegen den Kompromiß. In manchen Nordstaaten wurde das »Fugitive Law« offen mißachtet, und zahlreiche ehemalige Sklaven erhielten auf der »Underground Railroad« Fluchthilfe bis nach Kanada. Die Stimme des Abolitionismus verlor nichts von ihrer Lautstärke. Sie gewann vielmehr neue Breitenwirkung, und zwar vor allem durch den Roman *»Uncle Tom's Cabin«* von Harriet Beecher Stowe, der seit 1851 in einer Zeitschrift und im folgenden Jahre erstmals in Buchform erschien.

Das Jahrzehnt von 1850 bis 1860 war durch zunehmende Spannungen gekennzeichnet, die die Nation immer näher an den Abgrund des Bürgerkrieges brachten. Um 1860 hatte sich in den Südstaaten der Glaube an eine nördliche »Verschwörung« zur totalen Ausmerzung der Sklaverei und zur Zerstörung des südlichen Wirtschaftsgefüges allgemein verbreitet und verhärtet. Andererseits waren viele Einwohner der Nordstaaten davon überzeugt, daß der Süden nicht nachgeben würde, bis der Sklavenbesitz in der gesamten Union gesetzlich geschützt sei. Die emotionalen Wogen gingen immer höher. Durch die Maßnahmen von 1850 war das Gleichgewicht zwischen den sklavenhaltenden und den sklavenfreien Staaten wiederum gestört worden, und daher setzte sich bei zahlreichen südstaatlichen Politikern die Auffassung durch, daß die Sklaverei nur gerettet werden könne, wenn ihr die Möglichkeit der Expansion in den neuen Territorien und Staaten gegeben werde. Dabei spielte das Postulat der einzelstaatlichen Souveränität, die vom Bund geschützt werden müsse, natürlich stets eine entscheidende Rolle. Die verschiedenen Krisen der 1850er Jahre belasteten die Union immer stärker, und als die Entfremdung zwischen Süden und Norden schließlich nur noch vom moralischen Gesichtspunkt her betrachtet und beurteilt wurde, war der Bruch nicht mehr aufzuhalten.

Wie weit die innere Zersetzung der Nation trotz des scheinbaren Ausgleichs von 1850 schon fortgeschritten war, zeigte sich vier Jahre später, als Stephen A. Douglas, der demokratische Senator von Illinois, dem Kongreß die sogenannte *Kansas-Nebraska-Vorlage* unterbreitete. Nach seinem Vorschlag sollte die Einführung der Sklaverei in diesen neuzuschaffenden Territorien von der Bundesregierung nicht verboten, sondern dem Entscheid der dortigen Bevölkerung überlassen werden. Das aus der Theorie der »Popular Sovereignty« abgeleitete Prinzip des Volksentscheids war in bezug auf dasselbe Problem bereits in New Mexico und Utah angewandt worden, und es erschien rein theoretisch gesehen keineswegs unvernünftig. In erster Linie ging es Douglas darum, die rasche Besiedlung von Kansas und Nebraska zu fördern. Hinter ihm standen Interessengruppen, die sowohl die landwirtschaftliche Expansion als auch die Pläne für eine Eisenbahnverbindung von Chicago nach der Westküste des Kontinents befürworteten. Durch seine relativ nachgiebige Haltung gegenüber den Südstaaten hoffte Douglas, eine regionale Aufspaltung der demokratischen Partei zu vermeiden. Daß hier auch seine persönlichen Aspirationen auf die Präsidentschaft mitspielten, ist nicht zu bezweifeln. Seine Bereitschaft, im Interesse beschleunigter territorialer Expansion eine Ausbreitung der Sklaverei zu riskieren, verursachte jedoch in den Nordstaaten große Aufregung. Obwohl die »Kansas-Nebraska Act« vom Kongreß im Frühjahr 1854 verabschiedet wurde, beruhigte sich die Kontroverse in der Öffentlichkeit nun nicht mehr. Die ungeschickte Maßnahme hatte schwerwiegende und teilweise verhängnisvolle Konsequenzen. Die »Democratic Party« begann sich trotz der lavierenden Haltung Douglas' zu spalten, während die alte »Whig Party« in Unentschlossenheit und Verwirrung völlig auseinanderfiel. Sie räumte das Feld der in Wisconsin und Michigan entstandenen *»Republican Party«*, die von Anfang an als regionale Bewegung auftrat, sich dezidiert gegen die Einführung der Sklaverei in den neuen Territorien wandte und in allen Nordstaaten raschen und mächtigen Zulauf fand. 1856 nominierte sie John C. Frémont, den bekannten Kundschafter des Fernen Westens, zum Präsidentschaftskandidaten. Er siegte in elf Staaten und unterlag dem Demokraten James Buchanan nur knapp. Während die Besiedlung Nebraskas ruhig vor sich ging, kam es in Kansas nach dem Inkrafttreten des von Douglas durchgebrachten Gesetzes zu schweren Zusammenstößen zwischen Sklavenhaltern und Gegnern der Sklaverei. Die Unruhen nahmen mehrfach bereits bürgerkriegsähnliche Formen an, verursachten große Schäden und forderten mehrere hundert Todesopfer, bis sie im September 1856 durch ein Aufgebot von Bundestruppen eingedämmt werden konnten.

Jedes Jahr brachte der Nation fortan neue Erschütterungen. Im Mai 1856 war der Senator Charles Sumner aus Massachusetts im Sitzungssaal des Capitols von einem südstaatlichen Abgeordneten tätlich angegriffen und so schwer verletzt worden, daß er sich für mehrere Jahre aus dem politischen Leben zurückziehen mußte. 1857 fällte der Oberste Gerichtshof das berühmte *Dred Scott-Urteil*, in welchem der Grundsatz ausgesprochen wurde, daß der Kongreß kein Recht habe, die Sklaverei in den neuen Territorien zu verbieten. Dadurch wurde der Süden gestärkt und gewann weiteres Selbstvertrauen, als der schwache und unentschlossene Präsident Buchanan dem Urteil offiziell zustimmte. Der von den »Free Soilers« und Republikanern erhobene Protest war natürlich äußerst scharf, denn es sah so aus, als ob nun der ganze Westen der Sklaverei geöffnet würde. Da es ihrer Auffassung von der »Popular Sovereignty« widersprach, lehnten auch die Anhänger Douglas' das Urteil ab. Dadurch wurde die bereits bestehende Kluft in der demokratischen Partei noch weiter vertieft und den Südstaaten endgültig die Möglichkeit genommen, ihren Standpunkt auf nationaler Ebene zum Durchbruch zu bringen.

In dieser Situation ergab sich andererseits für die Republikaner die Hoffnung, aus den nächsten Präsidentschaftswahlen als Sieger hervorzugehen. Daß zwischen ihnen und den Nordstaaten-Demokraten grundsätzliche Meinungsverschiedenheiten bestehenblieben, zeigte sich jedoch im Vorfeld der Kongreßwahlen von 1858, und zwar hauptsächlich in den Debatten, die Douglas in Illinois mit Abraham Lincoln führte. Der damals 49jährige »Frontier«-Advokat machte als Republikaner in jenem Jahr dem bekannten Demokraten seinen Senatssitz streitig. In sieben öffentlichen Streitgesprächen, die in verschiedenen Ortschaften des Staates stattfanden, verurteilte Lincoln die Sklaverei als ein moralisches, soziales und politisches Unrecht und bezeichnete sie als ein Problem, das auf nationaler und nicht auf regionaler Ebene gelöst werden müsse. Seine Attacke gegen Douglas' Konzept des Volksentscheids gipfelte in der eloquenten Demonstration des Widerspruchs zwischen der »Popular Sovereignty« und dem Grundsatz des Dred Scott-Urteils.

Schon vor dem Beginn der Debatten hatte Lincoln in einer Rede seine Überzeugung durch ein berühmtes Bibelzitat unmißverständlich klargemacht: »A house divided against itself cannot stand« (Mt. 12, 25). Er identifizierte sich keineswegs mit dem Abolitionismus, aber er widersetzte sich mit aller Deutlichkeit jeder weiteren Ausbreitung der Sklaverei und wurde damit zum weithin wirkenden Sprecher seiner Partei. Den Senatssitz seines Gegners gewann er zwar nicht, aber die Kongreßwahlen brachten den Republikanern doch eine beträchtliche Stärkung, und es wurde klar, daß im Jahre 1860 eine grundsätzliche Entscheidung erfolgen mußte. Dazwischen fiel 1859 als weiterer Eskalationsimpuls der Überfall John Browns auf das Zeughaus von *Harper's Ferry* (Virginia). Diese Gewaltaktion des abolitionistischen Fanatikers verfolgte das Ziel, einen allgemeinen Sklavenaufstand auszulösen. Dazu kam es jedoch nicht. Brown wurde überwältigt, gefangengenommen und vor ein Gericht des

Staates Virginia gestellt, das ihn zum Tode verurteilte. Vielen Südstaatlern erschien seine Tat als neuer Beweis für die »Verschwörung« des Nordens gegen den Süden, und die Hinrichtung wurde als gerecht empfunden. Für die Abolitionisten jedoch starb Brown als Märtyrer der Freiheit.

Der stetige Machtzuwachs der Republikanischen Partei schien im Norden nicht mehr aufzuhalten. Auf ihrem Konvent vom 18. Mai 1860 nominierte sie Lincoln zum Präsidentschaftskandidaten und provozierte damit im Süden unverhüllte Sezessionsdrohungen. Dennoch verhalfen die südstaatlichen Extremisten Lincoln indirekt zum Wahlerfolg, und zwar weil sie es ablehnten, sich hinter Douglas zu stellen. Lincoln gewann 180 von 303 Wahlmännerstimmen. Damit überholte er sowohl Douglas als auch die anderen Gegenkandidaten sehr deutlich, aber er konnte seiner Partei im Kongreß keine absolute Mehrheit sichern. Beim Ausbleiben der Sezession wäre der Süden somit kaum ernstlich gefährdet gewesen. Die Stimmen, die angesichts des Wahlresultates auf diese Tatsache hinwiesen, verhallten jedoch ungehört. Die »Fire Eaters« des Südens erkannten, daß die Gelegenheit zu dem schon mehrfach geplanten Austritt aus der Union jetzt oder nie ergriffen werden mußte. Dem unaufhaltsam angewachsenen wirtschaftlichen, demographischen und politischen Übergewicht des Nordens konnte in ihren Augen mit keinem anderen Mittel mehr begegnet werden.

Als erster Staat erklärte South Carolina am 20. Dezember 1860 die *Sezession.* Innerhalb der nächsten zwei Monate traten auch Mississippi, Florida, Alabama, Georgia, Louisiana und Texas aus der Union aus. Anfang Februar 1861 wurde in Montgomery (Alabama) der neue Bundesstaat gegründet. Sein offizieller Name lautete »Confederate States of America«. An die Spitze seiner zunächst provisorisch eingesetzten Regierung trat Jefferson Davis als Präsident.

Die letzten Hoffnungen auf friedlichen Ausgleich mußten angesichts dieser Entwicklung der Dinge rasch verfliegen. Unverzüglich bemächtigten sich die Südstaaten der auf ihrem Gebiet liegenden militärischen Anlagen und Zeughäuser. In seiner Inaugurationsrede vom 4. März 1861 versprach Lincoln den Krieg nicht zu beginnen, aber er machte ebenso unmißverständlich klar, daß er die Union zu bewahren und sowohl ihre Rechtsautorität als auch ihr Eigentum zu verteidigen gesonnen war. Die Sezession bezeichnete er als einen illegalen Akt.

Der *Ausbruch der Feindseligkeiten* erfolgte am 12. April, und zwar durch einen südstaatlichen Artillerieangriff auf das im Hafen von Charleston gelegene Fort Sumter, dessen Versorgung durch die Regierung von Washington auf dem Seeweg versucht wurde. Als die

Festung gefallen war, griffen beide Seiten zu den Waffen. Die Konföderationsregierung mobilisierte ihre Land- und Seestreitkräfte, während Lincoln durch eine Reihe von Notstandsmaßnahmen 75000 Freiwillige zur Verstärkung der regulären Armee einberief, weitere Aufgebote vorbereitete und die Blockade der südstaatlichen Häfen proklamierte. Die Kriegsmobilmachung des Nordens provozierte den Abfall der Staaten Virginia, Arkansas, Tennessee und North Carolina. Das gebirgige Hinterland von Virginia machte die Sezession allerdings nicht mit. Es organisierte eine eigene Regierung und wurde 1863 als Staat West Virginia in die Union aufgenommen. Auch die östlichen Bezirke von Tennessee widersetzten sich dem Austritt aus der Union, aber zur Gründung eines neuen Staates kam es dort nicht. Von den sogenannten »Border States« blieben Delaware, Maryland, Kentucky und Missouri der Union treu.

Daß der *Bürgerkrieg* in erster Linie aus dem Konflikt über die Sklavenfrage resultierte, ist nach langer historiographischer Diskussion heute praktisch unbestritten. Bei genauer Prüfung der regionalen und lokalen Verhältnisse hat es sich immer wieder gezeigt, daß die wirtschaftlichen und soziologischen Faktoren der allmählichen Entfremdung zwischen Norden und Süden stets und aufs engste mit diesem Hauptproblem zusammenhingen.[5] Als die Sezession des tiefen Südens und die Gründung der Konföderation einmal Tatsache geworden war, war auch die kriegerische Auseinandersetzung nicht mehr zu vermeiden. Eine Anerkennung des neuen Staatsgebildes, das von den Nordstaaten überdies durch keine natürlichen Grenzen getrennt war, hätte zweifellos weitere Abfallbewegungen nach sich gezogen, und früher oder später hätten sich überall Grenzstreitigkeiten und neue Konflikte über Handel, Zölle und Aufteilung des Bundesbesitzes ergeben. Bedeutende Gebiete der südstaatlichen Konföderation waren durch finanzielle und militärische Anstrengungen der gesamten Nation erworben worden; daß die Washingtoner Regierung und die hinter ihr stehenden Staaten der Union nunmehr hierauf verzichten würden, war nicht denkbar. Wenn Lincoln seinen Amtseid ernst nahm, konnte er gar nichts anderes tun als das, was er in seiner Inaugurationsrede zu tun versprochen hatte.

Die Ausgangslage enthielt für beide Seiten Vorteile, deren geschickte

5 Die Diskussion über Gründe und Ursachen des Bürgerkrieges wird in ihrer Gesamtheit zusammengefaßt von Thomas J. Pressly: Americans Interpret Their Civil War, New York ²1962. Vgl. dazu ferner Avery Craven: An Historian and the Civil War, Chicago 1964 u. ö. Eine umfassende Literaturübersicht zur Geschichte des Bürgerkrieges stammt von Allan Nevins, James I. Robertson, Jr., & Bell I. Wiley (eds.): Civil War Books: A Critical Bibliography, 2 Bde. Baton Rouge, La., 1967 u. 1969.

Ausnützung militärischen Erfolg versprach. Der Norden übertraf den Süden an materiellen Ressourcen, Industriekapazität und Bevölkerungszahl. Auf seiten der Bundesregierung standen insgesamt 23 Staaten mit ca. 22 Millionen Einwohnern. Die Konföderation bestand aus 11 Staaten mit ca. 9 Millionen Einwohnern, davon 4,25 Millionen Schwarzen. Zu den gewichtigsten Aktivposten des Südens gehörten der ausgesprochene Kampfgeist der weißen Bevölkerung, das nationale Selbstvertrauen, das Bewußtsein, einen Defensivkrieg zu führen, und die leidenschaftliche Identifikation mit den Traditionen und Lebensformen der konservativ-agrarischen Gesellschaft. Dazu kam die Tatsache, daß die Konföderationsarmee in ihrem Führungskader über eine beträchtliche Zahl äußerst fähiger Offiziere verfügte. Hier war der Norden, wenigstens zu Beginn des Krieges, ganz entschieden im Nachteil. Viele Südstaatler erwarteten, daß England und Frankreich mit der Zeit auf ihre Seite treten würden, da sie auf den Baumwollimport angewiesen waren. Diese Hoffnung sollte sich allerdings als trügerisch erweisen. Es sollte sich auch zeigen, daß Lincoln seinen Gegenspieler Jefferson Davis an staatsmännischem Format bei weitem übertraf.

Wie im Süden glaubte man auch im Norden an einen kurzen, unblutigen und rasch zum Sieg führenden Waffengang. Die ersten Gefechte und vor allem die schwere Niederlage der Unionstruppen in der ersten Schlacht am Bull Run (südwestlich von Washington, 21. Juli 1861) zerstörten jedoch diese Illusion gründlich. Der Krieg sollte sich über vier Jahre hinziehen und bis zur völligen Erschöpfung des Südens auf beiden Seiten enorme Verluste an Menschen und materiellen Gütern fordern. Das gesamte Truppenaufgebot der Konföderation schwankte zwischen 700000 und 1 Million Mann, dasjenige der Union stieg auf mehr als 1,5 Millionen Soldaten. Die Verluste der Konföderationsarmee beliefen sich auf 258000, diejenigen der Unionsstreitkräfte auf 360000 Tote.

Der *Verlauf des Krieges* kann hier nur ganz kurz und skizzenhaft dargestellt werden. Er läßt sich im wesentlichen auf drei Schauplätzen verfolgen, nämlich auf dem Meer, im unteren Mississippital und im Osten, d. h. im engeren und weiteren Umkreis der Bundeshauptstadt Washington.

Der *Seekrieg* bestand zunächst aus einer Reihe von Kaperaktionen südstaatlicher Schiffe, die den Handelsverkehr zwischen der Union und Europa zwar störten, aber doch nie unterbrechen konnten. Im März 1862 kam es vor der Mündung des James River zu einem spektakulären Duell zweier Panzerschiffe. Das Treffen zwischen dem südstaatlichen »Merrimac« und dem nordstaatlichen »Monitor« endete zwar unentschieden, aber es markierte einen wichtigen Wendepunkt in der allgemeinen Geschichte der Seekriegsführung. Zu den bedeutendsten und erfolgreichsten Flotteneinsätzen des Nordens gehörte die Expedition, die im April 1862 zur Einnahme von New Orleans führte und die Konföderation für die ganze Dauer des Krieges ihres größten Hafens beraubte. Im ganzen läßt sich feststellen, daß die Seestreitkräfte der Union die strategischen Intentionen der Regierung von Washington sehr wirksam unterstützten. Sie halfen mit, die Blockade aller südstaatlichen Häfen zu verwirklichen und ermöglichten die Besetzung wichtiger Stützpunkte an Flüssen und Küsten. Sie versenkten oder eroberten zahlreiche Kriegs- und Handelsschiffe der Konföderation und schützten die transatlantischen Verkehrsrouten, auf die die Union angewiesen war. Die Lieferungen von Getreide, Fleisch, Petroleum und anderen Rohstoffen brachte ihr nicht nur lebenswichtige Einkünfte, sie trug auch dazu bei, daß England und Frankreich ihre neutrale Haltung gegenüber den Parteien des Bürgerkrieges nicht aufgaben.

Im *Mississippital* waren die Unionstruppen von Anfang an fast ununterbrochen siegreich. Zunächst gelang ihnen der Durchbruch nach Tennessee, die Eroberung strategisch wichtiger Befestigungsanlagen und die Besetzung der ganzen westlichen Hälfte dieses Staates einschließlich seiner Hauptstadt Nashville. Diese Erfolge waren im wesentlichen der klugen Einsatzplanung und Kampfführung des Unionsgenerals Ulysses S. Grant zu verdanken. Bei Siloh nahe der Südgrenze von Tennessee wurde er am 6./7. April 1862 von einem Gegenangriff der Konföderierten allerdings überrascht und in eine sehr gefährliche Situation gebracht. Seine Truppen hielten jedoch ihre Stellungen bis zur Ankunft von Verstärkungen und stießen dann dem Mississippi entlang weiter nach Süden vor. Nach der Einnahme von Memphis bestand das Ziel Grants darin, seine Streitkräfte mit dem Unionskontingent, das New Orleans besetzt hielt, zu vereinigen. Das schwerste Hindernis stellte sich seinem Vormarsch in der von den Konföderierten befestigten Stadt *Vicksburg* entgegen, die den wichtigsten Verbindungspunkt zwischen den westlichen und den östlichen Teilen des neuen Bundesstaates bildete. Nach dem erfolglosen Versuch einer Frontalattacke von Norden gelang Grant im Sommer 1863 ein großes und schwieriges Umgehungsmanöver und der Bezug einer Angriffsstellung im Süden der Stadt. Sie wurde sechs Wochen lang belagert und am 4. Juli zur Kapitulation gezwungen. Das war einer der entscheidenden Kriegserfolge der Union. Er brachte die Kontrolle über den ganzen Lauf des Mississippi von St. Louis nach New Orleans in ihre Hand und zerbrach die Konföderation in zwei Teile. Von diesem Moment an war es praktisch unmöglich geworden, die südstaatlichen Truppen, die

östlich des großen Stromes kämpften, mit dem notwenigen Nachschub aus Texas, Arkansas und Louisiana zu versorgen.
Auf dem *östlichen Kriegsschauplatz* waren die Operationen der nordstaatlichen Streitkräfte in den ersten beiden Kriegsjahren sehr viel weniger erfolgreich als im Westen. Die Kämpfe spielten sich in der Hauptsache in dem von zahlreichen Flußläufen durchzogenen Gebiet zwischen Washington und Richmond ab. Die Hauptstadt von Virginia war zur Kapitale der Konföderation erhoben worden; sie bildete das Ziel der nordstaatlichen Angriffe. Diese Vorstöße blieben aber immer wieder stecken, und immer wieder mußte sich die Unionsarmee unter hohen Verlusten zurückziehen. Bis zum Sommer 1863 konnten die Konföderierten ihre Überlegenheit wahren. Ihren äußerst fähigen Generälen Robert E. Lee und Thomas J. (»Stonewall«) Jackson vermochte die Union keine ebenbürtigen Heerführer entgegenzustellen. Nur einmal errang sie einen wenigstens knappen Sieg, und zwar in der Abwehr von Lees Einfall nach Maryland. Die Schlacht am Antietam (17. September 1862) war eine der blutigsten des ganzen Krieges. Ihr Ausgang veranlaßte die Konföderationsarmee zum Rückzug und gab Lincoln die lange erwartete Möglichkeit, die *Emanzipationsproklamation* zu erlassen. Sie wurde zunächst als »Preliminary Proclamation« bekanntgegeben (22. September) und sollte mit dem 1. Januar 1863 endgültig in Kraft gesetzt werden.
Für diesen Zeitpunkt verkündete Lincoln die Befreiung der Sklaven in allen im Aufstand befindlichen Gebieten. Ausnahmen sah er vor für einige von den Unionstruppen besetzte Gegenden sowie für die »Border States«, die er nicht brüskieren konnte. Obwohl die Erklärung von abolitionistischer Seite als halbe Maßnahme kritisiert wurde, war sie dennoch dazu angetan, den Charakter und die Bedeutung des Bürgerkrieges von Grund auf zu verändern. Von nun an verkleinerte jeder Vorstoß der nordstaatlichen Streitkräfte das Gebiet, in dem die Sklaverei noch erlaubt war. Die Unionsarmee wurde zur Befreiungsarmee; wo immer sie aufmarschierte, verstärkte sich die Gewißheit, daß mit dem Kriegsende auch die »Peculiar Institution« des Südens völlig und endgültig verschwinden werde. Ein im Untergrund funktionierendes Nachrichtensystem verbreitete die Botschaft Lincolns in der ganzen Konföderation und bewirkte, daß die Zahl der hinter die Linien der Unionstruppen fliehenden Schwarzen stark zunahm.
Für den Norden wirkte sich die Emanzipationsproklamation vor allem in außenpolitischer Hinsicht günstig aus. Sie verstärkte in den europäischen Ländern die Zahl der Freunde der Union und drängte die Anhänger der Konföderation überall in die Defensive. Besonders

lebhaft war die Reaktion in England. In zahlreichen Städten wurden öffentliche Versammlungen abgehalten, die Lincoln feierten und beglückwünschten. Sehr einhellig klang das Lob des amerikanischen Präsidenten namentlich unter den Textilarbeitern von Lancashire, die sich trotz des Ausbleibens der Baumwollieferungen in ihren Sympathien für die Union nie hatten irremachen lassen. Konservative Zeitungen, die die Politik der Regierung von Washington gegenüber den Südstaaten stets kritisiert hatten, änderten vom Herbst 1862 an allmählich ihre Haltung und stimmten in den allgemeinen Beifall ein. In dieser Situation blieb der britischen Regierung nichts anderes übrig, als gegenüber den Vorgängen in Amerika auch weiterhin ihre Neutralität zu bewahren und die bisher mehr als einmal diskutierten Pläne einer Intervention zugunsten der Konföderation aufzugeben.

In der Union selbst konnte Lincoln seine Position gegenüber der demokratischen Partei und anderen oppositionellen Gruppen festigen. Da die militärischen Operationen nach wie vor große Einsätze und Opfer forderten, stellte sich das Problem der laufenden Verstärkung der Streitkräfte immer dringender. Das bisherige Rekrutierungssystem erwies sich als untauglich; die Tatsache, daß zahlreiche Offiziersernennungen und Kommandoübertragungen politisch motiviert waren, hatte sich auf die Kriegstüchtigkeit einzelner Truppenkörper sehr nachteilig ausgewirkt. Die »Conscription Act« vom 3. März 1863, die vom Prinzip der allgemeinen Wehrpflicht ausging und jedem Staat die Aufstellung bestimmter Kontingente vorschrieb, vermochte hier einiges zu verbessern, aber sie stieß mit ihren Dispensations- und Stellvertretungsklauseln auf harte Widerstände und provozierte im Sommer 1863 in den Arbeiterquartieren von New York einen mehrtägigen »Anti-Draft Riot«. Als wirksame Verstärkungen der Unionsarmee erwiesen sich die seit 1863 rekrutierten Negerregimenter. Ihre Soldaten legten schon in den ersten Kriegseinsätzen große Tapferkeit an den Tag und zeigten, daß sie den weißen Truppen trotz kurzer Ausbildung durchaus ebenbürtig waren. Schwierigkeiten bei der Auffüllung der Bestände bestanden seit 1862 auch für die Konföderationsregierung. Auch im Süden erhob sich scharfe Opposition gegen die Zwangsrekrutierung. Die Desertionsrate lag in beiden Armeen während des ganzen Krieges durchschnittlich bei 10%.

Das Frühjahr 1863 brachte den Unionsstreitkräften auf dem Kriegsschauplatz von Virginia zunächst noch einmal eine schwere Niederlage; im Sommer desselben Jahres war allerdings dann der Wendepunkt erreicht.

Nach dem Sieg bei Chancellorsville (2.–4. Mai) stieß Lee wiederum

von Norden vor und fiel diesmal in Pennsylvania ein. Mit einem Heer von 75000 Mann zog er gegen die Staatshauptstadt Harrisburg und jagte dadurch dem gesamten Norden einen gewaltigen Schrekken ein. Mehr durch Zufall als auf Grund systematischer Operationsplanung kam es am 1. Juli bei *Gettysburg* zur Konfrontation mit einer Unionsstreitmacht unter dem General George G. Meade. Hieraus entwickelte sich eine Schlacht, die drei volle Tage andauerte und nach einem letzten verzweifelten Angriff der Konföderierten (»Pickett's Charge«) damit endete, daß Lee sich wieder nach Süden zurückziehen mußte. Die Schlacht von Gettysburg forderte auf beiden Seiten wiederum äußerst hohe Verluste. Über 7000 Soldaten verloren ihr Leben, die Zahl der Verwundeten und Vermißten betrug für beide Parteien zusammengerechnet über 40000 Mann. Erstmals war der Union – wenn auch mit größter Anstrengung – auf dem östlichen Kriegsschauplatz ein klarer Sieg gelungen. Die fast auf den Tag genaue Koinzidenz mit Grants Einnahme von Vicksburg war gewiß ein Zufall; sie markiert aber für den historischen Betrachter sehr deutlich den Augenblick, von dem an die Konföderation die ersten Zeichen der Erschöpfung zu zeigen begann.
Gleichzeitig mit der Eroberung des Mississippi war die *Blockade* der südstaatlichen Küsten vollendet worden, so daß der gesamte Import- und Exportverkehr der Konföderation praktisch zum Erliegen kam. Bald fehlte es der ohnehin nur wenig entwickelten Industrie an den notwendigen Rohstoffen. Der Materialnachschub an die kämpfenden Truppen war nicht mehr sichergestellt, die Eisenbahnlinien verfielen oder wurden durch gegnerische Angriffe zerstört, Lebensmittelknappheit breitete sich aus, die Teuerung war nicht aufzuhalten, und die Bevölkerung begann zu hungern. Dazu kamen *mannigfache politische Spannungen*. Die alten Konflikte zwischen Unionisten und Sezessionisten brachen aufs neue aus, Verfechter der »States' Rights« stritten sich mit den Anhängern einer starken Bundesregierung, und auch der Gegensatz zwischen Plantagenbesitzern und Hinterlandfarmern erhitzte sich wiederum in offenen Zwistigkeiten. Jefferson Davis konnte sich als Präsident gegen einen feindseligen Kongreß immer weniger durchsetzen und büßte seine Autorität durch undiplomatisches Verhalten mit der Zeit fast völlig ein. Während die innere Situation der Konföderation immer kritischer wurde, produzierte die *Industrie der Nordstaaten* auf Hochtouren. Die Inflation begünstigte zahlreiche Unternehmungen, und die vom Kongreß (nunmehr ohne den Widerstand des agrarischen Südens) festgesetzten Schutzzölle brachten den Fabrikanten hohe Gewinne ein. Die in den späten 1850er Jahren entstandene *Petroleumindustrie* erlebte einen sehr raschen Aufschwung und beschäftigte schon wäh-

rend des Krieges Zehntausende von Arbeitern. Durch die fortschreitende Mechanisierung der Landwirtschaft konnte auch der Getreideexport laufend erhöht werden. Die Erschließung des Westens erhielt durch den *Eisenbahnbau* kräftige Impulse: Am 1. Juli 1862 trat die »Pacific Railway Act« in Kraft, die die staatliche Unterstützung für den Bau einer Eisenbahn- und Telegraphenlinie vom Missouri zur Westküste vorsah. Kurz darauf begann in Omaha der Bau der »Union Pacific Railroad«, während die »Central Pacific Railroad« von Sacramento aus nach Osten vorstieß. Im Jahre 1862 erließ der Kongreß außerdem zwei besonders bedeutsame Gesetze, die einerseits die Landerschließung und andererseits das Erziehungswesen förderten. Die »Homestead Act«, deren Verabschiedung durch südstaatliche Opposition früher stets verhindert worden war, ermöglichte den individuellen Siedlern den praktisch kostenlosen Landerwerb in Einheiten zu je 160 Acres. (Das war fortschrittlich gedacht und im Prinzip gut gemeint, aber bald zeigte sich, daß eine solche Parzelle im Westen für rentable Bewirtschaftung zu klein war, und so mußten die Bestimmungen über das Ausmaß der Landzuteilung mehrfach geändert werden.) Durch die »Morrill Act« wurden in allen Staaten Landparzellen für den Bau von Landwirtschafts- und Ingenieurschulen reserviert. Dadurch konnten die schon bestehenden Staatsuniversitäten vergrößert und zahlreiche neue Institutionen der höheren Allgemein- und Berufsbildung errichtet werden.
Hätte der Süden nach den Niederlagen von Vicksburg und Gettysburg den *Kompromißfrieden* gesucht, so wäre ihm die totale Katastrophe möglicherweise erspart geblieben. Lincoln versicherte mehrmals seine Bereitschaft zu einem Waffenstillstand, allerdings stets unter der Voraussetzung, daß die Südstaaten in die Union zurückkehrten und die Emanzipation der Sklaven anerkannten. Sicher ist jedoch, daß der Kongreß weit weniger nachgiebig gewesen wäre, denn aus seinen Reihen erfuhr der Präsident in den Jahren 1863 und 1864 oftmals scharfe Kritik wegen allzu großer Konzilianz gegenüber den unterworfenen Gebieten des Südens. Aber auch in der Konföderation vermochten sich die Stimmen, die nach einem Kompromiß riefen, nicht Gehör zu verschaffen. Haß, Verbitterung und die grimmige Entschlossenheit, den Kampf bis zum Letzten weiterzuführen, vereinigten sich mit immer wieder aufbrechendem Optimismus und mit der Überzeugung, der siegreiche Durchbruch nach Washington werde schließlich doch noch gelingen.
So wurde der Kampf verbissen weitergeführt. Sein westlicher Hauptschauplatz verlagerte sich im September 1863 in das *Grenzgebiet* zwischen *Tennessee* und *Georgia.* Nach der siegreichen Schlacht bei Chattanooga konnte Grant die Machtstellung der Unionstrup-

pen in Tennessee festigen und die Ausgangsbasis für den weiteren Vormarsch nach Südosten konsolidieren. Zu Beginn des Jahres 1864 wurde er jedoch nach Washington beordert und von Lincoln zum Oberbefehlshaber aller Unionsstreitkräfte ernannt. In einer ganzen Reihe von Schlachten, die alle in Virginia stattfanden und für beide Seiten wiederum äußerst verlustreich waren, setzte er den Kampf gegen die Armee Lees fort. Diese war bis jetzt noch von keinem Unionsgeneral endgültig geschlagen worden, und auch Grant vermochte nichts anderes zu tun, als sie nach und nach aufzureiben. Während er damit beschäftigt war, führte General William Tecumseh Sherman mit der Armee des Westens den geplanten Feldzug von Tennessee bis an die Südostküste des Kontinents durch. Er eroberte u. a. Atlanta und Savannah (1. September / 22. Dezember 1864). Die Hauptstadt des Staates Georgia wurde total zerstört. Auf ihrem ganzen Marsch, der schließlich nordwärts bis nach North Carolina führte, ließ die Armee Shermans eine breite Spur erbarmungsloser Verwüstung, Plünderung und Ausbeutung zurück, die nicht nur den Widerstandswillen der Bevölkerung brach, sondern auf Jahrzehnte hinaus ihre Ressentiments gegen den Norden nähren sollte. Die Konföderation verfügte über keine Truppen mehr, die dieser Zerstörungswut wirksam hätten entgegentreten können, und sie vermochte auch keinen Widerstand mehr zu leisten, als die Regimenter des Reitergenerals Philip Sheridan im Herbst 1864 das Tal des Shenandoah verwüsteten. Grant selbst hatte seine Truppen schon im Sommer an den James River vorrücken lassen und die Belagerung der Stadt Petersburg begonnen, die insgesamt neun Monate dauern sollte. Als der Eisenbahnknotenpunkt nicht mehr zu halten war, mußte sich Lee auch aus Richmond zurückziehen. Mit den Resten seiner Armee marschierte er ins westliche Hügelland von Virginia und kapitulierte schließlich am 9. April 1865 bei *Appomattox Courthouse.* Innerhalb weniger Tage gaben auch die anderen Konföderationstruppen, die bis dahin noch zersplittert im Einsatz gestanden hatten, den Kampf auf.

Damit war der Krieg zu Ende, aber es sollte Lincoln nicht mehr vergönnt sein, nach dem Sieg über die »Confederate States« nun auch den Frieden wiederherzustellen. Im Herbst 1864 war er für eine zweite Amtsperiode eindeutig wiedergewählt worden. Der Wahlkampf hatte bereits die Konflikte vorausahnen lassen, die das Land im kommenden Jahrzehnt belasten sollten. Die Hoffnung, daß Lincoln diese Schwierigkeiten durch seinen Gerechtigkeitssinn und durch sein staatsmännisches Talent aus der Welt schaffen werde, erfüllte sich nicht. Am 14. April 1865 fiel der Präsident in Washington einem Attentat zum Opfer.

Die Zeit von 1865 bis 1877 wird in der amerikanischen Geschichtsschreibung als die Periode der *»Reconstruction«* bezeichnet. Sie war charakterisiert durch zahlreiche Versuche und Anstrengungen, das soziale und wirtschaftliche Leben der Südstaaten zu normalisieren und die ehemalige Konföderation dem Unionsverband wiederum zu integrieren. Über die Frage, wie dieses Ziel erreicht werden sollte, herrschte aber so tiefgreifende Uneinigkeit, daß von einer wirklich umfassenden Rekonstruktion der Nation nie die Rede sein konnte. Als nach der Mitte der 1870er Jahre das allgemeine Interesse an der großen innenpolitischen Aufgabe allmählich erschlaffte, blieben noch viele Probleme ungelöst.

Die unglückliche Entwicklung der Dinge begann damit, daß die Bundesregierung nach Lincolns Tod unter den beherrschenden Einfluß einer Gruppe rachsüchtiger, engstirniger und in erster Linie den Interessen der eigenen Partei verschriebener Politiker geriet. Die *»radikalen Republikaner«* hatten sich schon während der letzten Kriegsjahre mit zunehmender Lautstärke im Kongreß bemerkbar gemacht. Sie haßten die ehemals führende Gesellschaftsschicht des Südens und wollten sie für die Sezession bestrafen. Durch diese Haltung verstärkten sie bei den meisten weißen Südstaatlern den Haß gegen den Norden, die Verbitterung und das Ressentiment.

Während die ehemalige Konföderation erschöpft und paralysiert darniederlag, breiteten sich im pulsierenden Geschäftsleben des Nordens hemmungslose Habgier, Spekulationslust und allgemeine Skrupellosigkeit aus. In fast allen Wirtschaftszweigen war eine neue Schicht von Profiteuren und Erfolgsjägern nach oben gekommen, die die Tradition eines einigermaßen geregelten kommerziellen Gebarens rücksichtslos über Bord warfen und nicht davor zurückschreckten, ihren Gewinn nun auch noch im geschlagenen Süden zu suchen. Dieselbe moralische Verwilderung erfaßte auch die Politik und die Verwaltung; sie führte dazu, daß die Glaubwürdigkeit mancher Institutionen und einflußreicher Persönlichkeiten schwer beeinträchtigt wurde.

Die Bemühungen um die soziale Erneuerung und Demokratisierung des Südens manifestierte sich in drei *Verfassungszusätzen*. Das 13. Amendment (1865) erklärte die Sklaverei für das ganze Land als gesetzwidrig und bestätigte damit die Emanzipationsproklamation. Das 14. Amendment (1868) garantierte den befreiten Sklaven (»Freedmen«) Staatsbürgerschaft und Bürgerrechte, während das 15. Amendment (1870) bezweckte, den Schwarzen das volle Stimm- und Wahlrecht zu sichern. Mit diesen Grundsätzen konnte im Norden jedermann einverstanden sein; ihre Verwirklichung war aber mit

der bloßen Proklamation noch keineswegs gesichert und konnte auf ganz verschiedene Art und Weise erfolgen.
Bei Kriegsende hatte die Regierung von Washington kein ausgearbeitetes Programm für die Restauration der Union besessen. Lincolns großzügiger Rekonstruktionsplan vom Dezember 1863, der eine rasche Wiederherstellung der südlichen Staatsregierungen vorsah, war von den radikalen Republikanern mit einer sehr viel schärfer gefaßten Gesetzesvorlage konfrontiert worden. Gegen diese hatte Lincoln mit Erfolg das Veto eingelegt, und noch in seiner letzten Rede vom 11. April 1865 hatte er für Mäßigung und Milde gegenüber dem Süden plädiert. Sein Nachfolger Andrew Johnson folgte denselben Ideen und bemühte sich auf Grund liberaler Amnestieverfügungen um einen raschen Neuaufbau der öffentlichen Institutionen in den Südstaaten. Als der Kongreß im Dezember 1865 wieder zusammentrat, war es mit dieser *»Presidential Reconstruction«* allerdings rasch vorbei. Den Maßnahmen Johnsons wurde die Zustimmung verweigert und ein wiederum sehr viel rigoroseres Programm der *»Congressional Reconstruction«* aufgestellt. Die Abgeordneten des radikal-republikanischen Flügels wollten die gesamte Kontrolle über die Rekonstruktionspolitik dem Kongreß zuteilen, da dieser ja auch über die Wiederaufnahme der ehemaligen Konföderationsstaaten entscheiden mußte. Das Ziel war die völlige Ausschaltung der konservativen Süd-Demokraten, die rasche und vollständige Durchsetzung der politischen Freiheit der »Freedmen«, vor allem aber die Festigung des republikanischen Supremats. Die radikalen Republikaner betrachteten ihre Partei nicht mehr als eine regionale, sondern als eine nationale Bewegung. Sie befürchteten die Entstehung einer neuen demokratischen Kongreßmehrheit, wenn die Südstaaten mit ihren alten Vertretern in den Kongreß zurückkehrten und sich mit den Norddemokraten wieder vereinigten. Daß die den Interessen der nordstaatlichen Industrie- und Finanzkreise dienliche Gesetzgebung von 1862–1864 in einem solchen Fall gefährdet war, erkannten sie sehr genau. Um ihre Position zu wahren, schreckten die um Thaddeus Stevens und Charles Sumner gescharten republikanischen Extremisten vor keinem Mittel der Repression und der Intrige zurück. Der Konflikt mit dem Präsidenten und den gemäßigten Gruppen des Kongresses war unvermeidlich.
Der aus der Schicht der »armen Weißen« von North Carolina und Tennessee stammende Johnson war seit jeher ein überzeugter Gegner der alten »Southern Aristocracy« und ihrer Privilegien gewesen, er hielt aber auch nicht viel von der politischen Leistungsfähigkeit der »Freedmen«. Als potentiell zuverlässigste Träger der Demokratie betrachtete er die mittleren und kleinen Farmer. Wie Lincoln ver-

trat er die Meinung, daß die Südstaaten die Union nie verlassen hätten, da dies von der Verfassung her gesehen gar nicht möglich war. Lincoln selbst hätte den Kompromiß mit den Radikalen vielleicht zustande gebracht, aber der bis zur Sturheit prinzipientreue Johnson verfügte weder über die staatsmännische Phantasie noch über die Beredsamkeit und Schlauheit seines Vorgängers und verstrickte sich immer tiefer in den Streit mit dem Kongreß. Da sein Veto gegen dessen Gesetzesvorlagen immer wieder umgestoßen werden konnte, schwand seine Autorität rasch dahin. Die Wahlen von 1866 brachten den radikalen Republikanern in beiden Häusern die Mehrheit und eröffneten ihnen damit den Weg zu ungehinderter legislatorischer Aktivität. Als Führungsorgan funktionierte das beinahe allmächtige »Joint Committee of Fifteen«. Das wichtigste von diesem Gremium vorgeschlagene Gesetz war die *»First Reconstruction Act«* (2. März 1867). Hier wurde zwei Jahre nach Kriegsende die militärische Okkupation des Südens verfügt, das ganze Gebiet (ohne Tennessee) wurde in fünf Militärregionen eingeteilt, und der Kongreß bestimmte, daß die Staaten erst wieder in die Union aufgenommen werden sollten, wenn sie Verfassungen vorlegten, die dem 14. Amendment der Bundesverfassung entsprachen.

Unter der Aufsicht der Militärgouverneure wurden diese Verfassungen ausgearbeitet, und bis zum Sommer 1868 amtierten in acht Staaten neue Zivilregierungen, in denen auch Schwarze vertreten waren. Daneben wurden überall auch weiße Nordstaatler aktiv, die aus Idealismus, aber oft auch aus Profitgier in den Süden gekommen waren, um bei der Durchführung der »Reconstruction« mitzuhelfen. Man nannte sie »Carpetbaggers«, während die wenigen weißen Südstaatler, die mit ihnen zusammenarbeiteten, als »Scalawags« bezeichnet wurden. Bis 1870 gab es in allen Südstaaten »Reconstructed Governments«; ihre Parlamente erließen mancherorts fortschrittliche Gesetze, vor allem in den Bereichen des Erziehungswesens (gemischte Schulen) und der sozialen Fürsorge. Sie förderten die Wiederaufnahme des Eisenbahnbaus, die Reparatur der Kriegsschäden und die Errichtung von Krankenhäusern. Vor allem waren sie bemüht, die politische und wirtschaftliche Integration der Schwarzen in das Leben der gesamten Gesellschaft zu verwirklichen. Andererseits aber litten die »Reconstructed Governments« doch auch sehr unter der politischen Unerfahrenheit der Mehrheit ihrer Mitglieder. Verschwendungssucht und Korruption breiteten sich rasch aus, und viele Schwarze wurden von den »Carpetbaggers« und ihren Gesinnungsgenossen wiederum schamlos ausgenützt. Das ganze System war aufs engste mit der Parteiorganisation der Republikaner verbunden. Die konservativen Südstaatler hielten sich von ihm fern und

verweigerten jede Zusammenarbeit mit den Behörden, die sie als betrügerisch und illegitim betrachteten.
Nun begnügten sich aber die radikalen Republikaner nicht damit, die Stellung ihrer Partei im Süden zu festigen. Sie strebten auch danach, der Legislative in der Bundesregierung eine klare Übermacht über Exekutive und Judikative zu verschaffen und auf diese Weise die führende Mehrheit im Kongreß zur höchsten Autorität in der Auslegung der Verfassung zu machen. So beförderten sie u.a. die Verabschiedung eines Gesetzes, das dem Präsidenten verbot, Bundesbeamte und Kabinettsmitglieder ohne Zustimmung des Senats zu entlassen. Mit Recht betrachtete Johnson dies als verfassungswidrig. Als er im Februar 1868 den noch von Lincoln übernommenen Kriegsminister Edwin M. Stanton seines Amtes enthob, provozierte er die offene Konfrontation. Was viele Republikaner schon lange erhofft hatten, geschah jetzt: Das Repräsentantenhaus klagte den Präsidenten des Hochverrats an. Damit war erstmals in der Geschichte der USA ein *Impeachment*-Verfahren in die Wege geleitet, das sich gegen einen Präsidenten richtete. Der nach der Verfassung vorgesehene Prozeß vor dem Senat endete zwar mit dem Freispruch, aber zu der für die Verurteilung erforderlichen Zweidrittelmehrheit hatte nur eine einzige Stimme gefehlt. Durch diesen Ausgang der für alle Beteiligten höchst blamablen Angelegenheit wurde nicht nur ein ungeschickter Präsident gerettet, sondern im Grunde das ganze traditionelle Regierungssystem der amerikanischen Republik vor dem Untergang bewahrt. Verbrecherische Handlungen konnten Johnson nicht nachgewiesen werden; wäre er abgesetzt worden, so wäre dies nur geschehen, weil er in seinen politischen Auffassungen und Zielsetzungen von der Mehrheit des Kongresses abwich.
Zum Nachfolger Johnsons wurde im Herbst 1868 mit großer Mehrheit Ulysses S. Grant gewählt, der sich deutlich zu den Ideen der radikalen Republikaner bekannt hatte. Der wegen seiner Kriegstaten populäre General erwies sich als einer der unfähigsten Präsidenten, die je an der Spitze der Nation gestanden hatten. Er legte eine noch nie erlebte politische Naivität an den Tag und war den Interessen der Geschäfts- und Finanzkreise absolut ergeben. Darüber hinaus ließ er in seiner Regierung eine beispiellose allgemeine Korruption einreißen, die alle bisherigen Mißstände dieser Art bei weitem übertraf. In den acht Jahren der Administration Grants gewannen im Süden die konservativen Kräfte allmählich wieder die Oberhand. Der Rekonstruktionseifer der Bundesregierung ließ deutlich nach, und es zeigte sich jetzt, daß das primäre Ziel der republikanischen Partei eben doch nicht in der Unterstützung der Rechte der Schwarzen und der von ihnen mitgetragenen Staatsverwaltungen lag. Die rekonstru-

ierten »Carpetbagger«-Regierungen gerieten immer mehr in den Ruf, nur dem eigenen materiellen Gewinn nachzujagen, und die von ihnen begangenen Ungeschicklichkeiten erleichterten den konservativen Demokraten die Rückkehr in die alten Machtpositionen. In einem Staat nach dem andern verschwanden die Republikaner und ihre Anhänger von der Bildfläche. Zahlreiche fortschrittliche Gesetze (vor allem die Schulgesetze) wurden wieder aufgehoben. Die Schwarzen sanken allmählich in die Position von Bürgern zweiter Klasse herab, denen die Ausübung der politischen Rechte immer mehr erschwert wurde. Ihre Einschüchterung wurde namentlich durch den *Ku-Klux-Klan* betrieben, durch jenen Geheimbund, der 1867 als »Unsichtbares Reich des Südens« organisiert worden war. Als verkleidete Reiterbanden traten seine Mitglieder überall auf, belästigten die Neger auf alle möglichen Arten und schreckten auch vor körperlicher Mißhandlung, Lynchjustiz und Mord nicht zurück. Obwohl die Bundesregierung mit harten Strafmaßnahmen gegen den unmenschlichen Terror einschritt, vermochte sie ihm nicht wirksam Einhalt zu gebieten. Sie war auch sonst nicht in der Lage, den Vormarsch der Reaktion aufzuhalten, und neigte immer mehr dazu, die allgemeine Entwicklung der Situation zu akzeptieren. Unter den konservativen Regierungen kehrte in den Südstaaten zwar Ruhe und Ordnung ein, aber die Ansätze zur Lösung der sozialen Probleme wurden zunichte gemacht, und die Beziehungen zwischen den Rassen blieben vergiftet. Sie entwickelten sich nur deshalb nicht zum offenen Konflikt, weil die Schwarzen überall nachgaben und sich der Diskriminierung praktisch widerstandslos unterwarfen. Andererseits blieb aber auch das Mißtrauen und das Ressentiment der weißen Südstaatler gegenüber dem Norden latent bestehen. Die Demütigung der Okkupation hatte sich ihrer Erinnerung noch schmerzhafter eingebrannt als diejenige der militärischen Niederlage im Bürgerkrieg.
Das »offizielle« *Ende der Rekonstruktionszeit* kündigte sich um 1876 an. In diesem Jahre konnte der Republikaner Rutherford P. Hayes die Präsidentschaft nach äußerst knapper und angefochtener Wahl nur dadurch gewinnen, daß er den Rückzug der letzten Besetzungstruppen aus Louisiana und South Carolina versprach. Nachdem die längst fällige Maßnahme vollzogen war, kamen im folgenden Jahre auch in diesen Staaten die konservativen Demokraten an die Macht, und auf der nationalen Ebene beruhigte sich das Verhältnis zwischen den großen Parteien. Der »Kompromiß von 1877« bedeutete aber im Grunde nichts anderes als das Eingeständnis, daß die radikal-republikanische Rekonstruktionspolitik ein Mißerfolg gewesen war.

5. *Abschluß der kontinentalen Expansion und Vollendung des modernen Industriestaates*

Zu den wichtigsten Triebkräften der amerikanischen Geschichte im letzten Viertel des 19. Jahrhunderts gehört ohne Zweifel der allgemein verbreitete Glaube an das *»Laissez faire«-Prinzip*. Er manifestierte sich auf mannigfache Weise in allen Regionen der Republik, in den Städten und auf dem Lande, in der Wirtschaft und in der Politik. Er bestimmte das Schicksal der Neger und der Indianer, die Nutzbarmachung (und gelegentlich auch die Zerstörung) der natürlichen Ressourcen, aber auch die Ausdehnung des Eisenbahnnetzes und den gewaltigen Aufschwung der Industrie. Der Schwerpunkt des historischen Geschehens entfernte sich allmählich vom politischen Zentrum Washingtons; Bundesregierung und Parteien tendierten dazu, direkte wirtschaftspolitische Interventionen zu vermeiden und der privaten Initiative überall möglichst freien Lauf zu lassen.

Nach dem Bürgerkrieg begann die letzte Phase der *Erschließung des Westens.* Bis dahin hatten sich die Siedler fast ausschließlich im unmittelbaren westlichen Einzugsgebiet des Mississippi und – abgesehen von Texas – an der pazifischen Küste niedergelassen. In diesen beiden von Norden nach Süden verlaufenden Landstrichen waren mehrere neue Staaten entstanden, und zwei »Frontier«-Linien bewegten sich seither aufeinander zu. Zwischen ihnen lagen die »Great Plains« und das Gebirge mit seinen Hochplateaus, Wüsten und Canyons. In diesem Gebiet waren als Kolonisten bisher allein die Mormonen seßhaft geworden; die meisten anderen Pioniere hatten es auf dem Wege nach California und Oregon nur durchwandert. Seine endgültige Erschließung sollte Zeitgenossen und Nachwelt in einzigartiger Weise beeindrucken. Die große Zeit des »Wilden Westens« war zwar nur von relativ kurzer Dauer, aber sie hat das Bild, das sich die Welt von Amerika machte und immer noch macht, unauslöschlich mitgeprägt.

Die Besiedlung der »Great Plains« und der Gebirgstäler war nicht nur durch den Bürgerkrieg, sondern auch durch die besonderen klimatischen und topographischen Verhältnisse hinausgezögert worden. Der rentable Ackerbau hatte bisher am 98. Meridian praktisch aufgehört. Die »Plains« waren nur spärlich mit Gras bewachsen und wenig fruchtbar. Sie wurden von regelmäßigen Dürreperioden heimgesucht, ihre Flüße führten i.a. wenig Wasser, Wälder gab es kaum, und die Temperaturunterschiede zwischen Sommer und Winter waren extrem hoch. Das Gebiet erschien durchaus unwirtlich; es stellte der landwirtschaftlichen Expansion zahlreiche bisher unbekannte Probleme in den Weg, und seine natürlichen Reichtümer waren keineswegs immer leicht zugänglich.

Daß die Erschließung des *»New West«* in wesentlichem Maße durch die *Eisenbahnen* gefördert wurde, haben wir schon erwähnt. Das Bundesgesetz zur Unterstützung des Eisenbahnbaus von 1862 hatte den privaten Unternehmungen Land, Holz und großzügige Darlehen bewilligt. Ein Kongreßbeschluß aus dem Jahre 1864 verdoppelte die »Land Grants« und erleichterte die Kreditbedingungen. Tausende von Tagelöhnern arbeiteten auf den Gleisbaustellen; die »Union Pacific« beschäftigte hauptsächlich Iren, während die »Central Pacific« einen großen Teil ihrer Arbeitskräfte aus China bezog. Im Mai 1869 begegneten sich die beiden Linien in Utah. Damit war die erste transkontinentale Eisenbahnverbindung hergestellt. Sehr bald folgten weitere Linien im Süden und im Norden; bis 1893 waren es ihrer fünf. Inzwischen hatte das Eisenbahnnetz aber auch im Mittleren Westen und im Osten weiteren Ausbau erfahren. Einzelne Unternehmungen waren zu riesigen Systemen zusammengewachsen, deren Gesamtstrecken sich auf Tausende von Meilen beliefen. An ihrer Spitze standen mächtige Finanzleute wie Cornelius Vanderbilt, James J. Hill, Jay Gould und J. Pierpont Morgan, die mit der Zeit das gesamte Wirtschaftsleben der Nation bestimmten.

Im Westen eilten die Eisenbahnen mancherorts den Siedlern voraus. Sie gaben der »Frontier« einen neuen Charakter, indem sie die Pioniere und Kundschafter sehr viel enger mit den ökonomischen und politischen Zentren der bereits besiedelten Gebiete verbanden, als dies früher der Fall gewesen war. Der gesamte Prozeß der Erschließung und politischen Strukturierung des neuen Landes wurde dadurch wesentlich beschleunigt.

Die ersten Vorstöße in die »Great Plains« gingen von den *Viehzüchtern* aus. Das Hauptgebiet der Viehzucht war Texas. Dieser Staat hatte durch den Bürgerkrieg verhältnismäßig wenig gelitten und konnte nach 1865 rasch ein regelrechtes Rindfleisch-Imperium aufbauen. Viehzucht war von den Spaniern schon seit Jahrhunderten betrieben und von den anglo-amerikanischen Einwanderern eifrig weitergeführt worden. Ihre Bemühungen resultierten in der Ausbildung der kräftigen »Longhorn«-Rasse, die auf den Viehfarmen (»Ranches«) von Texas besonders gut gedieh und um 1865 einen Gesamtbestand von ca. 5 Millionen Stück erreicht hatte. Angesichts des unaufhaltsam ansteigenden Fleischbedarfs stellte sich das Problem des Transports der Rinder in die Schlacht- und Verarbeitungszentren des Mittleren Westens und des Ostens mit zunehmender Dringlichkeit. Von 1866 an begannen die Texaner, ihre Herden in langen Zügen durch die Prärie zu den End- und Anschlußpunkten der Eisenbahnen zu treiben. Der *»Long Drive«* ging schließlich zur Hauptsache auf vier Routen vor sich; seine Strapazen und Gefahren lieferten den Stoff für viele (und keineswegs immer romantisierende) Volkslieder, Balladen und Abenteuergeschichten, die vom harten und ungebundenen Leben der »Cowboys« kündeten.

Bis in die frühen 1880er Jahre hatte sich die Viehzucht von Texas nach Colorado, Montana, Idaho und in die beiden Dakotas ausgedehnt. Riesige Gewinne wurden gemacht, und ihrer Mehrung schienen keine Grenzen gesetzt. Das Ende des »Cattle Kingdom« kam jedoch mit dem plötzlichen Zerfall der Fleischpreise im Jahre 1885. Die dadurch entstandene Krise wurde noch verschärft, als in den extrem kalten Wintern von 1885/86 und 1886/87 große Teile der Viehbestände zugrunde gingen. Wohl erholten sich die »Cattlemen« nach 1890 allmählich wieder von diesen Rückschlägen; ihre Situation im Gesamtgefüge der westlichen Wirtschaft hatte sich jedoch grundlegend verändert, und ihr Investitions- und Geschäftsgebaren nahm nie mehr die wilden Formen der Zeit vor 1885 an.

Noch während die Rinderherden durch die »Plains« getrieben wurden, hatten sich die *Farmer* allmählich in die letzten unerschlossenen Bereiche billigen Bodens vorgewagt. Neue Maschinen ermöglichten die extensive Nutzung, Windmühlen betrieben Pumpwerke und Bewässerungsanlagen, und technisch verbesserte Pflüge erleichterten die Feldarbeit. Das Problem der Einzäunung des bebauten Landes wurde durch die Einführung des Stacheldrahtes (1874) gelöst. Verschiedene Bundesgesetze verschafften den Farmern Zutritt zum anbaufähigen Weideland. Die Eisenbahngesellschaften, die zu den größten Landbesitzern des Westens gehörten, führten ihre Propagandafeldzüge bis nach Europa und versprachen den Auswanderern das Paradies auf Erden. Dasselbe taten viele Banken, Spekulationsgesellschaften und auch Staats- und Territorialbehörden. Über mangelnden Erfolg brauchten sie sich nicht zu beklagen: Innerhalb zweier Jahrzehnte stieg die Bevölkerung der Präriestaaten von 1 auf 4 Millionen an. Die Einwanderer stammten zum Teil aus dem Mittleren Westen der USA, viele kamen aber auch wiederum direkt aus West- und Nordeuropa.

Für die Besiedlung der »Plains« und der Gebirgsgebiete ebenso wichtig wie die Viehzucht und das Vordringen der Landwirtschaft war die Hochkonjunktur des *Bergbaus* an der *»Mining Frontier«*. Schon vor dem Bürgerkrieg war man in Colorado auf Goldvorkommen gestoßen, aber die Adern hatten nicht viel hergegeben, und zahlreiche Glückssucher waren als Farmer seßhaft geworden. Um 1858 war ein neuer »Colorado Gold Rush« ausgebrochen; gleichzeitig hatten andere Prospektoren in Nevada die große Comstock-Ader entdeckt, die in 20 Jahren Gold und Silber im Wert von 300 Millionen Dollar lieferte. Ähnlicher Reichtum wurde sonst nirgends gefunden, aber die Entdeckung kleinerer Edelmetallvorkommen in anderen Teilen Nevadas sowie in den künftigen Staaten Washington, Idaho und Montana führten zu immer neuen Goldgräberauszügen. Der letzte Ansturm dieser Art richtete sich im Jahre 1876 auf die »Black Hills« von South Dakota. Mit Ausnahme der Comstock-Ader versiegten die Gold- und Silberminen überall ziemlich rasch. Viele legendäre Bergbaustädte verwandelten sich in kurzer Zeit in ebenso legendäre »Ghost Towns«, und immer wieder kam es vor, daß die ernüchterten Prospektoren zu Farmern wurden und das Land permanent besiedelten. Die Geschichte der Edelmetallgewinnung ist jedoch nicht die ganze Geschichte der »Mining Frontier«. In denselben Zusammenhang gehört auch die Entdeckung und der beginnende Abbau von Kupfer, Blei und Quarz in Colorado, Montana und California sowie die Ausdehnung der Eisenerzgewinnung auf Michigan, Wisconsin und Minnesota. Diese Rohprodukte wurden jedoch nicht von mehr oder weniger ungeordneten Abenteurergruppen, sondern von eigens hierzu organisierten Bergbauunternehmungen abgebaut und der aufsteigenden Industrie zugänglich gemacht.

Auf ihrem Vormarsch nach dem Westen drangen die Pioniere, Viehzüchter, Farmer und Goldsucher immer tiefer in die letzten Gebiete ein, die bisher noch den *Indianern* vorbehalten gewesen waren. Der Konflikt, der 50 Jahre früher im Osten ausgetragen worden war, wiederholte sich nunmehr in den »Great Plains«. Schon seit 1851 betrieb die Bundesregierung gegenüber den Indianern eine systematische Politik der »Concentration«, die hauptsächlich in der Verkleinerung und fortgesetzten Aufteilung der Reservate bestand. Bald fühlten sich die Stämme zwischen der »Mining Frontier« und der »Agricultural Frontier« eingekeilt, und einmal mehr zeigte es sich, daß dem Wort des weißen Mannes nicht zu trauen war. Nicht nur die Jagdgründe wurden den Indianern geraubt; ebenso verhängnisvoll wirkte sich die Vernichtung der Büffelherden aus, die ihnen bisher Nahrung, Kleidung, Zeltmaterial und Brennstoff geliefert hatten. Die Büffel behinderten die Bewegungsfreiheit der Farmer und Viehzüchter; Berufsjäger und Soldaten rückten ihnen deshalb systematisch zu Leibe und töteten sie zu Tausenden. Ihre Häute und Knochen wurden industriell verwertet, ihr Fleisch ernährte nicht nur die Siedler, sondern vor allem auch die Eisenbahnarbeiter. Ursprünglich hatte es im Westen zwischen 15 und 30 Millionen Büffel gegeben; bis zur Mitte der 1880er Jahre waren sie fast völlig ausgerottet.

Daß sich die Indianer gegen die Bedrohung ihrer Existenz auch im Westen zur Wehr setzten, war nur natürlich. Erste Ansätze zu organisiertem Widerstand waren schon vor 1860 sichtbar geworden. Der offene *Indianerkrieg* begann im Gebiet von Colorado ungefähr zu der Zeit, da im Osten der Bürgerkrieg ausbrach. Die Kämpfe breiteten sich bald nach Norden aus und wurden dort vor allem von den Sioux geführt. Die Bundesregierung, die nach 1865 die Rekonstruktion des Südens unterstützte, verhielt sich gegenüber den Indianern des Westens weit weniger liberal und widersetzte sich ihrem Anspruch auf bürgerliche Gleichberechtigung hartnäckig. Zur Unterdrückung der Aufstände setzte sie starke Truppenkontingente ein, die sich ihrer Kampfaufträge oft mit unbeschreiblicher Grausamkeit entledigten und zahlreiche gnadenlose Vernichtungsfeldzüge durchführten. Gegen die außerordentlich beweglichen und mit dem Mut der Verzweiflung kämpfenden Reiterhorden der Indianer hatten sie allerdings mitunter einen schweren Stand. Als die Sioux im Jahre 1876 unter Sitting Bull zur Verteidigung ihres Reservats im Dakota-Territorium gegen die von Bundestruppen unterstützten Goldsucher antraten, gelang ihnen in dem berühmten Gefecht von Little Big Horn die totale Vernichtung einer von General George A. Custer befehligten Streitmacht. Trotz diesem Erfolg, der keineswegs der einzige blieb, ließ jedoch die Widerstandskraft der Indianer mit der Zeit nach. Ihre Ernährungslage wurde immer prekärer und das Ausweichen in noch unberührte Gebiete immer schwieriger. In den 1880er Jahren kam es noch zu sporadischen Kampfhandlungen, aber sie veränderten die allgemeine Lage nicht mehr. Der letzte Akt des Indianerkrieges, der die Unterwerfung der kontinentalen Ureinwohner besiegelte, war das ebenso unnötige wie grausame Massaker in Wounded Knee (South Dakota), dem am 29. Dezember 1890 über 200 Männer, Frauen und Kinder vom Stamme der Sioux zum Opfer fielen. Kurz zuvor hatte das Zensusbüro von Washington offiziell erklärt, die »Frontier« habe praktisch zu bestehen aufgehört. Wohl waren seit 1865 immer wieder Anstrengungen unternommen worden, die Lebensbedingungen der Indianer zu verbessern. Sie waren hauptsächlich von religiösen und sozialreformerischen Gruppen ausgegangen, hatten aber nie nachhaltige Erfolge erzielt, weil man die Mentalität der Indianer in bezug auf Landbesitz und Seßhaftigkeit nie richtig begriff oder begreifen wollte. Daß sich mit der Zeit auch in Washington konstruktive Tendenzen durchsetzten, wird vor allem durch die »Dawes Act« von 1887 bezeugt, die das Land in den Reservaten den einzelnen Familien und sogar einzelnen Personen zuteilte. Aber auch diese Maßnahme vermochte das Los der Indianer nicht wirklich zu lindern. Einzelne Stämme widersetzten sich der Landaufteilung, in vielen Reservaten war der Boden unfruchtbar, und die Bewohner, die sich ohnehin nur mit äußerstem Widerwillen zu Farmern hatten umerziehen lassen, blieben zur Armut verurteilt. Vor allem aber konnte die Landspekulation nicht abgestellt werden. Sie blühte überall dort weiter, wo man im Laufe der Zeit auf neue Mineral- oder auf Erdölvorkommen stieß. Um 1901 wurden die Angehörigen der besonders gut assimilierten fünf »Civilized Tribes« von Oklahoma gesamthaft zu Bürgern der Vereinigten Staaten erklärt. Die generelle Aufnahme aller Indianer in die Staatsbürgerschaft erfolgte um 1924. Von ihrer völligen Integration in die amerikanische Gesellschaft kann jedoch auch heute noch nicht gesprochen werden.

Wie vom »New West« spricht die amerikanische Geschichtsschreibung im Blick auf die letzten Jahrzehnte des 19. Jahrhunderts auch vom *»New South«*. Sie bezeichnet damit eine Phase regionaler Entwicklung, die einerseits durch die Erholung von der Katastrophe des Bürgerkrieges und andererseits durch die neue und unumschränkte Herrschaft der konservativen Kräfte bestimmt war.

Im ganzen gesehen ging die Regeneration der südstaatlichen Wirtschaft erstaunlich rasch vor sich. Die Abschaffung der Sklaverei zeitigte auf die Dauer keine nachteiligen Folgen für die Plantagenwirtschaft. Bereits um 1875 hatte die Produktion von Baumwolle und Tabak wieder den Vorkriegsbestand erreicht. Obwohl die Zahl der Kleinfarmen zunahm, blieben die Großgrundbesitzer doch dominant und wußten die ehemaligen Sklaven, die zu Pächtern (»Sharecroppers«) geworden waren, von sich abhängig zu halten. Viele führende Politiker träumten von der *Industrialisierung* ihrer Region nach dem Vorbild des Nordens. Tatsächlich begannen sich zahlreiche industrielle Unternehmungen im Süden niederzulassen; ihre Entwicklung wurde durch den auch hier einsetzenden Ausbau des Eisenbahnnetzes nachhaltig unterstützt. Zwischen 1880 und 1890 lag die Wachstumsrate der Eisenbahnen in den Südstaaten um 50% höher als diejenige der gesamten Nation. Die Verbesserung des Transportwesens ermöglichte auch die Intensivierung des Bergbaus und der Erdölgewinnung. Die Tabakindustrie durchlief einen allgemeinen Rationalisierungs- und Konzentrationsprozeß; sie entwickelte neue Fabrikationstechniken und paßte sich durch die Verlegung des Produktionsschwerpunktes auf die Zigaretten dem neuen Bedürfnis einer großen Käuferschaft an. Das eigentliche Symbol des »New South« aber war die *»Cotton Mill«*. Die Baumwollverarbeitungsindustrie hatte ihre bescheidenen Anfänge schon vor dem Bürgerkrieg erlebt; in der Zeit von 1880 bis 1900 aber stiegen die Investitionen in diesem Bereich um das Siebenfache an. Viele Textilfirmen

Neuenglands konnten infolge höherer Löhne und kürzerer Arbeitszeiten nicht mehr konkurrieren und mußten ihre Produktion umstellen. Die Hauptprodukte der südstaatlichen Industrie waren jedoch unfertige Waren, die zu weiterer Verarbeitung in den Norden geschickt werden mußten. So blieb der Süden auch jetzt noch in mancher Hinsicht vom Norden und ganz besonders von den Finanzzentren des Nordostens abhängig. Trotz seines raschen Aufschwungs erreichte er die Prosperität und den Lebensstandard der anderen Regionen nicht. Das durchschnittliche Einkommen pro Kopf der Bevölkerung betrug um 1880 für die gesamten Vereinigten Staaten 870 Dollar, für den Süden allein jedoch bloß 376 Dollar. Um 1900 beliefen sich die entsprechenden Werte auf 1165 bzw. 509 Dollar.

Parallel zur wirtschaftlichen Erholung lief in den Südstaaten die neue Unterdrückung der Schwarzen. Das doppelte Ziel bestand in der totalen *Segregation* und im *Wahlrechtsentzug* (»Disenfranchisement«). Um 1900 gab es überall segregierte Eisenbahnen und Bahnhofsanlagen; mit der Zeit eroberte die Rassentrennung sämtliche öffentlichen Dienste und Einrichtungen. Die hierfür erlassenen Staatsgesetze wurden als »Jim Crow Laws« bezeichnet. Im Jahre 1896 hatte der Oberste Gerichtshof die Segregation praktisch sanktioniert, und zwar durch die Proklamierung des Grundsatzes »Separate but equal« (Plessy gegen Ferguson). Zwei Jahre später öffnete ein weiteres Urteil (Williams gegen Mississippi) den Weg zur systematischen Fernhaltung der Neger von den Wahllokalen. Sie wurde durch alle möglichen Tricks erreicht, so u.a. durch Prüfungen der Lese- und Schreibfähigkeit sowie durch prohibitive Niederlassungsanforderungen. Am Ende des Jahrhunderts hatte die hemmungslose »Laissez faire«-Reaktion, gegen die im Norden kaum je Protest lautgeworden war, in den Südstaaten jede Erinnerung an die Rekonstruktion ausgelöscht. Die Verfassungszusätze, die die Schwarzen den Weißen gleichstellten, wurden praktisch vollkommen ignoriert, und der Rassismus feierte seine wüstesten Triumphe in der Lynchjustiz, die in den 1890er Jahren ihre weiteste Verbreitung erlebte. Die schwarze Bevölkerung verhielt sich der Diskriminierung gegenüber auch jetzt noch vornehmlich nachgiebig. Sie hatte sich seit der Emanzipation allmählich in soziale Schichten aufgeteilt und vor allem in den Städten einen Mittelstand ausgebildet, der die ökonomische Prosperität bald für wichtiger hielt als den vollen Besitz der politischen Rechte. Als Sprecher dieser Gruppe und wirkungsvoller Verfechter einer konzilianten und friedlichen Haltung gegenüber den Weißen trat Booker T. Washington hervor, der sich als Leiter des Tuskegee Institute in Tuskegee (Alabama) auch in beispielgebender Weise um die handwerkliche Erziehung der Schwarzen bemühte. Seine gemäßigten Ideen fanden weiten Beifall, sollten aber von einer späteren Generation von Negerführern schroff abgelehnt und als »Uncle Tomism« verurteilt werden.

Während die Erschließung des Westens ihrem Ende entgegenging, erfolgte der endgültige Übergang der amerikanischen Gesellschaft von einer agrarischen zu einer *industriellen Zivilisation*. Wenn man die dreieinhalb Jahrzehnte von 1865 bis 1900 als Periode der amerikanischen industriellen Revolution bezeichnet, ist dies im Hinblick auf die technologischen Entwicklungen durchaus gerechtfertigt; man darf aber dabei nicht übersehen, daß sich die Vereinigten Staaten schon in der ersten Hälfte des 19. Jahrhunderts sehr energisch angeschickt hatten, eine Industrienation zu werden. Über die Frage, ob der Bürgerkrieg die industrielle Revolution verzögert oder gefördert habe, sind in der amerikanischen Historiographie lange Diskussionen geführt worden. Gegenwärtig herrscht die Auffassung vor, daß die Zeit von 1820 bis 1861 insgesamt als die Vorbereitungsphase der Industrialisierung betrachtet werden müsse und daß der Bürgerkrieg mit dem endgültigen Sieg der industriellen und kommerziellen über die landwirtschaftlichen Interessen den entscheidenden Anstoß zur vollen Verwirklichung der industriellen Revolution gegeben habe.[6]

Die Industrie verdankte ihr Wachstum nicht nur dem durch die Eisenbahnen geschaffenen einheitlichen Binnenmarkt. Man muß hier eine ganze Reihe weiterer Faktoren ebenfalls berücksichtigen: Die seit dem Krieg ohne Unterbrechung betriebene Schutzzollpolitik, die um 1890 im »McKinley Tariff« gipfelte, wirkte sich für die Fabrikanten und Unternehmer äußerst vorteilhaft aus. Die natürlichen Reichtümer des Landes standen seit der Entdeckung der neuen Mineral- und Erdölvorkommen in größerem Umfang zur Verfügung als je zuvor. Von großer Bedeutung waren außerdem zahlreiche technische Erfindungen und Verbesserungen früherer Erfindungen, die sowohl den industriellen Produktionsprozeß rationalisierten als auch das tägliche Leben des einzelnen in mancher Beziehung erleichterten. Man denke hier z.B. an die Modernisierung der Eisenbahnen durch Druckluftbremsen, automatische Kupplungen und erste Experimente mit elektrischem Antrieb, an die Verbesserung des Nahrungsmitteltransports durch Kühlwagen, ferner an zahlreiche Neue-

6 Eine sehr einprägsame Zusammenfassung dieser Debatte findet sich in dem Werk des französischen Historikers Claude Fohlen: La société américaine 1865 – 1970, Paris 1973, S. 92 ff. Vgl. Harry N. Scheiber: Economic Change in the Civil War Era: An Analysis of Recent Studies, in: Civil War History 11, No. 4 (1965), S. 396 – 411.

rungen auf dem Gebiet des Fernmelde- und Fernsprechwesens, an die Fortschritte in der Eisen- und Stahlherstellung, aber auch an Erfindungen wie die der Glühlampe, der Schreibmaschine, des Phonographen u. a. m. Der stetige Bevölkerungszuwachs sicherte nicht nur die andauernde Nachfrage nach Industrieprodukten im Konsumgütersektor, sondern auch die Verfügbarkeit der erforderlichen Arbeitskräfte. Die amerikanische Gesellschaft war zu jener Zeit äußerst reich an organisatorischen Talenten, die die gegebenen technischen Möglichkeiten voll ausnützten und durch den zielbewußten Einsatz von Menschen, Rohstoffen, Transportmitteln und Maschinen jene Großbetriebe errichteten, die dem Land seinen neuen ökonomischen Charakter gaben. Wo in der Investitionsplanung früher von Millionen die Rede gewesen war, sprach man nunmehr von Milliarden.

In der Stahl-, Erdöl-, Textil- und Maschinenindustrie wie auch im Transportgeschäft wurden die großen Gesellschaften zusehends mächtiger und anmaßender. Sie strebten nach immer größerem Umfang, weil dadurch gleichzeitig die Produktion verbilligt und die Kontrolle des Marktes verschärft werden konnte. Die Krisen von 1873, 1883 und 1893 vermochten die allgemeine Aufwärtsentwicklung wohl zu verzögern, aber nicht aufzuhalten. Einige Gesellschaften, z.B. die Nähmaschinenfabrik Singer und die Maschinenbaufirma McCormick, besaßen wertvolle Patente; andere Unternehmen bemühten sich, die Konkurrenz aufzukaufen oder sich mit ihr zu vereinigen. Die großen Eisenbahngesellschaften waren in den 1860er und 1870er Jahren in erbitterte Preiskriege verwickelt und senkten ihre Tarife gelegentlich unter die Kosten, um die Konkurrenten auszuschalten. Gegenseitige Tarifabsprachen führten zur Entstehung von Kartellen (»Pools«), die aber immer wieder auseinanderbrachen. Nachdem einige Staatsregierungen diesem Treiben durch Regulationsgesetze zu steuern versucht hatten, rang sich der Kongreß im Jahre 1887 zur »Interstate Commerce Act« durch, die den Eisenbahngesellschaften den unlauteren Wettbewerb verbot und die Publikation ihrer Tarife vorschrieb. Die Wirksamkeit auch dieses Gesetzes blieb aber gering, denn es gestattete keine umfassende öffentliche Kontrolle über die Eisenbahnen und hielt den Obersten Gerichtshof nicht davon ab, sich in seinen Urteilen immer wieder zugunsten der Interessen der einzelnen Gesellschaften auszusprechen.

Wie in den größeren Industrienationen Europas übte auch in den USA die *Eisen- und Stahlindustrie* einen entscheidenden Einfluß auf die gesamte ökonomische Entwicklung aus. Die neuen Techniken der Verhüttung, der Stahlherstellung (Bessemer-Verfahren) und der

Weiterverarbeitung im Walzwerk ermöglichten gewaltige Produktionssteigerungen. Obwohl der Aufstieg der Stahlindustrie nur einen Teilaspekt des allgemeinen wirtschaftlichen Strukturwandels der USA darstellt, verkörpert er auf paradigmatische Weise einerseits die erfolgreichen Anfänge des »Big Business« und andererseits den Übergang der Führungsrolle von der Konsumgüter- auf die Kapitalgüterindustrie. Zu den größten Unternehmern gehörte Andrew Carnegie. Er war als Sohn armer Eltern aus Schottland eingewandert, hatte seine ersten Erfolge im Eisenbahngeschäft errungen, umgab sich als Stahlfabrikant mit äußerst tüchtigen Mitarbeitern und profitierte bei der Überwindung seiner Konkurrenten u. a. von den Tarifermäßigungen, die ihm die »Pennsylvania Railroad« gewährte. Mit einem Vermögen von mehreren hundert Millionen Dollar zog er sich um 1901 zurück und betätigte sich von da an hauptsächlich als Philanthrop und Förderer humanitärer und kultureller Institutionen aller Art. Seine Firma verkaufte er dem New Yorker Bankier J. Pierpont Morgan, der sie noch im gleichen Jahre mit elf anderen Stahlgesellschaften zur *»United States Steel Corporation«* verband. Dieses neue Unternehmen verfügte über ein Gesamtkapital von ca. 1,4 Milliarden Dollar und kontrollierte drei Fünftel der gesamten amerikanischen Stahlproduktion. Noch vor seinem Rücktritt aus dem Geschäftsleben hatte Carnegie, der stets als harter Gegner gewerkschaftlicher Ansprüche bekannt gewesen war, seine Gedanken über die moralische Verpflichtung des erfolgreichen Geschäftsmannes zur Philanthropie niedergeschrieben. Der berühmte Essay *»The Gospel of Wealth«* war im Jahre 1889 erschienen.

Die allgemeine Tendenz zur industriellen Konzentration hatte über die Kartelle zur Entstehung der monopolisierenden *Trusts* geführt und in der »United States Steel Corporation« ihren Höhepunkt erreicht. Sie war schon in den 1880er Jahren sichtbar geworden, als anstelle der relativ losen und unstabilen »Pools« die ersten Kapitalzusammenlegungen verschiedener Firmen und ihre Unterstellung unter besondere »Boards of Trustees« erfolgten. Das »Trust Device« wurde um 1882 in der von John D. Rockefeller gegründeten *»Standard Oil Company«* erstmals offen praktiziert. Die Geschichte dieser Gesellschaft liefert das charakteristische Beispiel für die Vorteile, Risiken und Gefahren einer solchen Organisation. Ihre Entstehung beruhte auf der erfolgreichen Ausdehnung der Nutzbarmachung natürlicher Ressourcen, sie prosperierte infolge geschickter Anwendung aller technologischen Errungenschaften der Zeit und weil sie – wie die Unternehmung Carnegies – von einem ausgezeichneten Management geleitet wurde. Sie führte alle Arbeitsprozesse in eigener Regie durch: Gewinnung des Rohmaterials, Transport, Raffinierung, Verpackung (»Tin Cans«) und Verkauf. Die »Standard Oil Company« beherrschte mit der Zeit nicht nur den nationalen Erdölmarkt, sondern auch denjenigen Europas und Lateinamerikas. Ihre Einflüsse waren mannigfaltig: Sie korrumpierte die öffentliche Verwaltung und viele Politiker, sie rief die Antitrust-Gesetzgebung auf den Plan, sammelte riesige Gewinne, ruinierte die Konkurrenz, hielt viele Menschen in Armut, genoß illegale Privilegien und begründete ebenfalls bedeutsame philanthropische Unternehmungen.

Trustbildung gab es auch in zahlreichen anderen Branchen. In der Tabakindustrie schuf James B. Duke aus North Carolina eine mächtige Monopolgesellschaft; Ähnliches geschah in der Zuckerraffinierung und in der Kupfergewinnung. Sowohl die Whiskybrenner als auch die Streichholzfabrikanten und die Hersteller von Landwirtschaftsmaschinen bildeten ihre eigenen Trusts. Um 1904 hatten 320 Trusts oder trustartige Gesellschaften über 5300 früher unabhängige Unternehmen aufgeschluckt.

Die *Antitrust-Gesetzgebung* begann in einigen Einzelstaaten, wo die Monopolisierungstendenzen großer Industriegesellschaften den »Small Business« besonders stark bedrohten. Das erste entsprechende Bundesgesetz, das die Trustbildung als illegal bezeichnete, wurde 1890 verabschiedet (»Sherman Antitrust Act«). Der Erfolg all dieser Maßnahmen war aber nicht groß. Viele betroffene Firmen verwandelten sich nach außen in Holding-Gesellschaften und führten ihre monopolisierenden Aktivitäten weiter. Dies konnten sie tun, weil sie durch die Gerichte nach wie vor geschützt wurden. Die Wirtschaftsführer, Großunternehmer und Finanzleute vertraten zwar in mancher Beziehung durchaus konservative Anschauungen, aber sie standen den überlieferten Traditionen des Wirtschafts- und Geschäftslebens im allgemeinen eher skeptisch gegenüber und predigten stets den Glauben an den Fortschritt. Das »Laissez faire«-Postulat, dem sie sich verschrieben hatten, wurzelte im Ideengut der Anhänger Jeffersons und Jacksons. Dies galt auch für Begriffe wie »Democracy«, »Liberty«, »Equality«, »Opportunity« etc., die von den neuen Konservativen bedenkenlos übernommen und sowohl der liberalen als auch der sozialreformerischen Kritik als integrale Elemente des wahren Amerika entgegengehalten wurden. Ethische und idealistische Konzeptionen einer früheren Zeit erfuhren hier bewußte Umorientierung und erhielten einen neuen, ökonomisch bestimmten Inhalt. Das Individuum wurde in erster Linie als Teil eines wirtschaftlichen Systems gesehen, Demokratie wurde mit Kapitalismus, Freiheit mit Besitz und Fortschritt mit Erwerb von Reichtum gleichgesetzt. Das eigentliche konservative Element dieser Doktrin bestand vor allem im Bestreben, die Privilegien zu bewahren, die den Aufstieg zum materiellen Erfolg ermöglicht hatten. Die Anhänger des »Laissez faire«-Prinzips waren im allgemeinen große Bewunderer der *Evolutionstheorie* Charles Darwins und der auf ihr beruhenden Soziallehre Herbert Spencers. Die Werke und Ideen der beiden britischen Denker fanden im Amerika des späten 19. Jahrhunderts außerordentlich weite Verbreitung. Die von Spencer vertretene Auffassung, wonach der »Survival of the fittest« die Grundvoraussetzung für den zivilisatorischen Fortschritt bilde, mußte manchem Geschäftsunternehmer, der seinen Erfolg im brutalen Konkurrenzkampf errungen hatte, wie eine Bestätigung der persönlichen Erfahrung vorkommen. Der mit dem »Gospel of Wealth« kombinierte *Sozialdarwinismus* wurde aber auch von vielen Wirtschaftstheoretikern, Historikern und Theologen vertreten, die immer wieder darauf hinwiesen, daß die amerikanische Wirtschaft im Interesse des ganzen Volkes von einer Aristokratie weiser Führer geleitet werde, daß der freie Konkurrenzkampf stets die Tauglichen nach oben bringe und die Untauglichen ausschalte und daß der Staat sich darauf beschränken müsse, die für den ungestörten Ablauf des Wirtschaftslebens erforderliche Ruhe und Ordnung zu gewährleisten.

Diese Lehre entstammte zwar dem Denken einer privilegierten Elite, aber sie verbreitete sich in allen sozialen Schichten und wurde recht eigentlich zu einem Volksglauben. Daß sie mit der Zeit auch heftige Kritik auf sich zog, war nicht überraschend. Es wäre vielmehr zu verwundern gewesen, wenn sich angesichts der Tatsache, daß es in Amerika ja keineswegs nur Nutznießer des wirtschaftlichen Aufstiegs gab, keine Kritik am »Laissez faire«-Prinzip geregt hätte.

Die Industrialisierung förderte schließlich noch ein anderes sozialhistorisches Charakteristikum der Zeit, das hier nicht unerwähnt bleiben darf, nämlich die Konzentration der Bevölkerung in den *Städten.* Diese demographische Verschiebung trug ebenfalls sehr nachhaltig zur Veränderung der allgemeinen Lebensbedingungen bei, obwohl sie sich nicht in allen Teilen des Landes gleich stark auswirkte. Die erste offizielle Volkszählung von 1790 hatte ergeben, daß nur 3,35% der Bevölkerung der Vereinigten Staaten in Städten (d.h. in Ortschaften von 8000 oder mehr Einwohnern) niedergelassen waren. Ein Jahrhundert später wurde bereits etwas mehr als ein Drittel der Bevölkerung in urbanen Verhältnissen festgestellt. Das Wachstum der Städte ging jedoch sehr ungleichmäßig vor sich. Um 1890 lebte mehr als die Hälfte aller amerikanischen Stadtbewohner in den fünf Staaten New York, Pennsylvania, Massachusetts, Illinois und

Ohio. Die Stadt New York zählte bereits 2,3 Millionen Einwohner, Chicago und Philadelphia hatten je etwas mehr als 1 Million. Daneben gab es eine ganze Reihe von Städten mit über 200000 Einwohnern, und überall nahmen die Bevölkerungszahlen rapid zu.

Der Zustrom, der sich in die Städte ergoß, war natürlich in erster Linie der stetigen Vermehrung der industriellen Arbeitsmöglichkeiten zuzuschreiben. Die fortschreitende Mechanisierung der Landwirtschaft und die (oftmals enttäuschten) Hoffnungen auf ein bequemeres und abwechslungsreicheres Leben in der Stadt beförderten andererseits die Landflucht. Ihr Wachstum verdankten die Städte indessen nicht nur den zuziehenden Landbewohnern, sondern in erster Linie der unaufhaltsam ansteigenden *Immigration.* Diese hatte sich in der Zeit von 1870 bis 1880 auf insgesamt 2,8 Millionen belaufen, aber schon im folgenden Jahrzehnt die Fünfmillionengrenze überschritten. Zwischen 1890 und 1900 wanderten 3,7 Millionen ein, und in der Zeit von 1900 bis 1910 sollte die Immigration die vorher und auch seither nicht mehr erreichte Gesamtziffer von 8,8 Millionen erreichen.

Wie in der ersten Hälfte des 19. Jahrhunderts bestand das Hauptziel der Immigranten auch jetzt noch darin, in der Neuen Welt eine bessere Existenz aufzubauen. Immer noch entstammten sie vornehmlich den sozialen Mittel- und Unterschichten ihrer Länder. In ihrer großen Mehrzahl waren sie Landbewohner, die in den Städten mit denselben Adaptationsproblemen konfrontiert wurden wie die weißen und schwarzen Amerikaner, die ihre landwirtschaftlichen Arbeitsplätze verlassen hatten. Das starke Anschwellen des Immigrantenstromes nach 1870 war generell gesehen auch eine Folge des technologischen Fortschritts. Durch den seit den späten 1860er Jahren vorherrschenden Einsatz großer Dampfschiffe wurde die Seereise nicht nur beschleunigt, sondern auch von manchen Gefahren befreit und vor allem verbilligt. Stärker als ihre Vorgänger in der Zeit vor 1870 zeigten die »neuen« Einwanderer die Tendenz, sich in den großen Städten vornehmlich des amerikanischen Ostens niederzulassen. Diese Konzentration verlängerte nicht nur den Prozeß ihrer Assimilation, sondern ließ sie den bereits früher zugezogenen Einwohnern gegenüber als »fremde« Gruppen auch augenfälliger erscheinen. Dazu kam aber noch eine weitere und besonders bedeutsame Tatsache: Während die Immigranten der ersten Jahrhunderthälfte vorwiegend aus den Staaten Nord- und Westeuropas gekommen waren, handelte es sich bei den »neuen« Einwanderern mehrheitlich um Angehörige süd- und osteuropäischer Völker sowie zu geringeren Teilen auch um Mexikaner, Französisch-Kanadier, Chinesen und Japaner. Die größten europäischen Gruppen stammten aus Österreich-Ungarn, Polen, Serbien, Rußland und Armenien. Wie schon früher hatten sich auch jetzt wiederum die politischen Verhältnisse in den betreffenden Gebieten der Alten Welt auf die Verstärkung der Auswanderung ausgewirkt. Die traditionellen sozialen Ordnungen waren mancherorts durchbrochen oder ganz aufgehoben worden (Abschaffung der grundherrschaftlichen Bindungen, Bauernbefreiung, beginnende Industrialisierung u. a. m.). In einzelnen Ländern hatten spezifische Vorkommnisse den Ausschlag gegeben, so etwa in Rußland die zunehmende Unterdrückung ethnischer Minderheiten durch die Regierung Alexanders III. Die besonders auffallende Zunahme ostjüdischer Einwanderer war eine direkte Konsequenz der russischen Antijudengesetze der 1880er Jahre und der Pogrome von 1891 bzw. 1905/1906. Entsprechendes gilt von der Armenier-Immigration, die durch die türkischen Verfolgungen und Massaker von 1894–1896 ausgelöst worden war.

Im Jahrzehnt des amerikanischen Bürgerkrieges hatte der Anteil der »neuen« Einwanderer an der gesamten Immigration bloß 1,4% betragen; 20 Jahre später belief er sich auf 20%, um im Jahrzehnt von 1890 bis 1900 auf 50% und nach 1900 zeitweilig bis auf 70% anzusteigen.

Daß der große Einwandererstrom in den amerikanischen Städten sehr bald schon schwere Probleme schaffen und bereits bestehende soziale Mißstände verschärfen mußte, war vorauszusehen. Über die Art und das Ausmaß dieser Probleme und über die Versuche, sie zu lösen, wird im nächsten Kapitel berichtet.

6. *Soziale Spannungen und Reformbemühungen*

Weder die Zeitgenossen noch die späteren Beobachter haben jemals in Abrede gestellt, daß die Vereinigten Staaten nach dem Bürgerkrieg eine Periode ihrer Geschichte durchlebten, die von einem nie zuvor in solchem Ausmaß verwirklichten Triumph des individuellen Unternehmungsgeistes, der Abenteuerlust und des vor keinen Hindernissen zurückschreckenden Geschäftssinnes bestimmt war.

Neben der ungeheuren Vitalität des wirtschaftlich-materiellen Wachstums nehmen sich die *geistigen und kulturellen Leistungen* derselben Zeit eher bescheiden aus. Sie wurden in ihrer Bedeutung vielfach erst von der Nachwelt wirklich verstanden und als entscheidende Impulse späterer Entwicklungen erkannt. Dies gilt in ganz besonderem Maße vom *Erziehungswesen*. Da eine zentrale Leitung fehlte, vollzog sich die Entwicklung hier zwar nach wie vor ungleichmäßig, aber der allgemein verbreitete Glaube an den praktischen Nutzen der Schulbildung begünstigte doch manche pädagogischen und organisatorischen Verbesserungen. Die Lehrerausbildung wurde allmählich überall reglementiert und den staatlichen »Teachers' Colleges« überantwortet. Auf der Elementarstufe überwogen immer noch die weiblichen Lehrkräfte. Erwachsenenbildung und Bibliothekswesen wurden nicht nur durch die öffentliche Hand, sondern vor allem auch durch private Geldgeber kräftig gefördert. Die wohl bedeutungsvollsten Veränderungen waren jedoch in den *Universitäten* zu beobachten. Die Initiative weitblickender Reformer führte hier zu tiefgreifender methodischer Erneuerung des in formeller Textbuchpaukerei erstarrten Unterrichts und zur Entstehung von Lehr- und Forschungsstätten, die den Vergleich mit ihren europäischen Vorbildern nicht nur aushielten, sondern diese an wissenschaftlicher Bedeutung in manchen Fällen auch überholten. Von der allgemeinen Verbesserung der Studienmöglichkeiten profitierten neben den naturwissenschaftlichen Disziplinen auch die Geistes- und Sozialwissenschaften. Die wegweisende Pionierarbeit wurde hauptsächlich an der Harvard Universität und an der seit 1876 bestehenden Johns Hopkins Universität in Baltimore geleistet. Die erneuerten Hochschulen dienten natürlicherweise dem technologischen und wirtschaftlichen Aufschwung der Nation; sie trugen aber andererseits auch dazu bei, daß die Gefahren und Probleme, die hieraus entstanden, immer deutlicher erkannt und analysiert wurden.

Unter den kritisch beobachtenden Zeugen der industriellen Revolution gab es seit den frühen 1870er Jahren viele erklärte *Gegner der hemmungslosen »Laissez faire«-Praxis*. Ihre Warnungen und Diskussionsargumente waren zwar uneinheitlich motiviert und verfolgten nicht immer die gleichen konkreten Ziele, aber sie dienten doch alle der Relativierung des allzu optimistischen Fortschrittsglaubens.

Die geistige Leere des hektischen Gewinnstrebens wurde von dem Dichter Walt Whitman in den *»Democratic Vistas«* (1871) mit unverhüllter Schärfe bloßgestellt. Ironischer und distanzierter, aber ebenso kompromißlos und von tiefer Resignation durchzogen erscheint die Zeitkritik des Historikers Henry Adams. Das Dilemma zwischen tiefempfundener Bindung an die Heimat und ebenso bewußt erlebter Entfremdung tritt bei Henry James hervor, der nach England ins freiwillige Exil zog und dort seine bedeutendsten literarischen Werke schuf. Dieselbe Spannung charakterisiert aber auch die Romane Mark Twains, der wie kaum ein zweiter den Pulsschlag seiner Zeit zu fühlen und fühlbar zu machen verstand. Mit dem

Buchtitel »The Gilded Age« (1873) gab er der ganzen Epoche den Namen, der seither auch in der Geschichtsschreibung allgemein gebräuchlich geworden ist.

Es blieb jedoch nicht bei der literarischen Demaskierung der unreflektierten materialistischen Erfolgssucht. Der Sozialdarwinismus wurde von reformerischen Theoretikern verschiedenster Färbung angegriffen und mit teilweise höchst originellen sozioökonomischen Konstruktionen zu widerlegen versucht (vgl. u.a. Henry George: *»Progress and Poverty«*, 1879, und Edward Bellamy: *»Looking Backward«*, 1888). Der schreiende Kontrast zwischen dem immensen Reichtum der Industriemagnaten und dem Elend der großstädtischen Slumquartiere, die sich unter dem Druck der Immigration immer weiter ausdehnten, führte zur Artikulation einer scharf anklagenden Sozialkritik (Jacob Riis: *»How the Other Half Lives«*, 1890; Thorstein Veblen: *»The Theory of the Leisure Class«*, 1899), aber auch zu praktischen und richtungweisenden Unternehmungen auf dem Gebiet der Armen- und Kinderfürsorge (Jane Addams in Chicago, Florence Kelley, Lillian Wald in New York u. a.). Überall erschallte außerdem der Ruf nach Reform der Gemeindeverwaltungen, nach Ausmerzung der Korruption und nach Entthronung der »City Bosses«, die mit ihren Machtapparaten die gesamte Lokalpolitik beherrschten und gerade die vertrauensseligen Immigranten oft aufs schändlichste ausnützten. Auch auf Staats- und Bundesebene wurde die Forderung nach administrativen Reformen erhoben. Zu ihren angesehensten Verfechtern gehörte der aus Deutschland stammende liberale Republikaner Carl Schurz, der als Diplomat und Offizier schon unter Lincoln und als Innenminister unter Hayes gedient hatte. Dauerhafte Erfolge waren diesen Bemühungen jedoch im allgemeinen erst nach 1890 beschieden.

Im *kirchlich-religiösen Bereich* regten sich seit den frühen 1870er Jahren neue konservativ-fundamentalistische Strömungen, die den sozialen Zeitproblemen zunächst wenig Interesse entgegenbrachten. Zu ihnen gehörte als eigenwilliger Seitentrieb die Gemeinschaft der »Christlichen Wissenschaft« (»Christian Science«), die um 1878 durch Mary Baker Eddy gegründet wurde und sich nach 1900 zur internationalen Bewegung ausweitete. Ihr Hauptmerkmal bestand in der Lehre von der Krankheitsheilung durch Glauben und Gebet. Ein lebendiges soziales Verantwortungsbewußtsein manifestierte sich andererseits in der Tätigkeit der Heilsarmee (1880 ff.) sowie bei manchen Organisationen und Institutionen der römisch-katholischen Kirche, die sich der aus katholischen Ländern stammenden Einwanderer annahmen. In den älteren protestantischen Denominationen gewann seit der Mitte der 1880er Jahre das von Washington

Gladden und Walter Rauschenbusch angeführte »Social Gospel Movement« zahlreiche Anhänger.
Betrachtet man die offizielle *Innenpolitik* der amerikanischen Bundesregierung in den letzten drei Jahrzehnten des 19. Jahrhunderts, so kann man leicht feststellen, daß sie den vielen privaten Bemühungen um Linderung der sozialen Ungerechtigkeit keine tatkräftige Unterstützung zugute kommen ließ. Sie verhielt sich hier ebenso passiv wie in der Kontrolle des Großkapitals. Zwischen den beiden großen Parteien gab es keine grundsätzlichen Meinungsverschiedenheiten, und ihre Gefolgschaften waren annähernd gleich stark. Wenn die Republikaner auch in den meisten Präsidentschaftswahlen siegten, geschah dies doch stets nur mit knappem Vorsprung. Die Partei Abraham Lincolns war immer eindeutiger zur Vertreterin konservativer Gruppeninteressen geworden. Die Industrie revanchierte sich für die Aufrechterhaltung der *Schutzzölle* mit namhaften und wirkungsvollen Wahlspenden. Die führenden Finanzkreise konnten sich darauf verlassen, daß die Regierung eine *konservative Währungspolitik* betrieb, ihre Schulden in Gold bezahlte und sowohl für die Silberwährung als auch für die Papier-Dollars (»Greenbacks«) die Golddeckung aufrechterhielt. Zu den treuesten Anhängern der »Grand Old Party« (der Name kam in den 1880er Jahren auf) gehörten neben den Industrieunternehmern und Bankiers auch die überaus zahlreichen Bürgerkriegsveteranen der Unionsarmee, die reichliche Pensionen bezogen und viele andere Vergünstigungen genossen.
Die von den Republikanern in dieser Zeit gewählten Präsidenten besaßen ausnahmslos nur mäßiges staatsmännisches Format. Sie waren stets bereit, die Wünsche ihrer Anhänger zu erfüllen und neigten fast immer zur Unterstützung von Gesetzesvorlagen, die direkt oder indirekt den Interessen der eigenen Partei dienten. Schon bevor die weltweite *Wirtschaftskrise* der 1890er Jahre auch die Vereinigten Staaten ergriff, hielten die republikanischen Administrationen zusammen mit der Mehrheit des Kongresses starr an der Golddeckung des Dollars fest und trugen auf diese Weise zur Benachteiligung namentlich der Landwirtschaft bei (s.u.). Die Industrie-Lobbies in Washington hatten nicht nur die Verabschiedung des Zollgesetzes von 1890 (»McKinley Tariff«) bewirkt, sondern erzwangen mit der Zeit noch weitere Protektionsmaßnahmen, die die Preise der europäischen Importwaren unablässig in die Höhe trieben.
Der einzige Präsident, der sich bemühte, diese Entwicklung einzudämmen, war Grover Cleveland. Mit ihm hatte nach aufregender Wahlschlacht im Jahre 1885 erstmals seit dem Bürgerkrieg wieder ein Vertreter der Demokratischen Partei das höchste Amt des Staates

übernommen. In seinen beiden Administrationsperioden (1885 bis 1889, 1893–1897) setzte er sich sehr energisch für die Verwaltungsreform ein und führte einen wenigstens temporär erfolgreichen Kampf um die Senkung der Zollsätze; außerdem trat er den grassierenden Mißbräuchen im Kriegspensionenwesen entgegen. Seine zweite Amtszeit fiel in die Jahre der Depression, die in den USA mit der »Panik von 1893« begonnen hatte. Obwohl die Demokratische Partei für eine inflationäre Währungspolitik eintrat, hielt der in diesen Fragen durchaus konservativ denkende Cleveland an der Bewahrung des Goldstandards fest und befürwortete die Unantastbarkeit der nationalen Goldreserve von 100 Millionen Dollar. Damit stellte auch er sich in Gegensatz zu den Farmern, die ganz allgemein die unbeschränkte Silberprägung und damit den Bimetallismus forderten. Die *»Silver Question«* erregte in diesen Jahren die amerikanische Öffentlichkeit aufs höchste und polarisierte den durch die alte Diskussion um die Schutzzölle ohnehin schon erhitzten Interessenkonflikt zwischen Landwirtschaft und Industrie in einem bisher nie dagewesenen Maße. Cleveland konnte schließlich den Goldstandard retten; dies gelang ihm aber nur mit Hilfe der Republikaner. Weite Kreise seiner eigenen Partei wandten sich enttäuscht von ihm ab, und er mußte sich schwerste Vorwürfe und Beschimpfungen gefallen lassen.

Daß die unter dem Druck der öffentlichen Meinung zustande gekommenen Ansätze zu einer regulierenden Wirtschaftsgesetzgebung (»Interstate Commerce Act«, »Sherman Antitrust Act«) im ganzen gesehen wenig wirksam waren, wurde bereits erwähnt. Obwohl sie den Siegeszug der Trusts und der Monopole vorerst nicht aufzuhalten vermochten, zeigten sie aber doch an, daß sich die gegen die »Laissez faire«-Praxis gerichteten politischen Kräfte zu formieren begannen und nicht länger ignoriert werden konnten. Ihre Hauptträger waren die *Arbeiter- und Farmerorganisationen*.

Gewerkschaftsähnliche Arbeitervereinigungen hatte es seit den Anfängen der Republik gegeben, aber sie waren politisch nie sehr bedeutsam gewesen. Kurz vor dem Bürgerkrieg waren verschiedene Fachverbände oder *»Craft Unions«* entstanden, die sich um 1866 in der »National Labor Union« (NLU) vereinigten, aber im ganzen doch nur einen winzigen Prozentsatz der amerikanischen Arbeiterschaft umfaßten. Die NLU zerfiel bereits in der Rezession von 1873, und mit ihr verschwanden zahlreiche »Craft Unions« von der Bildfläche. Trotzdem blieb bei vielen Arbeiterführern die Überzeugung bestehen, daß eine zentrale Organisation auch weiterhin notwendig sei. Mit dem Wachstum der Industrie wuchs auch die Zahl der Lohnabhängigen. Schlechte Bezahlung, ungünstige Arbeitsbedingungen und fortwährende Gefährdung des Arbeitsplatzes waren keine lokalen Probleme mehr, sondern berührten die gesamte Nation. Dies wurde schlagartig deutlich, als sich ein Ausstand bei der »Baltimore & Ohio«-Eisenbahn im Sommer 1877 sehr rasch zu einer nationalen Streikaktion auswuchs, in deren Verlauf es mancherorts zu schweren und blutigen Zusammenstößen zwischen Arbeitern und Ordnungskräften kam.

Dennoch erschienen die Aussichten für eine neue nationale Arbeiterorganisation nicht günstig. Da die Einzelstaaten in ihrer Fabrik- und Arbeitergesetzgebung völlig autonom waren, wurde die gewerkschaftliche Initiative in den verschiedenen Industriezentren mit sehr verschiedenartigen Bedürfnissen und Aufgaben konfrontiert. In allen Bevölkerungsschichten herrschte tiefstes Mißtrauen gegenüber den politischen Aktivitäten der »Unions«, hinter denen man stets die radikalen Umsturzabsichten europäischer Agenten witterte. Die Arbeiter selbst waren uneinig in ihren Zielsetzungen. Zwischen Immigranten und Eingesessenen und vor allem zwischen den Angehörigen verschiedener ethnischer Gruppen herrschte vielerorts bittere Zwietracht und Rivalität. Vor allem aber bestand kein proletarisches Klassenbewußtsein: Der amerikanische Arbeiter war freizügiger als der europäische, er wechselte seinen »Job« leichter und hoffte stets, nach »oben« zu gelangen und schließlich selbst zum Unternehmer zu werden. Wer diese Hoffnung aufgab, bezeugte den Verlust des Glaubens an den »American Dream« von den unbegrenzten Aufstiegsmöglichkeiten des arbeitenden einzelnen.

Das Bedürfnis nach einem kollektiven Verhandlungsinstrument wurde zunächst durch den *»Order of the Knights of Labor«* befriedigt. Diese halb geheime und durch eine komplizierte interne Hierarchie charakterisierte Organisation war gelernten und ungelernten Arbeitern aller Branchen zugänglich. Sie bestand seit 1869, war aber erst nach 1880 zu nationaler Bedeutung emporgewachsen. Als sie um 1885 Streikaktionen durchzuführen begann und damit erfolgreich war, stieg die Zahl ihrer Mitglieder auf über 700000. Ihr Niedergang begann jedoch bereits im nächsten Jahr, und zwar als Folge des blutigen Haymarket-Aufruhrs in Chicago, der von einer Anarchistengruppe provoziert worden war, aber dann doch den »Knights of Labor« zur Last gelegt wurde. An die Stelle des rasch zerfallenden »Ordens« trat die ebenfalls um 1886 gegründete *»American Federation of Labor«* (AFL), die von Anfang an eine wesentlich konservativere Politik betrieb, die Massen der ungelernten Arbeiter ausschloß und sich als Dachverband weitgehend autonomer Fachgewerkschaften organisierte. An ihrer Spitze stand bis 1924 Samuel Gompers, ein ehemaliger Zigarrendreher jüdisch-holländischer Herkunft, der die

Praxis der britischen Gewerkschaftsbewegung ebenso genau kannte wie das theoretische Schrifttum des europäischen Sozialismus. Er führte seine Organisation aber als Pragmatiker und bekannte sich grundsätzlich zum kapitalistischen Wirtschaftssystem, da er überzeugt war, daß dieses der Arbeiterklasse letztlich die größten Vorteile bringen werde. Den Gedanken an eine besondere Arbeiterpartei lehnte er entschieden ab; um so eifriger bemühte er sich, seinen Gewerkschaftsbund zum »legitimen« Verhandlungspartner der Arbeitgeberverbände zu machen. Als seine Hauptaufgabe betrachtete er den unablässigen Kampf um höhere Löhne, geringere Arbeitszeit und soziale Sicherung der Arbeitnehmer. Diese »Brot und Butter«-Ziele wollte er ausschließlich auf dem Verhandlungsweg erreichen; den Streik sah er als eine Waffe an, die nur in Notsituationen eingesetzt werden sollte.

Dennoch nahmen die offenen Arbeitskonflikte nach 1890 an Heftigkeit dauernd zu. Die Unternehmer gingen in ihrem Kampf gegen gewerkschaftliche Aktivitäten fast durchweg äußerst hart und skrupellos vor. Ihr Recht, Schutzverbände zu gründen und durch diese die Regierung unter Druck zu setzen, galt als unbestreitbar. Wenn die Arbeiter sich zu den gleichen Zwecken zusammentaten, bezeichnete man ihre Bestrebungen in Unternehmerkreisen jedoch gerne als »unamerikanisch, illegal und unanständig«. Kam es zu Konfrontationen, so zogen die Gewerkschaften fast immer den kürzeren. Dies zeigte sich vor allem in zwei Vorfällen des Jahres 1892, nämlich im Bergarbeiterstreik von Coeur d'Alene (Idaho) und im Ausstand der Stahlarbeiter von Homestead (Pennsylvania). Die Krise von 1893 brachte eine neue Welle von Lohnkürzungen, Entlassungen und Streikaktionen. Besonders folgenreich war der sogenannte »Pullman Strike«, der im folgenden Jahre wiederum praktisch das ganze nationale Eisenbahnnetz lahmlegte. Er wurde hauptsächlich von der »American Railway Union« getragen, die kurz zuvor durch Eugene V. Debs gegründet worden war. Mit Hilfe von Bundestruppen wurde die Revolte nach mehrwöchiger Dauer unterdrückt, die Eisenbahnergewerkschaft brach zusammen, und als neues Kampfmittel der Arbeitgeber bewährte sich erstmals das gerichtliche Streikverbot (»Injunction«), das in der Folge immer wieder mit Erfolg angewandt wurde.

Trotz der Heftigkeit der Gegensätze und Auseinandersetzungen gelangten die Arbeiterorganisationen revolutionär-sozialistischer Prägung stets nur zu geringer Wirkung. Daran änderte auch die Tatsache nichts, daß das Hauptquartier der Ersten Internationale um 1872 nach New York verlegt wurde. Die von dem Marxisten Friedrich Adolf Sorge einige Jahre danach ins Leben gerufene »Socialist Labor

Party« zählte fast ausschließlich deutsche Immigranten zu ihren Mitgliedern. Als bedeutendster Führer des amerikanischen Sozialismus trat gegen das Ende des Jahrhunderts der durch den »Pullman Strike« zu nationaler Berühmtheit gelangte Eugene V. Debs hervor; er vereinigte um 1901 verschiedene linksstehende Splittergruppen in der »Socialist Party of America«.

Die *Probleme der Landwirtschaft* wurden bereits mehr als einmal kurz gestreift. Der einzelne Farmer und Viehzüchter verspürte ihren Druck hauptsächlich insofern, als er immer mehr produzierte und für seine Ware immer weniger erhielt. So stieg beispielsweise der Weizenertrag von 179 Bushel (1 Bushel = 35,23 l) im Jahre 1859 auf 599 Bushel im Jahre 1900. In der gleichen Zeitspanne sank aber der durchschnittliche Preis pro Bushel von ca. 2 Dollar auf 62 Cents. Die allgemeine Produktionszunahme ergab sich einerseits aus der Vervielfachung des landwirtschaftlichen Nutzungsgebietes und andererseits aus der fortschrittlichen Mechanisierung. Ackerbau und Viehzucht wurden zu wichtigen Handelszweigen. Die Farmer waren nicht mehr Selbstversorger, sondern Agrarkapitalisten, die sich zunehmend spezialisierten und fast nur noch für Handel und Export produzierten. Da die Landwirtschaft auch in anderen Ländern und Weltteilen (Rußland, Kanada, Südamerika und Australien) einen großen Aufschwung erlebte, sahen sie sich mit immer stärkerer Konkurrenz konfrontiert. Sie mußten ihre Produkte auf einem ungeschützten Weltmarkt absetzen, dessen Fluktuationen sie nicht zu beeinflussen vermochten. Was sie an Verbrauchsgütern benötigten, konnten sie sich jedoch nur auf einem durch Schutzzölle abgeriegelten Binnenmarkt beschaffen; und hier stiegen die Preise unaufhaltsam an. Die Produktionszunahme führte die Farmer nicht zum Wohlstand, sondern in immer schwerere Bedrängnis. Sie wurden fortlaufend zur Verpfändung ihres Landbesitzes und zur Aufnahme von Darlehen gezwungen, wenn sie die immer größer werdende Diskrepanz zwischen Einkommen und Lebenskosten überbrücken wollten. Naturkatastrophen, Dürreperioden und Viehseuchen wirkten sich immer wieder als zusätzliche existenzgefährdende Belastungen aus. Dies alles führte mit der Zeit zu einer schweren *allgemeinen Verschuldung der Landwirtschaft*, und es ist keineswegs zu verwundern, daß sich die Farmer der deflationären Währungspolitik der Bundesregierung mit aller Entschiedenheit widersetzten.

Die Unruhe nahm ihre schärfsten Formen im Westen und im Süden an, d.h. in den Gebieten, wo die Landwirtschaft am ausschließlichsten auf die Lagergüterproduktion und auf den Export ausgerichtet war. Die Schuld an der bedrohlichen und scheinbar ausweglosen Situation wurde vor allem der Frachtpreispolitik der Eisenbahngesellschaften, den Schutzzöllen und der unflexiblen Haltung der Banken zugeschoben. Die Farmer kümmerten sich nicht allzu sehr um die Tatsache, daß ihr Produktionszweig in eine internationale Krise verwickelt war. Sie stellten hingegen fest, daß ihre Interessen in Washington zu wenig wirksam vertreten wurden und hatten schon früh bemerkt, daß sie sich gegenüber der wirtschaftlichen und politischen Vorherrschaft der Industrie organisieren und zur Wehr setzen mußten.

Die *»agrarische Revolte«* gehört zu den dramatischsten Ereignissen im letzten Viertel des 19. Jahrhunderts. Ihre Vorgeschichte reicht in die Zeit unmittelbar nach dem Bürgerkrieg zurück. Als erste nationale Farmerorganisation war um 1867 diejenige der »Patrons of Husbandry« oder *»Grangers«* gegründet worden. Sie bestand aus einer Vielzahl lokaler Sektionen, der sogenannten »Granges«, und verfolgte nicht nur politische, sondern auch soziale und bildungsreformerische Ziele. Die »Grangers« versuchten vor allem, die Farmer aus ihrer Isolierung zu lösen und unter ihnen das Bewußtsein der gemeinsamen Interessen zu verbreiten. Sie kämpften insbesondere gegen die hohen Frachttarife und gründeten zahlreiche kooperative Selbsthilfeorganisationen. Die große Zeit des »Granger Movement« fiel in die Mitte der 1870er Jahre. Als sich gegen Ende dieses Jahrzehnts die Lage der Landwirtschaft vorübergehend etwas entspannte, verlor die Organisation rasch an Bedeutung. Nach 1880 verschärfte sich jedoch die bereits geschilderte Bedrängnis der Farmer aufs neue. Innerhalb eines guten Jahrzehnts entstand eine allgemein als nicht mehr erträglich empfundene Notlage. Sie bewirkte die Entstehung der *»Farmers' Alliances«*, die sich um 1889 zum nationalen Farmerbund vereinigten und wesentlich schärfere Reformforderungen erhoben als die »Grangers«. In mehreren Staaten des Westens vermochten sich ihre Führer rasch zu politischen Schlüsselstellungen emporzuschwingen, und so verbreitete sich schon bald der Wunsch nach der Gründung einer dritten nationalen Partei, die in erster Linie die Interessen der Landwirtschaft vertreten sollte.

Diese Partei entstand im Jahre 1892. Ihr offizieller Name war »People's Party«, sie wurde aber von Anfang an allgemein als *»Populist Party«* bezeichnet. Auf ihrem ersten Wahlkonvent in Omaha (Nebraska) proklamierte sie ein sehr fortschrittliches Programm (4. Juli 1892), das u.a. eine abgestufte Einkommensteuer, ein nationales Kreditsystem für die Landwirtschaft, die Verstaatlichung der Eisenbahnen und die Wahl der Senatoren durch das Volk forderte. Indem sie die generelle Festsetzung des Achtstundentages verlangten, setzten sich die Populisten auch für die Industriearbeiter ein. Auf dem währungspolitischen Sektor propagierten sie eine allgemeine Erhöhung der umlaufenden Geldmenge durch freie und unbegrenzte Prägung von Silber und Gold im Verhältnis 16 zu 1. Damit stellten sie sich in offenen Gegensatz zu den Verteidigern des Goldstandards. Andererseits wies die »Platform« aber auch einen unverkennbar konservativen Zug auf; dieser wurde namentlich in dem Artikel sichtbar, der die Beschränkung der Einwanderung forderte.

Die Präsidentschaftswahlen von 1892 brachten der neuen Partei vor allem im Westen und im Süden große Erfolge. Ihr Kandidat James B. Weaver, ein ehemaliger Unionsgeneral aus Iowa, vereinigte mehr als 1 Million Stimmen auf sich. In vier Staaten errangen die Populisten deutliche Siege. Die Krise von 1893 half ihnen, ihre Positionen zu wahren, aber nach 1895 ging ihr Einfluß allmählich wieder zurück, weil unterdessen auch in der Demokratischen Partei die gegen Cleveland gerichteten Verfechter der »Freisilber«-Politik die Oberhand errungen hatten. In dem auf allen Seiten mit großer Leidenschaft geführten Wahlkampf von 1896 unterstützten die Populisten den Kandidaten der Demokraten, William Jennings Bryan. Das Programm dieses ebenso eloquenten wie tatkräftigen Politikers aus Nebraska versprach eine Reihe von Maßnahmen, die – wenn sie durchgeführt worden wären – wesentlich zur Verstärkung der Kontrolle über das Großkapital und zur Vergrößerung der sozialen Gerechtigkeit beigetragen hätten. Bryans währungspolitische Forderungen und seine Konzeption eines gemäßigten Staatssozialismus schreckten jedoch die Unternehmerkreise ab, und auch viele Industriearbeiter des Ostens stimmten für die Republikaner, weil sie fürchteten, die Inflation könnte sich nachteilig auf ihre Löhne auswirken.

Der Kampf um die Präsidentschaft endete mit dem knappen Sieg William McKinleys, der sich mit einem erzkonservativen Kabinett umgab und vielen seiner Parteigenossen als Retter des Landes vor der Revolution erschien. Der Ruf nach politischen und sozialen Reformen verstummte jedoch nicht mehr, und wenn die innere Spannung nach 1896 allmählich nachließ, war dies in erster Linie der allgemeinen Beruhigung der internationalen Finanz- und Wirtschaftslage zuzuschreiben. Dazu kam die Tatsache, daß die Aufmerksamkeit der amerikanischen Öffentlichkeit in vermehrtem Maße wiederum von den Problemen der Außenpolitik (s. u.) in Anspruch genommen wurde.

Mit der Unterstützung der Präsidentschaftskandidatur Bryans hatte die populistische Bewegung nach sturmflutartigem Aufbruch um 1896 praktisch bereits ihr Ende gefunden. Dennoch war und ist ihre politische Bedeutung nicht zu unterschätzen. Die durch sie geschaffene Partei war die erfolgreichste nationale Drittpartei, die in der

Geschichte der USA bis heute aufgetreten ist. Ihre Forderungen nach Ausbau der direkten Demokratie und Kontrolle der Monopole sollten als historische Vorbilder auch später immer wieder Beachtung finden. In den Südstaaten trug sie nachhaltig zur Schwächung der konservativen Herrschaftshierarchien bei und verbesserte das Los wenigstens der weißen Mittel- und Unterschichten.
Die amerikanische Geschichtsschreibung des frühen 20. Jahrhunderts hat den Populismus gerne als direkten Vorläufer des »Progressive Movement« bezeichnet. Seit etwa 1950 wurden aber auch seine nativistischen Tendenzen immer deutlicher gesehen, seine feindliche Haltung gegenüber den Immigranten im allgemeinen und sein Antisemitismus im besonderen. Daß der Bewegung bei aller Fortschrittlichkeit ihrer sozialen Forderungen und Programme auch konservative, ja reaktionäre Elemente innewohnten, ist heute nicht mehr zu übersehen.[7]
Das Jahrzehnt von *1900 bis 1910* war im Gegensatz zum vorangegangenen wiederum durch *allgemeines Wachstum* charakterisiert. Die Bevölkerung der USA vermehrte sich von 76 auf 92 Millionen das durchschnittliche Pro-Kopf-Einkommen stieg merklich an, die Westwanderung ging weiter. Angetrieben durch einen neuen Aufschwung des privaten Investitionseifers erholte sich die amerikanische Nation zusehends von der Depression der 1890er Jahre. Nicht alle Bevölkerungsgruppen hatten jedoch an diesem Gesundungsprozeß den gleichen Anteil. Obwohl die Arbeitslosigkeit zurückging, folgte das Realeinkommen der industriellen Lohnempfänger der allgemeinen Aufwärtsbewegung nicht. Die Preise stiegen rascher als die Löhne, und ein immer größerer Teil der Geschäftsgewinne floß in die Investitionen. Aus den wohlhabenden Schichten, die ihren Besitz durch die Krise von 1893 hatten hindurchretten können, stammten sowohl die Befürworter als auch die hauptsächlichen Nutznießer der neu anlaufenden Expansions- und Konsolidierungsbewegung. Der Trend zum korporativen Zusammenschluß und zur Trustbildung hielt weiter an.
Der Glanz des »American Wealth« bildete nach wie vor einen scharfen Kontrast zu den traurigen Lebensverhältnissen der in den industriellen Zentren ansäßig gewordenen *Unterschichten*. Die industriellen Arbeitsbedingungen waren immer noch schlecht, ungesund und unsicher. Die Arbeitszeiten schwankten zwischen 45 und 60 Stunden pro Woche. Unfälle waren an der Tagesordnung, Sozialversicherungen und andere Schutzeinrichtungen gab es nicht, Frauen- und Kinderarbeit blieb überall verbreitet. Fabrikgesetzgebung exi-

7 Zur Entwicklung der Populismus-Interpretation vgl. Fohlen, S. 84ff.

stierte nur in vereinzelten und ungenügenden Ansätzen. Die Slumquartiere breiteten sich unaufhaltsam aus. Von den 3,5 Millionen Einwohnern, die die Stadt New York um 1900 zählte, lebten rund zwei Drittel in ca. 80000 Mietskasernen (»Tenement Houses«).
Die in der AFL zusammengefaßten »Craft Unions« setzten sich nicht sehr energisch für Arbeiterschutzgesetze ein; sie strebten vielmehr in erster Linie nach bilateralen Abmachungen (»Bargains«) mit einzelnen Arbeitgebern und Arbeitgeberorganisationen. Generell vertraten sie nur die Interessen der gelernten Arbeiter und bestärkten diese in ihrer Abneigung gegenüber den Massen der mehrheitlich ungelernten »neuen« Immigranten aus Osteuropa und Ostasien. Diese Lohnempfänger blieben denn auch weitgehend ungeschützt, wenn sie sich nicht radikalen Organisationen wie den syndikalistischen »Industrial Workers of the World« (IWW, gegründet 1905) anschlossen. Zu den von der AFL vernachlässigten Gruppen gehörten natürlich auch die schwarzen Arbeiter. Daß die *Neger* seit ca. 1890 ganz allgemein wiederum eine besonders harte Zeit der Diskriminierung durchmachten, wurde bereits erwähnt. Rassistischer Terror und gewaltsame Verfolgungen verbreiteten sich nicht nur im Süden, sondern mit der Zeit auch im Norden. Die in die Städte einströmenden Schwarzen wurden überall in die Rassengettos abgedrängt, aus denen ihnen der Ausbruch durch die Segregationsgesetze verwehrt war. In dieser Situation begannen sich aber nunmehr erste Anzeichen organisierten Widerstandes bemerkbar zu machen. Unter der Führung von W. E. B. DuBois gründeten einige schwarze Intellektuelle im Jahre 1905 das »Niagara Movement«. Sie distanzierten sich in scharfer Eindeutigkeit von den Zielsetzungen Booker T. Washingtons und forderten unverzügliche Aktionen zur Durchsetzung der politischen und wirtschaftlichen Gleichberechtigung der Neger gegenüber den Weißen. Aus dem »Niagara Movement« entstand bereits um 1909 die *»National Association for the Advancement of Colored People«* (NAACP), die aber erst nach langen Jahren des Wachstums zum wirksamen Instrument sozialer Reform werden sollte.
Im ganzen gesehen waren die Probleme, Spannungen und Konflikte, die die amerikanische Gesellschaft nach 1900 belasteten, immer noch die gleichen wie in den letzten drei Jahrzehnten des 19. Jahrhunderts. So erscheint auch die literarische und publizistische *Sozialkritik* dieser Epoche als direkte Fortsetzung der früheren Warnungen vor der unkontrollierten »Laissez faire«-Praxis. Zu ihren bedeutendsten Vertretern gehörten nunmehr Romanschriftsteller wie Theodore Dreiser, Frank Norris und Upton Sinclair, daneben aber auch zahlreiche Praktiker der Sozialfürsorge, Ökonomen, Soziolo-

gen und gesellschaftskritisch engagierte Journalisten, die sich in Büchern und Zeitschriftenartikeln (besonders etwa in *»McClure's Magazine«)* an ein großes Publikum wandten. Man denkt hier u. a. an Ida Tarbell und ihre Enthüllungen über die Geschäftspraktiken der »Standard Oil Company«, an Ray Stannard Bakers Verurteilung der Eisenbahngesellschaften sowie an die Kritik, die Lincoln Steffens an der Korruption in zahlreichen Staats- und Gemeindeverwaltungen übte. Die Literatur dieser und anderer *»Muckrakers«* (der Ausdruck bedeutet »Mistkratzer« und wurde von Theodore Roosevelt geprägt) mochte zwar gelegentlich zur Dramatisierung tendieren, sie zeichnete aber im ganzen doch ein korrektes Bild der Zustände und erschütterte das soziale Gewissen vieler Leser. Die kritiklose Bewunderung des geschäftlichen Erfolgs und des Reichtums wich einer allgemeinen Ernüchterung, und die Existenzprobleme der in Armut lebenden Unterschichten traten immer deutlicher auch ins Bewußtsein vieler Angehöriger des Mittelstandes.

Der neue Aufbruch des Reformeifers erfaßte nicht nur Privatpersonen und private Organisationen, sondern mit der Zeit auch zahlreiche Politiker. Er wurde zur mächtigen nationalen Erneuerungsbewegung, die alle ähnlich gerichteten Ansätze früherer Jahrzehnte an Durchschlagskraft hinter sich ließ.

Zu den Hauptimpulsen des *»Progressive Movement«* gehörte die allgemein verbreitete und durch mannigfache Erfahrungen gestärkte Einsicht, daß private Initiative und lokale Reformexperimente nur dann etwas zur endgültigen Überwindung sozialer und politischer Mißstände beitragen konnten, wenn sie durch die gesetzgeberische Tätigkeit der Regierungsbehörden unterstützt wurden.

Die Reformwelle setzte im agrarischen Mittelwesten ein. Von entscheidender Bedeutung war die Wahl des Republikaners Robert M. La Follette zum Gouverneur von *Wisconsin* im Jahre 1900. In den sechs Jahren seiner Amtsführung – er ging bereits um 1906 als Senator nach Washington – machte dieser fortschrittlich gesinnte Politiker die Verwaltung seines Staates zu einem Muster an Effizienz und Tüchtigkeit. Er räumte mit der korrupten Herrschaft der »Party Bosses« auf, etablierte eine enge Zusammenarbeit zwischen der Staatsregierung und der bereits sehr renommierten Staatsuniversität in Madison und setzte zahlreiche Expertenkommissionen ein, die ihm Gutachten und Ratschläge zur Lösung der ökonomischen und sozialen Probleme vorlegten. Mit außerordentlicher Energie trieb er die Legislativbehörde zu produktiver Arbeit an. Sie führte direkte Primärwahlen, Initiative und Referendum ein, setzte eine allgemeine Verfassungsreform durch, beschnitt die Einflußmöglichkeiten des »Lobbyism« der Banken und Eisenbahngesellschaften, förderte den

Naturschutz und schuf das erste einzelstaatliche Einkommensteuergesetz. Wisconsin wurde nach den Worten Theodore Roosevelts zum »Laboratory of Democracy«, das die gesamte Nation beeindruckte.
Große Mehrheiten der Bevölkerung unterstützten ähnliche Regierungsprogramme auch in anderen Landwirtschafts-Staaten wie Iowa, Minnesota, Oregon, Mississippi, Arkansas und South Carolina. Aber auch in den industrialisierten Staaten errang das »Progressive Movement« mit der Zeit bedeutende Erfolge. Der Kampf gegen die Macht der großen privaten Geschäftsunternehmungen und ihren Einfluß auf öffentliche Verwaltung und Politik wurde zuerst und vor allem in *New Jersey* mit großem Einsatz geführt. Zu den wirkungsreichsten Reformpolitikern dieses Staates gehörte Woodrow Wilson, der 1911/12 als Gouverneur amtierte und sich in dieser kurzen Zeit ein nationales Ansehen erwarb, das mit demjenigen La Follettes durchaus zu vergleichen war.
Wenn die Zielsetzungen des »Progressive Movement« im ersten Jahrzehnt des 20. Jahrhunderts auch zum *Anliegen der Bundesregierung* erhoben wurden, war dies in erster Linie der Tatkraft Theodore Roosevelts zu verdanken. Dieser vielseitig interessierte und begabte Staatsmann übte das Präsidentenamt mit einer Dynamik aus, die seit Jackson und Lincoln nicht mehr zu spüren gewesen war. Er entstammte einer reichen New Yorker Familie und war nach ungewöhnlich rascher und steiler Karriere um 1898 bereits zum Gouverneur seines Heimatstaates und zwei Jahre danach zum Vizepräsidenten gewählt worden. Vorher hatte er sich sowohl in der Lokalpolitik als auch in der Landwirtschaft und im Militär erfolgreich betätigt. Er war während kurzer Zeit (1897/98) »Assistant Secretary of the Navy« gewesen und hatte neben alledem noch die Zeit für die Abfassung mehrerer historiographischer Werke gefunden. Als Präsident McKinley im September 1901 einem Attentat zum Opfer fiel, öffnete sich dem erst 42jährigen Roosevelt plötzlich der Weg zum höchsten Amt der Nation. Vielen konservativen Republikanern der »Old Guard« flößten sein energisches Wesen und seine Reformfreudigkeit Mißtrauen ein. Die »progressiven« Politiker beider Parteien hingegen setzten große Hoffnungen auf ihn. Innerhalb seines ersten Amtsjahres schon zeigte Roosevelt, daß er die durch den ökonomischen Aufschwung entstandenen Probleme der Republik sehr genau erkannt hatte und daß er gewillt war, zu ihrer Lösung beizutragen. Das bestehende Wirtschaftssystem wollte er zwar nicht revolutionär verändern, aber er wollte es von Machtmißbrauch und Korruption befreien. Zutiefst war er davon überzeugt, daß der Bundesregierung die Aufgabe obliege, den privaten »Business« zu kontrollieren, die

Herrschaft über das Kapital zu behaupten, den Monopolen ein Ende zu bereiten und den Lohnabhängigen mehr Sicherheit zu verschaffen. Nach seinen eigenen Worten ging es ihm stets darum, allen am Wirtschaftsprozeß beteiligten Interessengruppen einen *»Square Deal«* zu ermöglichen.

Schon kurz nach seinem Amtsantritt stellte sich die Frage, ob es ihm gelingen würde, die *Trusts* zur Einhaltung der Gesetze zu bewegen, die ihre Ausdehnung begrenzten. Nach hartem Kampf gelang 1904 ein erster und bedeutungsvoller Sieg: J. Pierpont Morgan und die beiden Eisenbahnmagnaten James J. Hill und E.H. Harriman hatten sich mit anderen Unternehmergruppen zu einer Gesellschaft zusammengeschlossen, die die gesamten Eisenbahnlinien des Nordens zu monopolisieren drohte. Der von Roosevelt angestrengte Prozeß endete aber mit der Auflösung der »Northern Securities Company«. Noch vor dem Ende seiner ersten Amtsperiode brachte Roosevelt den Kongreß dazu, ein »Department of Commerce and Labor« zu schaffen, dessen Vorsteher Kabinettsrang besaß. Ihm war u.a. das »Bureau of Corporations« unterstellt, eine zentrale Kontrollbehörde, die das Geschäftsgebaren der großen Firmen durchleuchtete, Berichte darüber anfertigte und diese in der Presse veröffentlichte. Der Kampf gegen die Trusts verstärkte Roosevelts Popularität natürlicherweise besonders bei den mittleren und unteren Einkommensschichten. Sein Vorgehen bestand aus einer wohlberechneten Kombination von Konzilianz und harter Drohung. Die Erfolge waren im ganzen gesehen allerdings eher propagandistischer als praktischer Art. Die gesetzlichen Grundlagen der Antimonopol-Bewegung wurden nicht entscheidend erweitert. Immerhin gelang die Vernichtung einiger besonders schlimmer Auswüchse der Monopolisierung, und manche Unternehmer bequemten sich zu maßvollerem und vorsichtigerem Vorgehen.

Roosevelt befaßte sich auch mit dem seit langer Zeit heftig umstrittenen Problem einer *zentralen Regelung des Eisenbahnwesens.* Es gelang ihm, den Kongreß zur Verabschiedung zweier Gesetze zu bewegen, die die Praxis der Vorzugstarife und die Kontrolle der Kohlengruben durch die Eisenbahngesellschaften aufhoben und darüber hinaus der Bundesregierung die Berechtigung zur Intervention in Tarifangelegenheiten zusprachen (»Elkins Act«, 1903; »Hepburn Act«, 1906). Gleichzeitig unterstützte Roosevelt jene Reformer, die sich für eine wirksame *Lebensmittel- und Arzneikontrolle* einsetzten. Ihre Bemühungen resultierten vor allem in der »Pure Food and Drug Act« und »Meat Inspection Act« von 1906. Daß Roosevelt gewillt war, sich auch für die *Behebung sozialer Ungerechtigkeit* tatkräftig einzusetzen, bewies vor allem sein Verhalten im Streik der Kohlengrubenarbeiter von Pennsylvania, der von Mai bis Oktober 1902 andauerte. Das »Bureau of Corporations« befleißigte sich hier einer sehr fairen Berichterstattung. Die Gewerkschaft der »United Mine Workers« forderte den Achtstundentag und eine zehn- bis zwanzigprozentige Lohnerhöhung. Ihre Bereitschaft, sich einem Schiedsgerichtsentscheid zu unterziehen, gewann ihr viele Sympathien, während die harte Intransigenz der Unternehmer in der Öffentlichkeit auf weitverbreitete Ablehnung stieß. Als sich eine akute Versorgungskrise abzuzeichnen begann, griff der Präsident ein. Er wies die Minenbesitzer an, sich dem Schiedsgericht ebenfalls zu unterziehen und drohte ihnen offen mit der militärischen Besetzung der Gruben. Unter diesem Druck gaben die Unternehmer nach; der Kompromiß brachte den Arbeitern die geforderten Lohnerhöhungen und partielle Arbeitszeitverkürzungen, die Gewerkschaft konnte aber ihre Anerkennung nicht durchsetzen. Roosevelts Intervention war einerseits gewiß in der Sorge vor dem drohenden Kohlenmangel begründet gewesen, andererseits aber ebensosehr in seiner Überzeugung von der Angemessenheit der gewerkschaftlichen Forderungen.

Zu den bemerkenswertesten Leistungen seiner Innenpolitik gehörte schließlich auch der Einsatz für den *Naturschutz*, für die Erhaltung der Wälder und der anderen natürlichen Reichtümer des Landes. Seit seinem Amtsantritt hatte er immer wieder die Schaffung nationaler Land- und Waldreserven sowie den Schutz der natürlichen Wasserläufe gefördert. Im Mai 1908 berief er eine »National Conservation Conference« nach Washington ein, an der 44 Gouverneure und Hunderte von Experten teilnahmen. Die Tagung legte den Grund zu regelmäßigen Gouverneurskonferenzen und führte zur Entstehung einzelstaatlicher Naturschutz-Kommissionen. Obwohl die Farmer wiederum einen relativ sicheren Wohlstand erreicht hatten, ernannte Roosevelt auch einen nationalen Ausschuß zum Studium der Verbesserungsmöglichkeiten der ländlichen Lebensbedingungen. Seine Anteilnahme am Los der Schwarzen bekundete er oftmals; am augenfälligsten geschah dies, als er Booker T. Washington offiziell ins Weiße Haus einlud. Alle diese Maßnahmen besaßen wiederum starke propagandistische Wirkungskraft. Wenn ihre Erfolge teilweise auch begrenzt blieben, setzten sie doch neue Akzente im politischen und sozialen Leben der Nation. Roosevelt war zwar kein tiefschürfender Staatsdenker, aber er war ein sehr wirkungsvoller und um treffende Formulierungen nie verlegener Redner. Er verstand es, seine Zeitgenossen aufzurütteln und die Anhänger des »Progressive Movement« in ihren Hoffnungen und Bemühungen immer wieder zu bestärken.

Unter seinem Nachfolger William H. Taft geriet die fortschrittliche Innenpolitik der Bundesregierung in eine Krise. Wohl setzte der neue Präsident den Kampf gegen die Trusts fort, aber er näherte sich doch immer mehr dem konservativen Flügel der Republikanischen Partei an, d.h. jenen Kreisen, die sich von Roosevelt (nicht zuletzt auch in der Naturschutzfrage) deutlich distanziert hatten. In der neu aufbrechenden Debatte über die Schutzzölle ließ Taft es zu, daß die Konservativen unter Senator Nelson W. Aldrich (Rhode Island) ein streng protektionistisches Gesetz durchbringen konnten. Der heftige Widerstand der um Robert La Follette gescharten »Insurgents« blieb erfolglos. Als Roosevelt im Juni 1910 von einer Europa- und Afrikareise zurückkehrte, mußte er feststellen, daß seine Partei innerlich total zerrissen war. Das untrügliche Zeichen hierfür war der überwältigende Sieg der Demokraten in den Kongreßwahlen desselben Jahres. Die Republikaner wurden durch diesen Rückschlag jedoch nicht zur Einigung veranlaßt, sondern entzweiten sich immer mehr. Viele Taft-Gegner richteten ihre Hoffnungen auf eine Rückkehr Roosevelts in die aktive Politik. Im Februar 1912 meldete er sein Interesse an der Präsidentschaftskandidatur denn auch offiziell an und versprach ein fortschrittliches Gesetzgebungsprogramm. Als der Parteikonvent trotzdem Taft nominierte, zog Roosevelt an der Spitze einer in aller Eile organisierten »Progressive Party« in den Wahlkampf.
Diese Situation erwies sich für die Demokraten als überaus günstig, und es gelang ihnen, mit ihrem Kandidaten Woodrow Wilson die Präsidentschaftswahlen klar zu gewinnen.
Wilsons Amtszeit zerfällt in zwei deutlich zu unterscheidende Hälften, von denen die erste vor allem durch die innenpolitischen Aufgaben, die zweite aber fast ausschließlich durch den Ersten Weltkrieg bestimmt wurde. Das »Progressive Movement« war in den Jahren der Taft-Administration nicht zum Stillstand gekommen; es hatte in manchen Einzelstaaten gerade zu dieser Zeit beträchtliche Stärkung erfahren. Wilson sollte es nun erneut in den Dienst der nationalen Innenpolitik stellen und damit zu seinem eigentlichen *Höhepunkt* führen.
Noch mehr als seine beiden Vorgänger war dieser erste Südstaatler, der seit dem Bürgerkrieg wieder ins Weiße Haus einzog, zur Durchsetzung umfangreicher wirtschaftlicher und sozialer Reformen prädestiniert. Wilson war als Sohn eines presbyterianischen Predigers in Virginia geboren; er hatte in Princeton studiert und an der Johns Hopkins Universität in Baltimore um 1886 mit einer politologischen Arbeit den Doktorgrad erworben. Nach mehrjähriger Dozententätigkeit war er Präsident der Universität Princeton geworden und

hatte dieses Amt bis zu seiner Wahl zum Gouverneur von New Jersey ausgeübt. Sein politisches Denken war sowohl durch intellektuelle Disziplin als auch durch hohen Idealismus gekennzeichnet. Er war persönlich integer, in seinen moralischen Überzeugungen bis zum Eigensinn unbeirrbar und dazu von einem ausgesprochenen Missionsbewußtsein erfüllt. Wie Roosevelt besaß auch Wilson ein waches Sensorium für die sozialen Mißstände der Zeit, doch war bei ihm das Mißtrauen gegenüber den führenden »Business«-Kreisen noch stärker ausgeprägt. In seiner ersten Inaugurationsrede (4. März 1913) verkündete er ein Reformprogramm, das tiefgreifende Veränderungen im Geschäftsleben und vor allem im Bankwesen anvisierte. Es wurde bald darauf unter das Schlagwort *»New Freedom«* gestellt und sollte in mancher Hinsicht tatsächlich auch verwirklicht werden.

Zu Beginn seiner ersten Amtsperiode zeigte Wilson recht großes Geschick in der Auswahl seiner Mitarbeiter. Er ernannte den bewährten Parteiführer William Jennings Bryan zum Außenminister und betraute den aus dem Süden stammenden New Yorker Geschäftsmann William G. McAdoo mit der Leitung des Finanzministeriums. Zum persönlichen Berater für innen- und außenpolitische Fragen machte er den vertrauten Freund Edward M. House aus Texas.

Die erste durchgreifende Reformmaßnahme richtete sich gegen die hohen *Schutzzölle.* Mit dem »Underwood Tariff« (1913), der die Ansätze auf ein vernünftiges Maß zurückschraubte und allen ungesetzlichen Privilegien und willkürlichen Begünstigungen einzelner Geschäftszweige einen Riegel vorschob, statuierte Wilson ein eindrucksvolles Exempel seiner Entschlossenheit und seiner Durchschlagskraft. Dann brachte er den Kongreß dazu, das Bank- und Währungswesen zu erneuern. Zur Behebung der notorischen Krisenanfälligkeit der über 30000 mehr oder weniger unabhängigen Geldinstitute wurde durch die »Federal Reserve Act« (1913) ein *nationales Zentral- und Reservebanksystem* eingerichtet, das sich als überaus wirksames Instrument der Konjunktursteuerung bewährte und dem Land in den Jahren des Ersten Weltkrieges unschätzbare Dienste leistete. Das »Federal Reserve System« enthielt neben der starken Zentrale als dezentralisierendes Element 12 Distriktsbanken, die den partikularen Wirtschaftsinteressen einzelner Landesteile besser entgegenkommen konnten.

Auch die *Antitrust-Bewegung* erfuhr neue gesetzliche Stärkung. Anstelle des »Bureau of Corporations« wurde die »Federal Trade Commission« eingesetzt, die die Geschäftspraktiken der großen Firmen untersuchen, Klagen über unlauteres Vorgehen prüfen und erwiesene Mißstände durch »Cease and Desist Orders« ausmerzen

sollte. In der im Oktober 1913 in Kraft gesetzten »Clayton Antitrust Act«, die die »Sherman Act« von 1890 in manchen Punkten ergänzte, wurde eine ganze Anzahl illegaler Machenschaften der Trusts genau definiert. Das Gesetz verbot insbesondere den Zusammenschluß großer Gesellschaften durch die Verflechtung von Direktorenposten. Ferner bestimmte es, daß die Gewerkschaften nicht unter die antimonopolistischen Maßnahmen der Regierung fallen sollten und daß die Waffe der »Injunction« bei Lohnkämpfen nur unter ganz bestimmten Voraussetzungen angewandt werden konnte.
Ebenso wie Roosevelt engagierte sich auch Wilson im Kampf um die soziale Gerechtigkeit. Er brachte u. a. ein Gesetz zur Verbesserung der Arbeitsbedingungen der Seeleute durch und veranlaßte den Kongreß zur Einführung des Achtstundentages für Eisenbahnarbeiter. Schließlich erfüllte er eine alte Populistenforderung, als seine Regierung für die Farmer ein Kreditsystem errichtete, das die Hypothekarzinsen in sehr beträchtlichem Maße reduzierte.
Als die Erschütterungen des Ersten Weltkrieges auch die Vereinigten Staaten erreichten, fand die von Wilson inspirierte reformerische Innenpolitik ihr abruptes Ende. Wenn sich auch zeigen sollte, daß gerade ihre gegen die Monopole gerichteten Maßnahmen auf die Dauer wiederum zu wenig wirksam waren, so hatte Wilson mit seinem Aktionsprogramm des »New Freedom« doch auch manches erreicht, was Bestand hatte.
Eine gesamthafte Würdigung der durch das »Progressive Movement« hervorgerufenen und getragenen Reformbemühungen kann nicht an der Tatsache vorbeigehen, daß im sozialen und wirtschaftlichen Leben der USA in der Zeit von 1900 bis 1916 zahlreiche bedeutsame Veränderungen erfolgten. Die hemmungslose »Laissez faire«-Praxis hatte sich manche Einschränkungen gefallen lassen müssen. Die amerikanische Öffentlichkeit war auf die Gefahren hingewiesen worden, die dem kapitalistischen System innewohnten, und hatte die Notwendigkeit staatlicher Regulationseingriffe in den bis dahin völlig autonomen Bereich der Privatwirtschaft in zunehmender Einsichtigkeit akzeptiert. Das Gefüge der amerikanischen Gesellschaft war freilich nicht von Grund auf verändert worden, und es läßt sich nicht verneinen, daß manche Bekenntnisse zum »Progressivism« auf seiten der Arbeitgeber und Unternehmer vor allem deshalb abgelegt wurden, weil die Hoffnung bestand, daß der soziale Status quo auf diese Weise zu bewahren sei. Dennoch erscheint eine historiographische Interpretation einseitig, die die gesamte Bewegung nur als »Triumph des Konservativismus« begreifen will.[8]

8 So z. B. Gabriel Kolko: The Triumph of Conservatism, A Reinterpretation of American History, 1900–1916, New York 1963 u. ö.

Nach dem Ende des Ersten Weltkrieges erwies sich eine Erneuerung des »Progressive Movement« in der wirtschaftlichen Praxis als unmöglich, und zwar vor allem, weil die Hochkonjunktur der 20er Jahre jede prinzipielle Kritik an ihren Voraussetzungen und strukturellen Grundlagen von vornherein zu widerlegen schien. Im geistigen Leben allerdings sollten – wie noch zu zeigen sein wird – zahlreiche Ideen des »Progressivism« bis weit in die Zwischenkriegszeit hinein weiterwirken. Die Initiative zu praktischer sozialer Reform sollte ihrerseits in der Ära Franklin D. Roosevelts zu neuem Leben erwachen und mit ihren Ergebnissen die Errungenschaften des »Progressive Movement« bei weitem übertreffen.

Namen- und Sachregister

Geographische Bezeichnungen wurden nur aufgenommen, wenn sie mit historischen Vorgängen in direktem Zusammenhang stehen.